VOYAGE EN SYRIE

ET

DANS LE DESERT.

Un volume, orné d'un portrait.

Prix : 6 fr. 50 cent.

IMPRIMERIE DE DECOURCHANT,

RUE D'ERFURTH, N. 1.

VOYAGE EN SYRIE

ET

DANS LE DÉSERT,

Par feu Louis Damoiseau,

ATTACHÉ A LA MISSION DE M. DE PORTES,

(pour achat d'Étalons arabes.)

PARIS.

HIPPOLYTE SOUVERAIN, ÉDITEUR.

—

1833

NOTICE

SUR

LOUIS DAMOISEAU.

Cet ouvrage, dont beaucoup de chapitres ont été lus avec tant d'intérêt dans *le Journal des Haras*, *le Voleur* et *le Cabinet de Lecture*, paraît après la mort de son auteur; et, si nous en disons du bien, c'est que la vérité seule nous y oblige; c'est que notre conscience nous le prescrit. DAMOISEAU n'est plus; il ne vient pas quêter nos éloges; il ne vient pas nous prier de mentir au public pour mieux faire vendre son livre ou lui fonder une réputation littéraire, en dépit du bon goût et du sens commun; nul motif, nulle influence ne peuvent donc nous engager à tromper le lecteur; rien ne réclame nos ménagemens et notre indulgence; car nous ne sommes pas de ceux qui veulent, qu'en toute hypothèse, on ait du respect pour les morts: pourquoi donc ce respect à leur poussière, puisqu'on ne peut plus leur faire le moindre tort? puisqu'ils appartiennent au néant? S'il faut, parfois, taire ce qu'on pense des vivans pour ne pas leur nuire, en revanche, ceux que renferme la tombe, n'ayant plus rien à souffrir de l'opinion, doivent être hautement traduits au tribunal de la plus sévère impartialité.

Louis Damoiseau, né de parens peu favorisés de la fortune, ne reçut qu'une éducation assez imparfaite, et ce fut un malheur; car ses facultés naturelles, développées par des maîtres plus habiles que ceux dont il reçut les leçons dans sa jeunesse, l'eussent infailliblement élevé beaucoup au-dessus de la sphère dans laquelle il est resté. Rempli d'intelligence, observateur judicieux, il se consacra de bonne heure à la médecine vétérinaire, pour laquelle il n'avait besoin que de la connaissance de sa langue maternelle, et s'y fit un nom parmi les meilleurs praticiens. S'il ne se fit pas connaître, comme écrivain, dans la science hippiatrique, c'est que trop de modestie l'en empêcha. Cette modestie était presque ridicule, car il craignait de trop mal s'exprimer pour être lu; et l'on verra que le style de Damoiseau ne manquait ni d'élégance, ni de précision. Il narre ce qu'il a vu d'une manière ferme, concise et dramatique, sans viser à l'effet; il raconte ses impressions avec le talent de les communiquer; et pourtant, les notes qu'il prit durant son séjour chez les Arabes, n'étaient que pour lui-même; il ne pensait nullement à les réunir en corps d'ouvrage pour les offrir au public; et ce ne fut que sur les instances pressantes de ses amis, qu'il s'y décida. Nous ne placerons pas son œuvre à côté de celles de Volney et de Châteaubriand, sur le pays que tous trois ont décrit; mais nous pouvons affirmer qu'on trouvera du plaisir à la lire, malgré ce que nous ont appris ses deux illustres prédécesseurs. Le portrait de Djezzar-pacha, retracé par Damoiseau, d'après des renseignemens authentiques, recueillis sur les lieux mêmes, est un chapitre fort remarquable : la main la plus exercée s'en ferait honneur.

Damoiseau mourut d'une inflammation d'intestins, long-temps avant le terme que semblait avoir fixé la nature; car il était du tempérament le plus robuste et le plus énergique. Son séjour dans le désert ou dans les villes de l'Arabie, le genre de vie qu'il fut contraint d'y suivre, produisirent en lui le mal sous les ravages duquel il succomba plus tard. Trois années de souffrances et de périls, loin de sa patrie, ne lui valurent, pour toute marque de gratitude de la part du gouvernement légitime, que l'offre d'une somme d'argent qu'il refusa. Il désirait la croix de la légion-d'honneur; mais trop digne et trop fier pour la demander, comme tant d'autres qui ne la méritaient point, à l'aveugle Charles X, obsédé par l'intrigue, il aima mieux que ce monarque eût l'injustice de n'en point décorer sa poitrine, que de s'abaisser à des sollicitations humiliantes pour un homme de cœur.

Louis Damoiseau sera regretté de tous ceux qui l'ont connu; ses amis ne se consolent point de sa perte; il s'en était fait un grand nombre par son caractère bienveillant, affectueux et plein de franchise, pendant une époque où l'égoïsme et la mauvaise foi sont ce que l'on rencontre le plus fréquemment parmi les hommes.

Jean May.

VOYAGE

EN SYRIE ET DANS LE DÉSERT.

PREMIÈRE PARTIE.

CHAPITRE PREMIER.

Considérations préliminaires. — Départ de Marseille. — Arrivée à Alexandrette. — L'Oronte. — Plaine d'Antioche. — Turkomans. — Petite vérole; Vaccination de tous les enfans d'une tribu. — Arrivée à Alep. — Kourchid-Pacha. — Son mépris de l'étiquette. — Son audience. — Admiration des Orientaux pour Napoléon. — Singulier embarras. — Cadeaux. — Mésaventure de M. Rousseau, consul de France à Bagdad. — Je suis attaqué par des Arnautes; leur punition. — Achats d'*Alheby* et d'*Outheif*.

En 1818, M. Lainé, alors ministre de l'intérieur, voulant réparer les pertes que nous avaient fait éprouver, en étalons orientaux, les deux invasions de 1814 et 1815, chargea M. de Portes, maintenant chef du haras de Pau, d'aller acheter en Syrie et dans le désert une quarantaine de producteurs arabes; je lui fus adjoint en qualité de médecin vétérinaire.

C'est la relation de cette mission que je vais essayer d'écrire. Je la diviserai en deux parties : la première fera connaître toute la partie *matérielle*, si je peux m'exprimer ainsi, de notre voyage, c'est-à-dire tous les détails relatifs à notre marche à travers les populations de la Syrie, ainsi qu'aux mœurs, aux habitudes des habitans du désert, et à tous les accidens qui ont marqué le séjour que nous avons fait au milieu d'eux. La seconde sera exclusivement consacrée à l'histoire des principales races de chevaux de l'Orient, et des croisemens divers qu'elles ont subis, à la peinture de l'état où elles se trouvent aujourd'hui, et à la description des modes différens adoptés par chaque peuplade pour l'élève de ces animaux et leur éducation.

Cette division m'a paru nécessaire pour éviter la confusion qu'aurait nécessairement produite dans l'esprit du lecteur un mélange de faits personnels ou purement statistiques, avec des considérations seulement relatives à l'origine et à la conservation de l'immense famille des chevaux arabes. J'ai préféré former des nombreuses observations que j'ai recueillies sur ce dernier objet un *tout* aussi complet que possible; disséminés dans un grand nombre de pages, ces détails auraient perdu de leur intérêt et de leur utilité; réunis, ils offriront de la race arabe un tableau que nul auteur, du moins que je sache, n'a encore tracé jusqu'ici.

J'entre en matière.

Ce fut le 16 décembre 1818 que nous nous embarquâmes à Marseille sur la bombarde *la Jeune Clarice*, capitaine Mourgues.

Nous étions en vue de Tunis le 24, lorsqu'une forte tempête nous jeta à la hauteur de Mahon. Le 8 janvier 1819, nous mouillâmes dans la rade de Saint-Antioco (Sardaigne), et après avoir obtenu à grand'peine des habitans la permission d'y faire de l'eau, nous remîmes à la voile le 10. Il nous fallut trois jours pour doubler entièrement le cap Bon; le mauvais temps que nous eûmes alors à essuyer prolongea notre traversée, que vinrent contrarier encore de fréquens vents d'est. Arrivés enfin dans les eaux de l'île de Chypre, nous crûmes pouvoir débarquer à l'Arnaca, port où abordent ordinairement tous les bâtimens qui se rendent sur la côte de la Syrie ou en Egypte; mais force nous fut, par suite du mauvais temps, de mouiller dans la rade de Limassol, en face de la ville de ce nom. Un Grec qui faisait dans la ville les fonctions de consul pour plusieurs puissances, nous accueillit à notre descente et nous présenta immédiatement au Mutzelim(1). Quelques légers cadeaux à ce fonctionnaire musulman nous valurent de sa part une invitation à dîner, dans laquelle le consul fut compris. Ce repas, le premier que je me trouvais faire chez un serviteur du Prophète, fut pour moi l'objet de l'attention la plus inquiète. Je croyais que le Mutzelim nous en ferait les honneurs; mais l'époque de l'année où nous nous trouvions était un temps de jeûne; nous tous infidèles nous assîmes donc seuls à table. L'on nous servit un agneau entier cuit dans sa peau et farci de riz, de pignons et de pistach[illegible]ep. Le vin, comme on sait, est interdit aux croyans; il ne nous fut cependant pas épargné, et celui qu'on nous donna ne démentit en rien la réputation depuis si long-temps acquise aux produits vignicoles de la vieille Chypre. Le surlendemain nous remîmes à la voile et vînmes débarquer le soir même à l'Arnaca. Nous prenions terre, lorsque des douaniers se présentèrent pour visiter nos malles; mais au moment où ils se disposaient à remplir leur désagréable office, leur chef, apprenant que nous étions Français, leur ordonna aussitôt de nous laisser en repos et nous offrit de venir nous reposer à son kiosque. La proposition fut acceptée. Dès que nous fûmes arrivés, il nous fit servir des sorbets et des pipes, puis nous mena visiter ses écuries et ses chevaux. Nous le quittâmes pour aller descendre chez M. Rey, proconsul de France. Dix jours après notre bâtiment profita d'un vent favorable pour mettre à la voile, et le 14 février nous fûmes enfin en vue d'Alexandrette.

Alexandrette n'existe plus qu'en souvenir. Des tombeaux, des ruines et quelques masures isolées où se retirent un petit nombre de malheureux Arabes possédant pour toute fortune quelques buffles qu'ils font paître dans les marais des environs: voilà tout ce qui reste de cette

---

(1) Gouverneur.

ville. Ce n'est plus qu'un véritable cimetière, d'autant plus inhabitable que, par suite même des différens mouvemens de terrain que l'industrie des hommes y avait autrefois établis, de vastes nappes d'eau sans écoulement l'entourent de divers côtés et en rendent le séjour extrêmement malsain. Aussi les Européens n'y restent-ils dans le jour que pendant le temps nécessaire au chargement ou au déchargement des bâtimens de commerce, et vont-ils coucher chaque nuit au Beylan, petit village bâti en amphithéâtre sur une montagne située à environ deux lieues d'Alexandrette, et que la neige recouvre presque constamment en hiver.

Notre premier soin, en débarquant à Alexandrette, fut de faire prix avec quelques moukres (1) pour conduire nos bagages jusqu'à Alep; nous fûmes ensuite coucher au Beylan, et le lendemain nous nous mîmes en route. Nous dûmes d'abord gravir la montagne à laquelle le village est adossé. Arrivés au sommet, quelle ne fut pas notre surprise, lorsqu'au lieu de la nature aride et morne des lieux que nous venions de quitter, nous découvrîmes devant nous une immense plaine de l'aspect le plus riant et le plus fertile! Cette plaine était celle d'Antioche; l'Oronte l'arrosait dans toute son étendue, et partout où l'on pouvait porter ses regards, on ne voyait que des arbres en pleine fleur ou bien des oliviers. A mesure que j'avançais, mon imagination me reportait à ces beaux pâturages de la Normandie que j'avais crus jusque là n'appartenir qu'au voisinage humide de l'Océan; comme celle des prairies de cette belle et riche province, l'herbe que nous foulions alors était verte, très-abondante, et paraissait de la meilleure qualité. L'Oronte est très-poissonneux; ses bords servent d'asile à un nombre considérable d'oiseaux aquatiques. Nous venions d'arriver près d'un petit pont qui est jeté sur son lit, lorsque nous aperçûmes sur la droite du bord opposé

(1) Propriétaires et loueurs de mulets pour les caravanes.

un assez grand nombre de jumens et de poulains qui paissaient à deux portées de fusil environ de la rive. Tous ces animaux étaient couverts d'une espèce de feutre que les Arabes appellent *libet*, et qui est destiné à les défendre contre les piqûres de mouches que le voisinage de la rivière y entretient par nuées. Désireux de les examiner avec soin, M. de Portes et moi nous nous dirigeâmes vers ces jumens. Nous pûmes nous en approcher beaucoup plus près que nous n'avions osé l'espérer, car toutes étaient entravées des quatre jambes, et leurs poulains nous virent arriver sans donner le moindre signe d'inquiétude. Les robes de ces animaux étaient presque toutes grises, mais de diverses nuances; leur taille était à peu près de 4 pieds 7 à 9 pouces; leurs membres nous parurent en général solides; leur tête était un peu grosse et chargée de ganache; l'encollure était forte et très-chargée en crins; leur queue se trouvait également très-touffue, longue, bien attachée et portée assez haute, bien que ses mouvemens fussent loin d'avoir la grâce que j'ai remarquée depuis dans celle des chevaux arabes du désert.

Lorsque notre curiosité fut amplement satisfaite, nous songeâmes à rejoindre notre petite caravane. Mais à peine avions-nous fait quelques pas, qu'un spectacle nouveau vint arrêter encore notre marche: une troupe d'environ deux cents gazelles descendait une colline qui se trouvait sur un des côtés de la route; arrivés dans la plaine qui s'étendait devant nous, ces jolis animaux la franchirent avec une telle vélocité, qu'avant que nous eussions le temps de préparer nos armes, ils étaient déjà trop loin pour nous permettre de les tirer avec quelque chance de succès. Arrivés près de nos compagnons de route, je marchais l'imagination occupée par tant d'objets si nouveaux pour moi, quand j'aperçus, sur le sommet d'un rocher que nous étions près de dépasser, un aigle d'assez haute taille dont les regards étaient tranquillement reposés sur nous. J'arme aussitôt mon fusil, je m'avance, et lorsque je me suis convenablement posté, j'ajuste, je tire, et je fais malheureusement long feu. Le bruit éveilla l'attention de l'aigle, qui, se tournant aussitôt vers moi, me regarde avec une tranquillité toujours égale. Je change aussitôt de place pour pouvoir tirer l'animal en flanc, et comme la première fois ma poudre ne prend point feu. L'aigle se tourne encore de mon côté et, toujours impassible, me voit battre ma pierre sans paraître s'en inquiéter davantage; j'amorce enfin, je tire une troisième fois, et j'ai la joie d'apercevoir mon adversaire tomber de l'autre côté du rocher. Je crus l'avoir terrassé; mais en accourant près de lui, je ne tardai pas à me convaincre que je l'avais seulement démonté d'une aile. Une nouvelle lutte devint donc nécessaire. Dès qu'il m'avait aperçu, l'aigle s'était mis sur le dos; ses serres et son bec furent les armes qu'il m'opposa; mais un coup de crosse finit enfin par l'étendre sans vie. Je le pris aussitôt, le plaçai sur mes épaules et accourus l'apporter en trophée à mes compagnons de route. L'accueil de nos Arabes ne tarda pas à me désenchanter de ma victoire; tous me reprochèrent, en termes assez amers, d'avoir tué un animal qui ne m'avait fait aucun mal et dont je ne pouvais tirer le moindre parti. Je me vis forcé de convenir qu'ils avaient raison. Le reste de la journée se passa sans incident, et le soir, vers le coucher du soleil, nous nous arrêtâmes dans une tribu de Turkomans qui campaient sur les bords d'un ruisseau dont le courant extrêmement limpide était alimenté par quelques sources très-abondantes.

La réception que nous fit le scheick de cette tribu fut on ne peut plus amicale; il est vrai que nous le devions sans doute en grande partie à la présence parmi nous d'un négociant d'Alep avec lequel ce chef était depuis long-temps en relation d'affaires. Il nous conduisit sous sa tente, et lorsque, sans autre aide que celle de nos doigts, nous eûmes pris notre part de son repas, la conversation s'engagea, grâce à la double intervention de notre ami le négociant. J'avais en face de moi quelques Turkomans dont le visage était défiguré par les profondes cicatrices d'une petite vérole encore récente ; j'appelai l'attention du scheick sur ce sujet, et lui demandai s'il n'avait jamais entendu parler des moyens employés en Europe pour neutraliser ce virus et l'empêcher d'exercer d'aussi fâcheux ravages. Il me répondit que non, et ajouta que cette maladie faisait chaque année dans le pays un très-grand nombre de victimes. Je lui parlai aussitôt de la vaccine, de ses bienfaits, et lui proposai de la pratiquer le lendemain sur un de ses enfans que je voyais près de lui et qui pouvait avoir deux ans. Je n'obtins d'abord d'autre réponse que ce commentaire de l'un des principaux préceptes de la religion musulmane :

« Cette maladie est un fléau envoyé par Dieu ; chercher à l'éviter serait violer ses décrets. D'ailleurs tout ce qui arrive, ne doit-il pas arriver ? cela est écrit ! »

Je ne me tins pas pour battu ; à force de persistance, de faits apportés à l'appui de ce que j'avançais, et de raisonnemens adaptés à son intelligence, j'obtins enfin de lui l'autorisation que je sollicitais.

En partant de Marseille, je m'étais fourni de vaccin que j'avais ensuite renouvelé à Chypre sur un des enfans de M. Rey. M. Aubin, médecin à l'Arnaca, en avait en outre augmenté la quantité en me permettant d'en recueillir avec lui sur un assez grand nombre d'enfans qu'il venait de vacciner lorsque nous abordâmes dans l'île. Le lendemain donc, avant notre départ du camp, le fils du scheick me fut confié. L'opération se fit en présence de presque tous les Turkomans de la tribu. A peine était-elle terminée, que je me vis aussitôt entouré d'une foule de femmes qui, me présentant à l'envi leurs enfans, se disputaient mon attention et mes soins. Je me mis immédiatement à la besogne, et je ne suspendis l'action de ma lancette que lorsqu'il ne me resta que la quantité de vaccin nécessaire pour pouvoir en conserver jusqu'à Alep. Grand fut le désappointement des mères de ceux des enfans que je n'avais pu opérer! mais je tempérai leur douleur en leur disant qu'elles-mêmes pouvaient suffire à la transmission du vaccin que je venais d'employer. Malheureusement une difficulté se présentait : les instrumens manquaient, et toutes voulaient ma lancette. Celle dont je faisais usage était la seule que je possédasse; m'en défaire était donc impossible. Heureusement que m'étant rappelé que j'avais dans mon porte-manteau une boîte de grosses épingles des manufactures de l'Aigle, je pus en donner une à chacune de ces femmes. Lorsque je les eus mises à même de s'en servir, en leur indiquant le mode qu'elles devaient employer pour égratigner convenablement le bras d'un enfant, et y introduire ensuite le virus recueilli sur le bras d'un autre, je les quittai chargé de bénédictions de toute espèce, et me mis en marche avec le reste de la caravane.

La route que nous suivîmes en quittant cette tribu nous fit passer à côté de plusieurs autres camps de Turkomans; dans la journée nous aperçûmes plusieurs cavaliers de cette race montés sur de fort bons chevaux; nous vîmes aussi des troupeaux de gazelles assez nombreux, et vers le soir nous arrivâmes au pied de la montagne de Saint-Simon. Notre halte se fit dans une petite tribu de Kurdes qui se trouvait campée près d'un village en ruines. Cette peuplade ne se livrait à d'autre culture qu'à celle des oignons, du tabac et de quelques graminées. Le sol qu'elle occupait paraissait cependant d'une extrême fertilité; il était arrosé par des sources nombreuses et d'une eau très-limpide. Ses habitans nous semblèrent très-pauvres, car toute leur fortune nous parut ne consister que dans quelques ânes et dans un petit nombre de moutons. Leur scheick, vénérable vieillard, valétudinaire depuis fort long-temps, nous fit loger dans une vieille masure en ruines qui se trouvait près de la sienne, et où l'on nous apporta du riz, des œufs, une poule que nous fîmes bouillir afin d'obtenir quelque chose qui ressemblât enfin à un potage, puis du pain du pays, c'est-à-dire des espèces de galettes cuites sur une plaque en fer que l'on place au-dessus du feu. Le lendemain matin, après avoir reconnu par le don de quelques piastres les attentions du vieux scheick, nous nous mîmes en route au lever du soleil, et nous gravîmes la montagne de Saint-Simon. Cette montagne est assez escarpée; arrivés au sommet, nous trouvâmes d'immenses décombres au milieu desquels un assez grand nombre de colonnes se tenaient encore debout : c'étaient les restes imposans d'une ancienne et magnifique abbaye. Nous nous empressâmes de les visiter. Le seul objet qui offrît encore quelques traces de conservation, était une pièce immense où l'on voyait un grand nombre de tombeaux percés les uns au-dessus des autres dans l'épaisseur des murs, et qui tous étaient vides et ouverts. Ces ruines sont entièrement désertes et servent seulement d'asile à un grand nombre de porcs-épics et de chakals qui se répandent de là dans toute la contrée.

Du point élevé où nous nous trouvions alors placés, nous apercevions à l'extrémité de l'horizon les minarets d'Alep qui se dessinaient comme autant de légères aiguilles sur la surface aride et triste du désert au milieu duquel cette ville est assise. Cette vue nous rendit impatiens de continuer notre route, et après quelques heures d'une marche fatigante, nous entrâmes dans cette cité par la porte de Bab-el-Faradj. Nous n'avions fait que très-peu de chemin dans l'intérieur de la ville, lorsque le hasard nous fit rencontrer M. Van Massec, frère du consul de Hollande, qui, à la vue de nos habits européens, nous aborda et nous conduisit dans une vaste cour, où nous trouvâmes son frère le consul, et le comte de Rzeowiski. Ce dernier était un seigneur polonais qui habitait Alep depuis près de deux ans, et dont le séjour avait pour but l'achat de chevaux et de jumens arabes destinés à ses haras et à celui du roi de Wurtemberg. Il en avait alors réuni un assez bon nombre qu'il s'empressa de nous montrer, et qui tous étaient alors sur le point de partir pour Alexandrette, afin d'y être embarqués, puis conduits en Wurtemberg. Plusieurs de ces animaux étaient surtout remarquables par leur taille.

Cette visite terminée, ces messieurs nous conduisirent à l'hôtel du consulat français. M. Guis, qui remplissait alors les fonctions de consul de notre nation, nous attendait depuis long-temps; aussi reçûmes-nous de lui l'accueil le plus cordial; il nous offrit sa demeure et sa table, choses que nous acceptâmes pour tout le temps que nous passerions à chercher un appartement convenable. Le premier drogman du consulat (1) était alors en France; son logement, qui était précisément situé dans le corps de logis qu'habitait le consul, se trouvant vacant, nous nous en accommodâmes. Nous n'eûmes qu'à nous applaudir de ce voisinage, car il n'est sorte de bons offices que ne nous rendit M. Guis, ainsi que M. Caussin de Perceval, qui remplissait alors près de lui les fonctions de premier drogman (2): l'un et l'autre se montrèrent constamment pour nous d'attentifs et véritables amis. Nous fûmes successivement présentés par eux à tous les Francs d'Alep et à tous les consuls. Ces visites se faisaient ordinairement dans le cours de la journée; le soir nous montions à cheval pour aller faire le *kef* (3) dans les jardins de la ville. Quelques dames franques nous accompagnaient, mais la figure couverte de longs voiles de toile, pour satisfaire aux mœurs du pays, qui, comme on le sait, interdisent aux femmes de paraître en public le visage découvert. L'usage s'oppose également à ce qu'une femme puisse monter à cheval; pour y obéir, nos dames se servaient de baudets; une seule transgressait souvent ce singulier réglement somptuaire; mais alors elle se revêtissait d'un

---

(1) M. Cardin, aujourd'hui premier drogman du consulat d'Alexandrie (Égypte).

(2) M. Caussin de Perceval est aujourd'hui professeur d'arabe à l'école des langues orientales (Bibliothèque du Roi).

(3) Partie de plaisir.

costume d'homme, costume qui lui permettait en outre de nous accompagner dans tous les lieux publics. C'est ainsi qu'un jour elle vint assister avec nous à une assemblée religieuse, où quelques derviches en renom jouaient le principal rôle. Sa qualité de chrétienne l'en aurait fait exclure, aurait-elle été couverte de voiles impénétrables; mais en supposant même qu'elle eût pu parvenir à tromper tous les yeux sur ce point, elle n'aurait pu encore rester avec nous, et se serait vue forcée d'aller dans une de ces espèces de loges grillées que les intraitables Musulmans daignent parfois accorder aux femmes dans les coins les plus reculés de leurs mosquées. L'exclusion dont sont frappées les dames franques s'étend jusqu'aux bains publics; l'entrée leur en est interdite, bien que le fameux Kourchid-Pacha, alors pacha d'Alep, ait permis à plus d'une femme européenne de pénétrer dans l'intérieur de son sérail, et d'en visiter les parties les plus intimes.

Je reviens aux premiers momens de notre arrivée. Le bruit se répandit bientôt dans la ville que deux Français, chargés par leur gouvernement d'acheter des chevaux arabes propres à faire des étalons, venaient de descendre chez leur consul. M. Jordani, italien, alors médecin de Kourchid, ne fut pas un des derniers à l'instruire de cette nouvelle; il lui dit que l'un d'eux (M. de Portes) était un *emir-akhor* (grand-écuyer), et l'autre un *akim-bachi* (premier médecin). De pareils dignitaires européens étaient chose assez rare pour Alep. Aussi dès le lendemain le pacha m'envoya-t-il dire par son médecin qu'il désirait me voir pour m'entretenir de ses chevaux, et me consulter sur l'état où se trouvaient quelques-uns d'entre eux. M. de Portes voulut profiter de cette occasion pour parcourir les écuries de Kourchid, et visiter ses chevaux, tandis que je serais à son audience. Nous partîmes donc tous les deux pour le sérail. Ce fut l'*aga* du harem qui nous reçut; il nous engagea à entrer chez lui, et nous offrit de nous y rafraîchir en attendant l'instant où il plairait à son maître de m'admettre près de lui. L'officier qui avait été prévenir Kourchid de mon arrivée, lui ayant annoncé en même temps que l'*emir-akhor* m'avait accompagné, il nous fit aussitôt dire qu'il désirait nous voir l'un et l'autre. M. de Portes s'y refusa quelques instans, en faisant observer à l'officier et à l'*aga* que ne s'étant nullement attendu à cette visite, il était venu en simple redingotte, costume beaucoup trop leste pour une première audience. Ses scrupules furent transmis au pacha, qui insista plus fortement que jamais, en disant : que « la nature et la coupe des habits était la chose qui lui importait le moins (1), et que d'ailleurs une redingotte était à ses yeux beaucoup plus *décente* qu'un habit, puisqu'elle ne laissait à découvert aucune des parties saillantes du corps. » Toutes les objections tombaient devant cette réponse; M. de Portes se laissa donc conduire. Mais arrivés à la porte du divan, une difficulté nouvelle se présenta : on voulut exiger que nous ôtassions nos bottes. Entrer ainsi pieds nus pouvait paraître chose toute simple à des Turcs ou à des Arabes, qui n'ont que des pantoufles ou des sandales à quitter. Mais des bottes! Il y eut donc de notre part, de celle de M. de Portes surtout, résistance opiniâtre. En vain le drogman qui nous accompagnait s'épuisa-t-il en autorités et en exemples de toute sorte, force fut de recourir une seconde fois à la décision du pacha.

« Quoi! ce n'est que pour cela qu'ils tardent aussi longtemps! s'écria-t-il ; qu'on les laisse entrer ; je ne tiens pas à l'étiquette ! »

Les officiers du palais se rangèrent aussitôt pour nous faire passage, et dès que Kourchid nous aperçut, il nous fit l'honneur insigne pour ces contrées de se lever de dessus son divan, nous fit signe de nous approcher et de

---

(1) Ceci se passait en 1819. Tout le monde sait que ce fut Kourchid qui, promu plus tard au pachalik de Janina, avec le titre de séraskier, parvint enfin à détruire la puissance du fameux Ali-Tebelen.

nous placer près de lui. Une fois assis, on nous présenta des sorbets, puis des pipes, et quand chacun de nous eut la sienne, il se tourna vers M. Caussin, qu'il connaissait, et le pria de nous adresser quelques questions.

La première fut relative à Napoléon. Lorsque nous lui eûmes raconté en peu de mots la chute de son empire et son exil à Sainte-Hélène, il s'écria qu'il ne pouvait concevoir comment un homme de ce génie avait pu confier sa destinée à ses plus cruels ennemis, aux Anglais. « Que n'est-il venu dans ce pays ! ajouta-t-il ; il y aurait été reçu à bras ouverts, et maintenant il serait assis sur le trône du Grand-Seigneur. »

Dans le cours de la conversation, il nous dit qu'il avait été assez heureux pour voir cet homme extraordinaire en Égypte, et que depuis cette époque il lui avait voué un culte, une vénération que partageaient au reste presque tous les Orientaux.

L'entretien dura une heure ; il y mit fin en se levant et en nous proposant d'aller voir ses chevaux. Bien qu'il fût assez jeune encore, et que tout en lui révélât la santé et la force, il crut cependant devoir à sa dignité de s'appuyer pesamment sur deux de ses officiers, et de ne descendre dans la cour que soutenu par eux. Quand il se fut placé sur une estrade qui s'y trouvait, il nous fit présenter deux chevaux richement équipés et que des *saïs* (palefreniers) promenaient au pas en les tenant par la bride. Il nous dit que ces animaux lui avaient été donnés par le Sultan ; qu'il y tenait beaucoup, mais que depuis fort long-temps ils étaient boiteux et hors d'état d'être montés. Il ajouta que son *emir-akhor* ayant vainement cherché à les guérir, il me priait de les examiner avec l'attention la plus grande, et de lui en dire mon avis.

Ces deux animaux étaient de très-beaux chevaux égyptiens, de la taille de 4 pieds 10 pouces, fortement membrés et ressemblant beaucoup à nos bons chevaux du Merlerault. Une simple inspection des pieds suffit pour m'apprendre que leur claudication n'était autre chose qu'une fourbure chronique qui avait fini par occasioner une légère déviation de l'os du pied. Je fis dire au pacha que cet accident était très-grave; mais que, sans garantir un succès complet, je croyais cependant qu'il était encore possible d'y remédier. Le peu de mots que j'ajoutai pour lui expliquer les causes qui me faisaient parler ainsi furent si bien saisis par lui, que, s'adressant à son écuyer, il lui rappela que, bien que ce dernier lui eût constamment soutenu que le mal était dans les épaules, lui pacha avait toujours persisté à croire que le mal était aux pieds. Quant au remède que je me proposais d'apporter à cette affection, je dis qu'il consisterait dans l'amincissement en pince, et jusqu'à la rosée, de la paroi des deux pieds de devant; amincissement qui serait obtenu à l'aide d'une râpe, en commençant par le pied le plus malade; que j'appliquerais ensuite sur la paroi des cataplasmes émolliens, et que je ferais en outre sur la couronne des onctions vésicatoires. J'ajoutai toutefois que je craignais de ne pouvoir suivre le traitement jusqu'à parfaite guérison, parce que, nous trouvant attendre l'arrivée de certaines tribus de Bédouins sur le territoire d'Alep, je ne voulais pour rien au monde manquer l'occasion qu'ils pouvaient nous offrir de pénétrer avec eux dans le désert, et de nous rendre possesseurs de quelques chevaux. Cette difficulté fut promptement levée.

« Que cette absence ne t'inquiète pas, me répondit Kourchid; opère toujours, et si tu es forcé de partir avant que les résultats soient complets, hé bien! tu laisseras tes instructions à mon *emir-akhor*, et au retour tu rectifieras ce qu'il aura mal fait. »

L'opération ayant été ensuite fixée au lendemain, le pacha se leva pour se retirer; mais, au moment où je croyais qu'il allait nous donner congé, je le vois porter la main dans une des poches de sa plisse, puis la retirer pleine de pièces d'or qu'il me présente. Mon premier mouvement fut de refuser ; tandis qu'il insistait, un de ses officiers s'approche, et me fait dire par le drogman qu'il me faut accepter si je veux rester l'ami du pacha. Je tendis donc la main d'assez mauvaise grâce, et je reçus 44 roubbiès (1). J'étais, je l'avoue, fort décontenancé; toutefois mon embarras dura moins que je le croyais; car, à peine Kourchid m'avait-il tourné le dos, que tous ses officiers se précipitent vers moi, les mains tendues, et en me demandant un *bacchis* (présent). L'or que je venais de recevoir ne put suffire à ces largesses obligées, et je fus forcé d'ajouter de mon argent pour satisfaire la foule de demandeurs dont je fus un instant entouré. A mesure qu'ils me quittaient, ils allaient solliciter de M. de Portes pareille munificence; mais comme il n'avait rien reçu, ce dernier les envoya lestement promener, au grand scandale de tous les assistans. Les officiers de la maison du pacha surtout ne pouvaient revenir de cette infraction aux habitudes fiscales établies par la domesticité de tous les palais de l'Orient. Leurs plaintes remontèrent sans doute jusqu'à Kourchid, car le lendemain l'*emir akhor* vint prévenir M. de Portes que, le pacha ayant envie de lui faire un cadeau, il était bien aise de savoir auparavant ce qu'il recevrait en échange. M. de Portes fut assez embarrassé; il répondit à cette singulière ouverture qu'il ne possédait rien qu'il crût digne du pacha; que cependant si un fusil à deux coups qu'il avait apporté de France pouvait lui plaire, il se ferait un plaisir de le lui offrir. Le fusil fut aussitôt apporté à l'*emir-akhor*, qui l'examina, le trouva très-beau, et conseilla à M. de Portes de l'envoyer à Kourchid. L'avis fut suivi. Kourchid parut très-satisfait, et, le jour même, M. de Portes était propriétaire d'un joli cheval arabe barak, sous poil gris-argenté, âgé de 6 ans, d'une taille de 4 pieds 10 pouces, appelé *Abou-Séïf*

(1) Le roubbié d'Alep vaut trois piastres turques et demie, c'est-à-dire environ 2 fr. 50 c.

(père du sabre), et qu'ensuite il céda au gouvernement lors de notre retour à Paris.

Cette bonne fortune vint éveiller l'appétit de M. Rousseau, consul de France à Bagdad, qui se trouvait alors à Alep. Désireux d'emporter aussi un souvenir des écuries de Kourchid, il se met aussitôt en campagne, et cherche dans tous les magasins francs de la ville un objet assez riche pour forcer le pacha à lui donner en échange un autre *Abou-Séif*. Après plusieurs jours d'investigations il ne trouva rien de mieux que deux vases et une superbe pendule dont le propriétaire cherchait vainement à se défaire depuis fort long-temps. Le présent est envoyé à Kourchid, qui l'avait à peine reçu lorsque M. Rousseau parait lui-même en visite de cérémonie. Le pacha fait au visiteur l'accueil le plus cordial, et, lorsque ce dernier s'attend à recevoir des remercimens ainsi que l'annonce de l'échange tant désiré, Kourchid lui dit qu'il ne peut recevoir son cadeau, et lui donne pour motif que cette habitude de faire des présens étant la raison qui empêchait les autres consuls de venir le voir aussi souvent qu'il le désirait, il voulait couper court à cet abus. Il donne en même temps l'ordre de reporter chez M. Rousseau la pendule et les vases, le remercie de son bon-vouloir, l'engage à venir plus souvent, et finit par lui faire remettre une livre d'assez médiocre tabac en poudre.

Quelques jours avant cette mésaventure, j'avais opéré les deux chevaux égyptiens dont j'ai parlé plus haut. Les visites que je leur faisais chaque jour me firent connaître davantage les écuries de Kourchid, et me fournirent l'occasion de soigner un assez grand nombre d'autres chevaux également malades. Beaucoup avaient le farcin (*saradja*). Cette maladie est assez commune dans ces contrées, et s'y montre très-opiniâtre. Les Turcs croient la prévenir ou la combattre quand elle est déclarée, en plaçant quelques cochons dans les écuries; aussi Kourchid avait-il eu soin d'en mettre un grand nombre près de ses chevaux malades. Mais le préservatif était impuissant; il s'en étonnait. Je lui fis alors comprendre que, loin d'écarter ce mal, ces animaux, que les Turcs regardent au reste comme immondes, suffisaient seuls, au contraire, par leur malpropreté, pour le faire naître. Je lui conseillai donc d'en nettoyer avant tout ses écuries, et lorsque cette première mesure hygiénique eut été prise, je soumis les malades à un traitement, et tous furent promptement guéris.

Tandis que j'étais ainsi occupé, l'opération que j'avais faite à la corne des pieds des deux chevaux égyptiens faisait merveille. Deux mois étaient à peine écoulés que le pacha put les monter et s'assurer par lui-même que le mal avait complètement disparu. Cette cure me valut de sa part 500 piastres, qu'il me fit apporter par un de ses officiers. Ce cadeau me fait songer qu'il me faut parler ici de ceux assez onéreux du reste que j'en recevais chaque fois que je le rencontrais. Quand dans ses promenades il pouvait m'apercevoir, toujours Kourchid me faisait appeler et me donnait le même nombre de roubbiès que j'en avais reçus lorsque je lui fus présenté pour la première fois; mais jamais je n'avais le temps de les mettre dans ma poche, car aussitôt je me trouvais entouré d'une foule d'officiers et de gens de la suite du pacha, qui, tendant leurs mains vers moi, me forçaient de les leur distribuer jusqu'à la dernière. Il est vrai que j'avais alors l'attention d'en ménager la distribution de telle sorte que je ne fusse pas obligé de compléter mes largesses aux dépens de ma propre bourse.

Le palais de Kourchid se trouvait à environ une demi-lieue des murailles de la ville, et en était séparé par de vastes cimetières. Un jour que je m'y rendais à travers ces lugubres demeures, accompagné d'un domestique du pays nommé Georges, et qui, parlant assez bien français, me servait de drogman, j'aperçus à 150 pas environ devant nous trois Arnautes de la garde du pacha, qui firent halte dès qu'ils nous entendirent. L'un d'eux décharge aussitôt son fusil dans la direction que nous suivions, et la balle siffle en passant au-dessus de nos têtes. Ignorant si le coup avait été lâché à dessein, j'alonge le pas ainsi que mon domestique, et lorsque nous sommes arrivés près des Arnautes j'élève la voix et je leur demande si c'est bien sur nous que le coup a été tiré. Pour toute réponse, l'Arnaute dont le fusil venait de partir prend un pistolet à sa ceinture et en dirige le canon sur la poitrine de Georges. Je n'avais pour toute arme qu'un boutoir de maréchal, que je sors aussitôt de ma poche en menaçant ce misérable de le lui enfoncer dans le bas-ventre, s'il n'abattait pas immédiatement son arme; il m'obéit, et quelques secondes après ses deux compagnons et lui s'étaient remis en route. Je donnai aussitôt à mon domestique l'ordre de les suivre sans les perdre de vue, et, prenant la voie la plus courte, je me trouvai arriver au sérail avant qu'ils y eussent encore paru. A peine entré, je cours droit à l'*emir-akhor*, et comme je ne pouvais me faire entendre de lui, je parvins, à force de signes, à le déterminer à m'accompagner à la porte du palais. Je ne tardai pas à voir arriver mes trois Arnautes. Georges, qui les suivait d'assez près, s'empresse de raconter aussitôt à l'émir le danger auquel nous venions d'échapper. Ce dernier ne perd point de temps, il se jette sur le coupable, le terrasse, lui assène de si violens et de si nombreux coups de talons de bottes qu'il l'aurait infailliblement tué sur la place si je ne m'étais empressé de le lui arracher des mains. Il me pria ensuite de ne rien dire de cette aventure au pacha, me donna l'assurance qu'il allait immédiatement trouver le commandant (*aga*) de la garde, et s'entendre avec lui pour faire de suite conduire les trois Arnautes chez le consul de France, qui disposerait alors de leur sort.

Satisfait de ces promesses, je reviens à Alep et je raconte à M. de Portes et à M. Guis tout ce qui venait de m'arriver. M. Guis prit la chose très au sérieux et me dit que si le lendemain ces hommes ne lui étaient pas livrés, il me faudrait porter plainte au pacha et en obtenir un exemple qui empêchât pareille audace de se renouveler. Nous attendîmes donc; mais personne n'ayant paru, le lendemain matin, vers les sept heures, je retournai au sérail, accompagné cette fois par un drogman de France. Le pacha m'ayant aperçu dans la cour, me fit demander aussitôt le motif qui m'amenait si matin. Je me présentai debout devant lui, et le drogman lui raconta ma rencontre avec les Arnautes.

« Reconnaîtrais-tu les coupables? » me dit Kourchid.

Je lui répondis que l'*emir-akhor* pourrait les lui désigner. Il le fait aussitôt venir et lui reproche, en termes assez durs, de ne lui avoir rien dit de toute cette affaire; l'*émir* s'excusa en faisant observer qu'il en avait parlé à l'*aga;* ce dernier est également appelé, mais il se trouve absent.

«Tu peux te retirer, me dit Kourchid, et ne plus craindre désormais la moindre insulte; car je ferai si bonne justice, que nul ne sera tenté de s'y exposer. »

Je partais quand quelques officiers du palais me firent entendre que la justice que Kourchid venait de me promettre serait la mise à mort des trois Arnautes. Je retourne aussitôt sur mes pas et supplie le pacha de laisser la vie à ces malheureux; un refus formel fut d'abord la réponse. Mais, à force de prières et d'insistance, j'obtins enfin qu'ils me seraient livrés et que je resterais maître de leur infliger telle punition que je croirais convenable. L'*emir-akhor*, encore tout tremblant de la colère où il avait vu le pacha, m'attendait à la porte du divan; il me conduisit chez l'*aga*, qui venait d'arriver et qui n'osait se présenter devant son maître, tant il redoutait les reproches qu'il savait lui être dus, et tous deux me demandèrent mes ordres. Après m'être assis sur un divan où je les fis placer l'un et l'autre, j'ordonnai d'amener devant moi les trois coupables. Ils parurent sans armes, la tête et les

2.

pieds nus. Tandis qu'on avait été les chercher, l'*émir* et l'*aga* n'avaient cessé de m'exhorter à la clémence; mais mon visage était resté inflexible; aussi furent-ils agréablement surpris lorsqu'après avoir reproché aux trois Arnautes, en termes assez amers, toute l'indignité de leur action, je finis par faire entendre les mots de pardon absolu. On rendit aussitôt aux trois prisonniers leurs armes, et je me retirai au milieu de deux haies d'Arnautes qui me comblèrent à l'envi de louanges et de bénédictions.

La clémence dont je venais de faire preuve était si peu dans les mœurs du pays, que les trois Arnautes ne purent croire à sa réalité, et que, dans la crainte de me voir m'en repentir, ils désertèrent la nuit suivante.

Ce fut à peu près à cette époque que nous fîmes notre première acquisition. Depuis que l'on savait dans le pays que nous étions venus pour acheter des étalons, il n'était pas de jour où l'on ne vînt nous en présenter. Parmi les offres que nous reçûmes, se trouva celles du fils d'un *aga* fort riche qui, profitant de l'absence de son père, parti pour le pélerinage de la Mecque, nous présenta successivement tous les chevaux de ses écuries. Un seul d'entr'eux nous parut pouvoir nous convenir. Nous lui en demandâmes donc le prix; il nous le fit 2,400 piastres turques (1800 fr.). Cette somme nous sembla tellement inférieure à sa valeur réelle, que nous conçûmes quelques doutes sur les qualités qu'il annonçait. Je demandai donc à le monter. Pendant deux jours de suite je l'essayai vigoureusement, et chaque fois je lui trouvai de grands moyens. M. de Portes en offrit dès lors 1500 piastres (1125 fr.) Le fils de l'*aga* se récria avec assez de raison, mais il finit par nous le laisser pour 1700 piastres (1275 fr.).

Comme cet étalon était le premier que nous achetions, nous lui donnâmes le nom d'*Allheby* (*Alepin*). Le pacha, qui le connaissait et qui en avait même offert un assez haut prix à l'*aga*, nous fit à ce sujet de grands complimens. Peu de temps après arrive le dévot *aga*; sa première visite est pour son écurie. Grande fut sa douleur de ne plus y retrouver son cheval favori! il interroge tous ses gens sur les causes de sa disparition, et lorsqu'il apprend le rôle qu'y a joué son fils, il le charge d'imprécations qu'il accompagne de force coups de bâton, et court chez Kourchid pour obtenir de lui la restitution de son bon cheval. Kourchid lui répondit qu'il partageait tous ses regrets; que si la vente en avait été faite à quelque habitant du pays, la vilité du prix l'aurait engagé à faire rompre à coups de bâton le marché contre lequel il venait réclamer; mais que les acheteurs se trouvant des Francs, il ne pouvait faire usage des mêmes moyens de persuasion. L'*aga*, au désespoir, déchargea de nouveau sa fureur sur les épaules de son fils, puis vint nous prier de lui laisser voir *Alhéby*, et finit par nous proposer de le racheter. Nous étions trop satisfaits de notre acquisition pour songer à nous en défaire; la proposition de l'*aga* fut donc rejetée; il nous demanda alors à lui faire saillir une jument; mais M. de Portes, craignant de rendre l'animal par trop difficile à monter, refusa. *Alhéby*, comme on le sait, est, depuis plusieurs années, un de nos étalons de tête; c'est peut-être de tous le plus agréable à monter. Il a donné dans le Limousin une foule d'excellentes productions dont un assez grand nombre ont figuré dans nos courses avec la plus grande distinction. Il est aujourd'hui au haras de Pau.

La seconde acquisition que nous fîmes à Alep fut un poulain bai âgé d'un an et nommé *Outheif* (Hirondelle), que nous rencontrâmes un jour dans les rues conduit par une femme arabe mouallis (1). Lorsque nous fûmes convenus de prix avec elle, nous la fîmes monter, pour la payer, dans l'appartement de M. Van Massec, consul de Hollande. Mais en entrant dans la galerie, ses yeux ayant successive-

---

(1) Classe d'Arabes extrêmement pauvres, qui habitent les environs des villes, et vendent du charbon et d'autres menus objets de première nécessité.

ment porté sur de vieux portraits de famille suspendus à la muraille, et sur une glace qui réfléchit sa figure, elle se mit à pousser des cris d'effroi qui d'abord nous épouvantèrent, puis se sauva dans la cour. Nous fûmes obligés de descendre l'y payer, et jamais nous ne pûmes obtenir d'elle de remonter, tant était grande la terreur que lui avait surtout fait éprouver sa reproduction dans la glace.

CHAPITRE II.

Castration chez les Arabes. — Suites ordinaires de leur manière d'opérer. — Voyage à Killis. — Singulière rencontre. — Contributions en Turquie; singulier exemple de leur assiette et de leur fixité. — Adji-Ali-Aga. — Pâturages des chevaux arabes; manière dont ils sont attachés. — Superstition des Turcs. — Sorcellerie; j'en suis accusé. — Autopsie cadavérique. — Départ de Killis. — Voyage à la tribu du scheick Colasis.

Dans les premiers jours du mois de mai 1819, le mutzelim de Killis, moordaar (garde des sceaux) de Kourchid, m'envoya un cheval de race *rawouan* (*marchant le pas relevé*), qu'il avait fait châtrer par un Kurde. La castration, telle qu'on la pratique dans ce pays, entraîne souvent la perte des animaux auxquels on la fait subir. Voici comment elle a lieu : l'on s'arme d'une forte tenaille, et l'on saisit les testicules de l'animal au-dessus des épididymes; puis, sans ouvrir le scrotum, on les écrase à l'aide d'une espèce de maillet en bois, qui fait l'office de marteau. Cette méthode barbare détermine ordinairement une inflammation grave, qui souvent engendre la gangrène, puis la mort, mais qui parfois aussi se résume seulement en engorgemens considérables sous l'abdomen.

Le cheval du moordaar était précisément affecté d'engorgemens de cette nature. Après quelques minutes d'examen, je dis à son maître que je ne pouvais en garantir la guérison, mais que j'essaierais cependant de l'obtenir en faisant usage des casseaux, et en agissant comme on le fait habituellement en Europe lorsque se présente un cas de ce genre. J'ajoutai que cette ressource était la seule qui me semblait pouvoir être encore employée. Je reçus toute latitude pour agir comme bon me semblerait, et le malade fut laissé dans la ville, chez le chef des douanes du pachalik.

L'*emir-akhor* de Kourchid, désireux d'assister à l'opération, m'avait prié de la faire dans la cour des écuries du sérail. Le lendemain donc j'y fis conduire le malade de bonne heure, et j'allais me mettre au travail quand Kourchid, qui se trouvait alors dans ses écuries, m'aperçut et me fit demander l'objet de ma visite. Je l'expliquai. Il me fit aussitôt répondre qu'il ne voulait point que son sérail fût témoin d'un acte qui n'allait à rien moins qu'à paraître douter de la puissance de Dieu, et que, dût l'animal y succomber, je devais me borner à attendre sa guérison de la bonté du maître du ciel. Je ramenai donc le cheval chez le chef de la douane, et pus enfin l'opérer. Quatre jours après, la suppuration commença à s'établir, et quinze jours ne s'étaient pas écoulés que l'animal se trouvait en état de faire, sans le moindre inconvénient, les douze heures de marche qui séparent Alep de Killis. Lorsqu'il revit son cheval, le mutzelim ne put contenir sa joie : l'animal valait tout au plus 5 à 600 piastres; mais il était difficile d'avoir des allures plus douces que les siennes, une marche plus rapide et un pas plus assuré; aussi son maître y attachait-il le plus grand prix, et le montait-il lorsqu'il avait à franchir quelque longue distance. La plupart des Turcs possèdent un de ces chevaux d'allure, qu'ils montent avec une espèce de bât, et qu'ils appellent *rawouan-gdiche*.

Il y avait fort peu de jours que mon malade était retourné chez son maître, lorsque je reçus, de la part de ce dernier, un présent de bonbons particuliers à ce pays, et que l'on fait avec des noix et du miel. Cet envoi était accompagné d'une lettre où l'*emir-akhor* du mutzelim m'invitait à venir à Killis, disant qu'il connaissait un très-beau cheval dont le propriétaire, riche aga du pays, cherchait à se défaire. Il terminait en m'engageant à descendre au sérail, et en m'assurant que ma visite ferait le plus grand plaisir au mutzelim, puisqu'elle le mettrait à même de me remercier de vive voix du service que je lui avais rendu.

J'étais incertain sur ce que je devais répondre, quand M. de Portes témoigna le désir de me voir accepter, afin d'essayer de décider le mutzelim à nous vendre un cheval que nous lui avions vu monter dans un exercice du *djerid* (petit javelot), qui avait eu lieu quelque temps auparavant à Alep. Cet animal y avait fait preuve de la plus grande vigueur, et se trouvait particulièrement remarquable par la force et la beauté de ses jarrets. Il appartenait d'ailleurs à une famille de chevaux très renommée chez les Kurdes, et qui y est connue sous le nom de *Abou-Arkoub* (père des jarrets).

Je me décidai donc, et partis accompagné de mon drogman Stephens (1). Je montais un cheval turkoman de race *tchoukour-ova*, et Stephens avait un âne pour monture. Alep est séparé de Killis par une plaine entièrement déserte, et cependant assez fertile, où croît spontanément une grande quantité de rhubarbe, et dans laquelle on rencontre un grand nombre de tortues de terre, que les Arabes transportent à dos de chameaux dans les villes, où ils les vendent aux Grecs, qui s'en montrent assez friands. Dans ma route, je ramassai deux de ces reptiles, que je rapportai ensuite à Alep.

Arrivés à Killis, Stephens et moi, nous descendîmes au sérail du mutzelim : un garde se trouvait à la porte. Cet homme ne m'eut pas plus tôt aperçu, qu'il se mit à fuir de toutes ses forces. Je reconnus facilement en lui l'Arnaute qui avait tiré sur moi dans le cimetière d'Alep. Je le fis donc appeler par Stephens, et lui ayant demandé la cause de la frayeur dont il avait paru si subitement saisi, j'appris

(1) Stephens était fils d'un ancien français et né à Alep ; il servait souvent d'interprète aux Européens, soit italiens, soit français.

de ce pauvre diable qu'il s'était imaginé qu'en venant à Killis, je n'avais d'autre but que de le poursuivre et de chercher à le ramener au pacha. J'eus beaucoup de peine à le convaincre que mon voyage était étranger à toute idée de vengeance, et lorsqu'à force de protestations je l'eus enfin décidé à s'approcher de moi, il se prosterna, baisa les pans de ma redingote, et ne se releva que lorsque 3 piastres, que je lui mis dans la main, vinrent enfin lui démontrer que ses craintes n'avaient pas le moindre fondement. Ce singulier incident terminé, je fus conduit devant le mutzelim. Il se trouvait alors dans son kiosque, occupé à faire un minutieux inventaire d'une foule d'objets que ses soldats venaient de lui apporter, et qui étaient le fruit d'une *avanie* dont il avait cru devoir frapper ses sujets. Dès qu'il m'aperçut, il se leva, fit apporter des pipes et des sorbets, et mit fin à la conversation, qui s'engagea ensuite entre nous, en me disant qu'il ne pouvait me garder chez lui, parce que l'époque de l'année où nous nous trouvions étant celle du Ramadan, c'est-à-dire un temps de jeune et d'abstinence, il préférait m'envoyer chez un Grec, qui pourrait, sans charger sa conscience, ne rien épargner pour me rendre sa maison agréable. Appelant aussitôt son écuyer, il lui ordonna de me conduire chez un des Grecs les plus riches de la ville, et termina par ce peu de mots les instructions dont il accompagna cet ordre :

« Tu diras à *un tel* que j'entends qu'il traite ce Français aussi bien que si c'était moi-même, et tu ajouteras que, dans le cas où je recevrais à cet égard la moindre plainte, une heure après il serait pendu à sa porte. »

L'écuyer s'acquitta fidèlement de sa mission. Dieu sait alors avec quel respect et quelle attention je fus reçu ! Le Grec mit à ma disposition sa famille, ses domestiques et lui-même, et dès le soir il me fit servir une poule et d'excellent vin de Chypre.

Le lendemain matin de bonne heure je me rendis au

sérail. La première question du mutzelim fut relative à la manière dont mes hôtes se comportaient envers moi. Je rendis justice à leurs soins et à leur zèle. « C'est bien, » me dit-il ; puis, faisant appeler son kaïa, il lui demande à combien le Grec était imposé sur les rôles de l'*avanie*. « A 2,000 piastres, répond le kaïa. — Tu lui en retireras 1000, reprend aussitôt le mutzelim, et tu les reporteras sur son voisin *un tel ;* car je ne dois rien perdre. »

Cette bonne nouvelle fut promptement connue de mon hôte ; aussi, lorsque je rentrai chez lui, toute la famille accourut-elle m'embrasser et me combler de plus de bénédictions que je n'en avais jamais reçu.

Dans le courant de la journée, l'*emir-akhor* vint me prendre pour me faire voir le cheval dont il m'avait parlé dans sa lettre. Il me conduisit chez Adji-Ali-Aga, commandant de toutes les tribus kurdes qui campent sur ceux des bords de l'Euphrate qui avoisinent Killis. Au moment où nous mettions le pied dans la cour, l'aga se trouvait précisément sur sa terrasse. Il s'enquit auprès de l'émir de l'objet de cette visite. Ce dernier lui ayant dit que j'étais français et que je désirais voir son cheval, il s'empressa de répondre qu'il ne demandait pas mieux, et que je pouvais le faire sortir de l'écurie. Un séis l'amena. Ce cheval était un bel arabe barack, sous poil gris perle, âgé de 5 ans, et d'une taille d'environ 4 pieds 8 pouces. Je le trouvai triste ; il marchait difficilement. Je dis donc à l'émir que l'état maladif où je voyais cet animal ne me permettant pas de juger de ses qualités, je remettais à un moment plus éloigné à en débattre l'acquisition. L'aga s'informa du résultat de mon examen : lorsqu'il le connut, il parut contrarié, affirma que je me trompais et que jamais son cheval n'avait joui d'une meilleure santé. Il me fit ensuite prier de monter près de lui ; mais comme je savais que l'on ne peut quitter un Musulman d'un rang un peu élevé sans lui faire un cadeau et sans distribuer quelques *bacchis* (présens) à ses domestiques, je refusai. L'émir et moi nous nous retirâmes donc sans plus de cérémonie, et fûmes ensuite nous promener par la ville. Je visitai tous les bazars, et l'émir profita de cette occasion pour me présenter aux plus riches négocians, qui tous s'empressèrent de me faire l'accueil le plus cordial. Ces visites terminées, l'émir me conduisit à un petit village près duquel les chevaux du mutzelim se trouvaient au vert. Le champ où ils paissaient était entouré de plusieurs tentes en tissu de poil de chameau, où couchaient les palefreniers préposés à la garde de ces animaux. Chaque cheval était attaché par les quatre pieds, au moyen de doubles entraves appelées *kousteck*. Ces entraves sont en corde, et garnies d'une espèce de feutre auquel les Arabes donnent le nom de *libbet*; chacune d'elles s'adapte à l'aide d'un gros bouton fixé à l'une de leurs extrémités, et que l'on passe dans une boucle que forme l'extrémité opposée, et qui fait ainsi l'office de boutonnière. Ces deux entraves se mettent l'une aux pieds de devant, et l'autre aux pieds de derrière. La corde qui les unit entre elles est ordinairement très-courte : aussi l'animal a-t-il toujours les extrémités fortement rapprochées du centre de gravité. Au-dessus de ces premières entraves, et à l'entour de chaque canon, on passe quatre autres entraves, qui se terminent par une longue corde que l'on croise en avant et en arrière, et que l'on attache ensuite à l'anneau d'un piquet en fer fixé dans le sol. Ainsi maintenus, les chevaux ne peuvent que légèrement se tourner à droite ou à gauche, et sont dans l'impossibilité de ruer les uns contre les autres.

Les chevaux du mutzelim, au nombre de trente environ, étaient tous arabes baracks ou kurdes. Ils avaient les membres très-forts, et leur taille était généralement de quatre pieds sept à neuf pouces. Celui de ces animaux qui me frappa particulièrement, était précisément le cheval dont j'ai parlé plus haut comme appartenant à l'espèce connue sous le nom de *Abou-Arkoub*; il était surtout remarquable par la beauté de ses jarrets. Dans le cours de la conversation, l'émir m'ayant fait entendre que le mutzelim se proposait de me faire présent de l'un des chevaux que j'avais alors sous les yeux, il me demanda en riant quel était celui que je demanderais, dans le cas où le choix m'en serait laissé; je n'hésitai pas à lui désigner l'*abou-arkoub*.

« Tu aurais raison, me répondit-il; mais il ne faut pas y prétendre; mon maître y est trop attaché. »

J'avais déjà oublié l'insinuation officieuse que je viens de rapporter, quand, le lendemain matin de bonne heure, l'émir paraît dans ma chambre et m'apprend que le mutzelim venait de lui annoncer l'intention de me faire cadeau d'un cheval, mais en manifestant toutefois le désir d'avoir en retour quelque objet qui pût lui laisser souvenir de moi. Je lui dis que je ne possédais malheureusement qu'un petit fusil de chasse à un coup et armé d'une petite baïonnette, que je regardais comme indigne d'être présenté à son maître. Il me demanda à le voir; et lorsqu'il l'eut examiné, il me dit que le mutzelim en serait enchanté, parce que, léger comme il était, il pourrait facilement s'en servir à cheval. Je ne perdis donc pas de temps pour l'envoyer par mon drogman. Le mutzelim fut en effet si content de ce léger cadeau, qu'il donna à Stephens 100 piastres de *bacchis*, et que peu d'instans après le retour de ce dernier, je vis entrer dans ma cour un séis conduisant à la main un cheval bai-brun âgé de 4 ans, qui n'était pas aussi beau que celui que j'aurais désiré, mais qui cependant était encore doué d'assez de qualités.

Cet incident, que j'ai voulu raconter sans interruption, m'oblige à revenir sur mes pas. Tandis qu'accompagné de mon nouvel ami l'*emir-akhor*, je me promenais dans Killis et allais visiter les chevaux du mutzelim, Adji-Ali-Aga m'avait envoyé chercher plusieurs fois pour visiter le cheval que j'avais été voir chez lui. Immédiatement après mon départ, cet animal avait éprouvé de violentes coliques, et l'aga, ne sachant comment en expliquer la cause, n'avait trouvé rien de mieux que de les attribuer à quelque mauvais regard jeté par moi sur le malade. Il était nuit lorsque je rentrai; mon hôte me fit part des démarches de l'aga; mais je me souciais peu d'aller chez lui aussi tard : je remis donc la partie au lendemain matin, et ne songeai qu'à me mettre au lit. J'étais déjà presque entièrement déshabillé, lorsque j'entends des coups redoublés ébranler la porte d'entrée. Mon hôte court aussitôt l'ouvrir, et je me place à la fenêtre pour connaître la cause de tout ce vacarme. Quel n'est donc pas mon étonnement quand j'aperçois dans la cour Adji-Ali-Aga, qui, précédé de plusieurs esclaves tenant en main des torches allumées, se dirige vers mon appartement! J'étais encore incertain sur la manière dont je recevrais cette singulière visite, lorsque l'aga entre dans ma chambre et me prie avec tant d'instance de venir voir son cheval, dont l'état ne faisait qu'empirer, que je ne me sens pas la force de prononcer un refus. Je m'habille à la hâte, je m'arme de mon damas, et, suivi de Stephens, je sors avec l'aga. Nous traversâmes la ville en nous tenant par la main, et, arrivés chez lui, je fus immédiatement conduit à l'écurie du malade. Superstitieux et crédules à l'excès, les Turcs, comme les Arabes des bords de l'Euphrate, ont grande foi à la sorcellerie et aux sorciers : cette branche d'industrie est trop lucrative pour ne pas être exploitée; aussi un homme ou animal n'éprouve pas la plus légère indisposition, qu'aussitôt le sorcier de l'endroit est appelé pour conjurer le mal et y appliquer les remèdes convenables. L'aga n'avait donc eu garde de manquer à ce soin. L'industriel en sorcellerie, qui se trouvait alors près de son cheval, n'avait trouvé rien de mieux pour faire disparaître la maladie, que de pratiquer une onction de beurre sur tout le corps de l'animal. Lorsque je m'approchai de lui, il se leva et me dit d'un air triomphant que le malade allait beaucoup mieux. Je voulus toutefois examiner ce dernier avec soin : peu soucieux de me graisser les mains, je le touchai sur toutes les parties, et j'observai avec attention tous les symptômes qu'elles présentaient. Voici ce que je trouvai : pouls entièrement effacé ; flancs balonnés ; respiration courte ; extrémités froides et comme fixées au sol. L'animal avait en outre rejeté par le nez une très-grande quantité d'alimens liquides et mélangés d'orge mal triturée, et un instant après mon arrivée il avait fait de nouveaux efforts pour vomir. Je reconnus donc bien vite que l'estomac était rupturé. Je le dis à l'aga et lui annonçai en même temps que c'était à peine si son cheval avait encore pour deux heures de vie. Cette nouvelle, transmise par mon drogman, fit rire le sorcier aux éclats, et provoqua chez l'aga un sentiment d'étonnement et d'effroi qui fut bientôt réprimé pour me prier d'administrer au malade quelques médicamens. J'eus beau lui répondre que tous les remèdes étaient inutiles, il insista si fort et si long-temps, que je me décidai, pour le satisfaire, à opérer une saignée : la saignée faite, l'aga m'engage à monter un instant chez lui ; j'y consens ; Stephens me suit, et lorsque tous trois nous sommes entrés dans la salle de réception, l'aga ferme les premières portes à clef, me fait asseoir près de lui sur son divan, et nous présente des pipes et des sorbets. La conversation s'engage ensuite ; nous causions depuis quelque temps, lorsque l'aga, portant ses regards sur mon damas, me dit qu'il était très-beau et ajoute qu'il en possède plusieurs qu'il regarde comme bien supérieurs au mien. Il me demande en même temps si je me connaissais en lames turques ; sur ma réponse affirmative, il fait apporter six sabres parmi lesquels il s'en trouvait de très-richement montés ; je les pris, les examinai avec beaucoup d'attention, et, lui montrant une lame montée simplement dans un fourreau de chagrin noir, et dont la poignée, ainsi que les bellières et le bout du fourreau, étaient en fer damasquiné, je lui dis qu'elle était sans contredit bien plus belle et d'un prix beaucoup plus élevé que deux ou trois autres qui se trouvaient garnies en vermeil. Il me dit en souriant que je ne me trompais point, m'apprit qu'elle lui avait été donnée comme gage d'amitié par un scheick kurde, et finit par me prier de l'agréer à mon tour comme témoignage de l'affection que je lui avais inspirée. Le cadeau me tentait : je brûlais d'envie d'accepter; mais je n'avais malheureusement rien à lui donner en échange; je pris donc le parti de refuser et de me réserver en même temps la faculté de pouvoir revenir plus tard sur cette pénible détermination.

« Nous nous reverrons probablement à Alep, lui dis-je; alors nous aurons le temps de nous voir davantage, de contracter plus ample amitié, et de cimenter notre liaison par des présens dignes d'elle et de nous. »

Il y avait peut-être une heure et demie que l'entretien durait, lorsqu'au moment où nous y pensions le moins, un esclave se présente et annonce à l'aga que son cheval vient d'expirer. Je tenterais vainement de dépeindre la sensation que produisit chez Adji-Ali cette foudroyante nouvelle; un instant il fut sans voix; mais s'élançant bientôt de son divan, il se place devant moi et me demande si je suis Dieu ou diable.

« Comment as-tu pu deviner, s'écria-t-il, que ce cheval devait sitôt mourir? Comment surtout as-tu pu en préciser le moment avec une telle exactitude? »

Je lui répondis que j'étais un simple mortel comme lui, mais que les connaissances et l'expérience que j'avais acquises sur les différentes maladies du cheval étaient assez étendues pour que je pusse facilement apprécier, d'après les seuls symptômes qu'elles peuvent présenter, la gravité du mal ainsi que les probabilités diverses de mort ou de guérison qui peuvent en résulter. Il ne se tint point pour battu, et me demanda qui avait pu déterminer chez son cheval une fin aussi prompte. Je lui dis que l'examen auquel je m'étais livré avant de prononcer la sentence que j'avais portée, m'avait convaincu que cet animal était mort d'une indigestion qui avait déterminé la rupture de l'estomac, et que j'étais certain que si l'on faisait l'ouverture de son abdomen, l'on trouverait dans cette cavité un épanchement de matières alimentaires. Cette dernière observation le frappa ; il y vit un moyen d'éprouver la vérité de mes assertions, et me proposa de procéder dès le lendemain à l'ouverture du cadavre. J'acceptai, et comme il voulait être présent à l'opération, nous convînmes, avant de nous séparer, de l'heure à laquelle je viendrais le prendre.

Les Turcs, comme on le sait, ne touchent jamais à un cadavre ; le moindre contact à cet égard est pour eux la plus grande des souillures : mais, près de la plupart de leurs grandes villes, campent presque toujours quelques hordes d'Arabes idolâtres, dont le nom et les mœurs répondent à ceux de nos *Bohémiens*, et qui sont exclusivement chargés de toutes les tâches et de tous les travaux que les Croyans regardent comme avilissans ou comme immondes. Une horde de ces bohémiens est constamment assise aux environs de Killis. Ce fut donc vers son camp que le lendemain l'*emir-akhor* du mutzelim, auquel j'avais fait part des événemens de la nuit, l'aga et moi nous dirigeâmes, pour assister à la première autopsie cadavérique qui ait peut-être eu lieu sur les bords de l'Euphrate depuis l'établissement des Mahométans dans cette portion de l'Asie. Le cadavre y était arrivé bien avant nous ; nous n'attendîmes donc pas long-temps. Ce que j'avais prédit se trouva vrai de tous points : l'estomac était rupturé vers la grande courbure, et une assez grande quantité d'alimens s'était épanchée dans l'abdomen. Dieu sait si l'aga fut surpris ! il n'avait pas assez de termes pour témoigner son étonnement et son admiration. Lorsqu'il se fut calmé, il me proposa de venir avec lui à une campagne où ses chevaux se trouvaient au vert. Il ne pouvait me faire une offre plus agréable, puisque le principal objet de mon voyage était de voir et d'examiner les chevaux de cette contrée. J'acceptai donc avec empressement.

Avant de nous mettre en route, il me fit servir un déjeûner que le jeûne obligé du Ramadan ne lui permit point de partager; puis, lorsque j'eus achevé mon repas, un séis m'amena un cheval *rawouan*, l'aga en monta un autre, et nous nous mîmes en route.

Arrivé à la campagne d'Adji-Ali, je trouvai ses chevaux paissant dans un champ d'orge, et attachés par les pieds à l'aide d'entraves pareilles à celles dont j'ai donné plus haut la description. L'aga me pria de les examiner et de voir si parmi eux il ne s'en trouverait point qui fussent malades. Je les visitai donc attentivement les uns après les autres. Tous se trouvaient très-gras. Plusieurs d'entre eux, dont les yeux étaient très-rouges et les paupières boursoufllées, me parurent devoir être saignés. Je le lui dis. Il me pria de faire cette opération moi-même; j'y consentis d'autant plus volontiers, que la saignée est pour eux chose à peu près inconnue. Ils emploient pour instrument un morceau de fer grossièrement travaillé, presque rond, pointu comme l'est un de nos gros clous, et ressemblant assez à une flamme par la manière dont il est emmanché; puis, sans se donner la peine de chercher la veine, ils se contentent de frapper indistinctement tous les points de l'encolure. Aussi est-ce à peine s'ils parviennent à faire sortir quelques gouttes de sang. L'aga ne put donc retenir un cri d'étonnement à la vue du filet de sang qui jaillit tout-à-coup de la veine que je vins à ouvrir. La quantité qui en sortait l'effraya; mais son épouvante augmenta, lorsqu'il vint à songer qu'il me serait impossible de pouvoir me rendre maître de l'hémorragie. Je m'amusai un instant à le laisser dans l'incertitude, puis je le jetai dans le ravissement, lorsqu'à l'aide d'une épingle je mis tout-à-coup fin aux accidens qu'il redoutait.

Un de ces chevaux avait un effort au jarret; je dis à Ali que l'application du feu pouvait seule remédier à cet accident. Il témoigna de nouveau le plus vif désir d'être témoin de l'opération. Je ne demandais pas mieux que de la faire devant lui; mais je n'avais avec moi aucun instrument convenable. Il m'indiqua aussitôt un serrurier, chez lequel j'allai faire fabriquer quelque objet qui m'en tint lieu, et lorsque j'y fus parvenu, je pratiquai immédiatement l'opération.

Lorsque j'eus examiné tous les chevaux dans le plus grand détail, nous revînmes à Killis; l'aga m'invita à dîner; mais le Ramadan ne nous permit de nous mettre à table qu'après le coucher du soleil. Ce repas, servi à la turque, se composait des mets les plus recherchés. Dès qu'il fut achevé, l'aga me fit asseoir sur son divan, des esclaves nous servirent des sorbets, du café, des confitures et des pipes, et la conversation s'engagea sur les chevaux que nous avions été visiter. L'aga me demanda quel était celui que je regardais comme le meilleur. J'avais particulièrement remarqué un très-fort cheval kurde, isabelle-doré, à raies de mulet, queue, crins et extrémités très-noires, d'une structure et de formes vraiment athlétiques, et dont la taille pouvait être de 4 pieds 9 pouces. Je n'hésitai donc pas à le lui signaler comme celui que je préférais. Il me répondit que j'avais raison, et il ajouta que cet animal lui ayant été donné en signe d'amitié par le scheick d'une tribu kurde des bords de l'Euphrate, il s'estimerait heureux s'il parvenait à me le faire accepter au même titre. Un sentiment de discrétion dont je me repentis souvent depuis me porta à refuser. L'aga insista :

« Quoi! s'écria-t-il, chaque année je me vois forcé d'envoyer mes meilleurs chevaux en présent à des hommes que je hais et que je méprise, à des pachas, et lorsque pour la première fois de ma vie je rencontre un homme qui mérite mon amitié, je ne peux lui rien faire accepter de moi! »

Je brûlais d'envie d'obtenir le cheval; j'étais donc fermement résolu à me laisser séduire, et je n'attendais plus qu'un mot, quand l'aga s'écria d'un air dépité : « Hé bien, n'en parlons plus! »

Un changement aussi brusque me surprit; le désappointement que j'en éprouvai perça sans doute assez pour que l'aga s'en aperçût. Il s'empressa de rompre ce sujet en ajoutant aussitôt : « Je veux te rendre un service que tu ne pourras du moins refuser. Le pays que tu parcours t'est complètement inconnu; sa langue et ses mœurs te sont également étrangères. Tu courras donc plus d'un danger, lorsque tu me quitteras pour aller chercher des chevaux dans les différentes tribus kurdes ou arabes baracks de ces contrées : presque toutes sont ou soumises à mon obéissance ou bien mes alliées. Il m'est donc facile d'écarter de ta route tous les dangers qui pourraient t'y attendre. Pour cela, je vais te donner un de mes Kurdes; je le chargerai de lettres pour tous les scheicks du pays, et grâce à ces recommandations, tu pourras parcourir librement et sans crainte toutes les parties du pays qu'il te prendra envie de visiter. Loin d'avoir rien à redouter des chefs des différentes tribus, tous s'empresseront de te faire voir leurs meilleurs chevaux; tu feras tes choix et tu les amèneras ici : j'en paierai le prix; et si tu n'as pas assez d'argent pour me rembourser immédiatement ces avances, hé bien! tu me le rendras lors de ton retour en France. Ce remboursement, au reste, ne devra pas t'embarrasser beaucoup, car j'aurai à te donner à ton départ un assez bon nombre de commissions, et à te prier de m'expédier de chez toi différens objets dont j'ai besoin, tels que des draps, des armes, etc. »

Je remerciai l'aga de ses offres et de son bon-vouloir, et lui dis que j'aurais volontiers accepté, si M. de Portes ne m'attendait pas à Alep, et si je n'étais point obligé d'y retourner au plus vite, à cause de l'arrivée prochaine de la tribu des Arabes Fœdans-Anazés, tribu que l'on s'attendait d'un jour à l'autre voir planter ses tentes dans la partie du désert qui avoisine le pachalik d'Alep. J'ajoutai que, lors de notre retour du désert, M. de Portes et moi pourrions venir à Killis, et réclamer alors de lui la réalisation des promesses qu'il venait de me faire.

« Puisqu'avant tout tu tiens à retourner à Alep, reprit Ali, je veux que tu visites en passant une tribu commandée par Colasis-Scheick. Il te montrera ses chevaux, et s'il en est qui te conviennent, il te les fera conduire jusqu'à Alep. Cette petite excursion pourra t'intéresser; elle n'alongera ta route que d'une petite journée. Indique-moi seulement le jour où tu comptes partir, afin que je puisse mettre un Kurde à tes ordres. »

Je lui dis que mon intention était de quitter Killis le lendemain matin. Il insista pour me retenir quelques jours de plus; mais voyant que c'était chez moi parti pris, il me fit ses adieux.

J'étais sorti de fort bonne heure et je n'avais point paru de la journée. Lorsque je rentrai, je trouvai donc mon hôte dans l'inquiétude la plus grande. Après lui avoir appris que je le quitterais le lendemain, je montai me coucher. Toute la nuit je ne fus occupé que des incidens qui avaient marqué ma journée de la veille, et je dois avouer que les regrets que me donnaient les présens que j'avais si maladroitement refusés occupaient une grande place dans mes réflexions. Je dormis peu, comme on doit le penser; aussi étais-je sur pied dès avant le jour. Je donnai l'ordre aux domestiques de la maison d'apprêter mes deux chevaux, j'allumai ma pipe, et je voulus sortir pour prendre l'air hors de la cour. En ouvrant la porte extérieure, quelle ne fut pas ma surprise d'en voir le seuil occupé par un homme qui dormait étendu par terre, et tenant dans une main un billet, et dans l'autre la longe d'un cheval debout près de lui! Le bruit que je venais de faire réveilla le dormeur; il se leva et il me demanda si j'étais l'Européen qui la veille avait été chez Adji-Ali-Aga. Je répondis affirmativement.

« Alors, me dit-il, c'est toi que je dois conduire chez Colasis; je suis à tes ordres. »

Je rentrai aussitôt chez moi; mon drogman était encore

couché; je lui dis de se hâter de s'habiller, parce qu'un envoyé de l'aga était à nous attendre dans la rue pour nous conduire chez Colasis. Le nom de ce scheick agit sur lui comme une secousse électrique.

« Quoi! monsieur, s'écria-t-il tout pâle d'effroi, vous voulez aller chez Colasis? Dieu vous en garde! Vous ne connaissez donc pas ce chef redouté? Mais c'est un barbare qui vous tuera avant que vous ayez eu le temps de toucher sa tente! Libre à vous d'aller vous mettre en ses mains! pour moi, je ne vous suivrai point, je tiens à ma vie. »

Je voulus raisonner sa frayeur; mais, voyant que ce moyen échouait devant la terreur que le seul nom de Colasis lui avait inspirée, j'eus recours à la menace, et lui dis que s'il ne voulait pas me suivre de bon gré, je saurais bien employer l'autorité du mutzelim pour l'y contraindre. Cet argument me réussit.

« Puisque vous le voulez absolument, me dit-il enfin, hé bien, Monsieur, j'irai; mais rappelez-vous bien que c'est malgré moi que vous entreprenez ce voyage maudit; vous aurez à répondre devant Dieu de ma tête et de la vôtre! J'ai besoin de courage, ajouta-t-il ensuite; si vous vouliez m'en donner à l'aide d'un verre de liqueur? »

Je consentis volontiers à cette demande. Lorsque l'anisette que je versai à Stephens eut un peu relevé ses esprits, je le fis placer sur mon cheval, je montai celui que m'avait donné le mutzelim; l'âne fut chargé des bagages; l'Arabe s'élança sur le cheval que j'avais vu près de lui; mes hôtes me baisèrent les mains, me donnèrent leur bénédiction, et notre petite caravane se mit en marche.

Pendant trois heures nous traversâmes constamment un sol aride et entièrement désert; nous arrivâmes ensuite près d'un petit ruisseau sur les bords duquel nous aperçûmes plusieurs enfans nus qui jouaient et se roulaient sur quelques rares bandes d'herbe. Aussitôt qu'ils nous virent, ces bambins prirent la fuite et coururent s'enfoncer dans des espèces de tanières qui les dérobèrent tout-à-coup à nos yeux. Je ne savais que penser de cette subite disparition, lorsque je m'aperçus que les petites éminences qui parsemaient la plaine étaient les toits d'autant de maisons. Tous ces toits se trouvaient de niveau avec le sol et étaient recouverts de fiente de vache que les habitans faisaient sécher au soleil afin de pouvoir s'en servir comme combustible. En portant nos regards un peu plus loin, je vis à l'autre extrémité du village une espèce de colonne qui semblait sortir de terre. Je m'en approchai, et je reconnus dans cette singulière exubérance le minaret d'une mosquée dont le toit se trouvait également de niveau avec le reste du terrain. Notre Kurde me demanda si je voulais manger. Sur ma réponse affirmative, il se dirigea droit vers la mosquée, descendit de cheval, et frappa de toutes ses forces à la porte. Elle ne tarda pas à être ouverte par un vieux scheick qui lui demanda ce qu'il voulait.

« Je veux que tu nous donnes des œufs, du pain et des dattes, » lui dit le Kurde.

Le scheick parut vouloir faire quelque difficulté; le Kurde le menace aussitôt de sa colère, simule quelques coups de bâton, et le vieillard intimidé rentre et nous apporte quelques instans après un plat en étain recouvert d'une demi-douzaine d'œufs cuits dans le beurre, un peu de mauvais pain sans levain, des dattes et quelques raisins secs. Il pose le tout sur un banc de terre placé près de la porte de la mosquée, et autour duquel nous nous attablons; puis, lorsque nous avons tout fait disparaître sans autre aide que celle de nos mains, un esclave nous présente un vase de zinc plein d'eau, et dont nous nous servons pour boire et pour nous laver les moustaches et les doigts. Le Kurde me voyant chercher quelque monnaie pour donner à notre vieil hôte, me dit que je n'avais rien à payer; mais j'insistai et jetai dans la main du scheick trois piastres turques que ce vieillard reçut avec les marques de la plus vive reconnaissance.

Le pays que nous traversâmes ensuite ne présentait également qu'un sol aride et complètement désert. Après trois ou quatre heures de nouvelle marche, nous arrivâmes enfin dans un lieu fertilisé par un second ruisseau. Là, notre Kurde s'arrêta et me dit qu'il ne reconnaissait plus son chemin. Stephens ouvrit aussitôt l'avis de nous arrêter à cet endroit et d'y passer la nuit. Je lui répondis qu'il était encore de trop bonne heure, et que le mieux était d'aller consulter sur notre route un Arabe que j'apercevais dans le lointain gardant un troupeau de buffles. Stephens hésita; je piquai aussitôt des deux, et me mis à galoper dans la direction où je voyais l'Arabe. En m'apercevant approcher, ce dernier monte aussitôt sur un de ses buffles et se dispose à se sauver; mais pressant encore davantage le galop de mon cheval, je parvins à le joindre; je me confonds aussitôt en signes de toute espèce pour lui faire entendre que je ne voulais réclamer de lui qu'un service dont je saurais le récompenser; mais toute ma pantomime menaçait d'échouer devant sa mauvaise volonté ou son défaut d'intelligence, lorsque, m'avisant de lui montrer une piastre d'Espagne, je le vois enfin se mettre en mesure de m'accompagner. Nous marchâmes en gardant l'un et l'autre le plus profond silence, jusqu'à ce qu'arrivés près de Stephens, qui m'avait suivi de loin, ce dernier expliqua au fuyard qu'il s'agissait de nous conduire à la tribu de Colasis, et cela au prix d'une piastre forte. Cette splendide récompense surmonta tous les scrupules de l'Arabe, qui se mit aussitôt à marcher devant nous. Nous fûmes environ trois heures avant d'atteindre le bord d'une petite rivière connue sous le nom de Qouaiq, qui passe à Alep, et dont le lit est rempli de petites tortues noires. Une colline toute cultivée en orge s'élevait devant nous sur le bord opposé. A notre approche, trois jumens sellées, que nous aperçûmes alors au pied de la colline, se mirent à hennir; trois Kurdes, qui se tenaient sans doute couchés au milieu de l'orge, se lèvent aussitôt, sautent sur les jumens, nous examinent un instant, et ne tardent pas à disparaître en tournant la colline. Tandis qu'ils s'éloignaient de toute la vitesse de leurs montures, notre petite caravane passait la rivière à un gué que venait de nous indiquer l'Arabe. Arrivés sur l'autre bord, notre guide me demanda la récompense promise. « Ma tâche est finie, me dit-il, et il est temps que je retourne vers mon troupeau de buffles ; il ne vous reste plus qu'à gravir la colline, et dès que vous en aurez atteint le sommet, vous apercevrez au-dessous de vous le camp de Colasis. » Je le payai, et il partit.

Cet Arabe ne nous avait point trompés, car dès que nous fûmes arrivés au haut de la colline, nous vîmes devant nous un camp composé de cent cinquante tentes de couleur grisâtre, et recouvertes de tissus en poil de chameau.

CHAPITRE III.

Arrivée chez Colasis. — Je visite les chevaux de sa tribu ; manière dont ils sont tous mutilés ; les causes. — Femmes kurdes ; je suis prêt à être dépouillé par quelques-unes d'entre elles. — Beurre de chamelle ; manière de l'extraire. — Je quitte Colasis ; présent que je reçois de lui. — Départ de M. de Portes pour Killis. — Il y achète *Abou-Arkoub* et *Meckawi*. — Son retour. — Chiens errans des villes turques ; leurs mœurs, leurs habitudes. — Vaine tentative d'empoisonnement sur l'un d'eux. — Singulier effet du sublimé. — Exercice du djerid ; accidens. — Horreur des Turcs pour tout ce qui appartient aux animaux immondes.

Les trois Kurdes que nous avions vus tourner le monticule étaient sans doute des védettes avancées de Colasis ; ils avaient dû mettre fort peu de temps à franchir la distance encore assez grande qu'il leur avait fallu parcourir, car nous avions eu à peine le temps de nombrer les tentes dont se composait le camp, qu'un mouvement eut lieu parmi les Kurdes qui l'habitaient, et que nous vîmes se diriger vers nous bon nombre d'entre eux armés de sabres et de lances. Cette démarche, dont le caractère était difficile à apprécier, porta la terreur dans l'âme fort peu héroïque de Stephens ; il se crut perdu. Ce fut à peine s'il eut la force d'ordonner en mon nom au conducteur que nous avait donné Adji-Ali-Aga, de se porter en avant et de remettre la lettre de son maître au redoutable Colasis. Cet homme ne se le fit pas dire deux fois, il piqua droit au scheick, et lui donna la lettre de l'aga. Colasis la reçut avec les marques du plus grand respect, la porta d'abord sur sa tête, puis à ses lèvres, et en rompit le cachet. Il la lut ensuite tout en continuant sa marche, et lorsqu'il fut arrivé près de moi, il m'examina avec attention, et ordonna à ses hommes de me porter dans sa tente. Je voulus d'abord me refuser à cette singulière marque d'honneur; mais je fus enlevé malgré moi de dessus ma selle; un Kurde s'empara de mon cheval, Stephens descendit du sien, chemina en causant avec Colasis, et lorsque nous fûmes arrivés à la tente de ce chef, on étendit par terre un superbe tapis sur lequel on me déposa, et l'on apporta pour m'appuyer un assez beau coussin recouvert de velours rouge. Colasis ordonna ensuite à ses gens de me présenter une pipe et du café, et leur dit en outre de tuer un chevreau. Mon drogman me prévint de ce préparatif de fête; je m'y opposai, et fis dire à Colasis que je ne souffrirais pas qu'il fît pour moi le moindre extraordinaire, et que je voulais vivre comme lui. Cette déclaration parut lui faire grand plaisir, et le dîner fut servi quelques instans après; il consistait en lait caillé (*leben*), en dattes excellentes, en sucre de raisin (*dups*), en miel très-blanc, et en une espèce de galettes cuites sur une plaque en fer. Le scheick me fit placer près de lui, et fit preuve pendant tout le repas d'un excellent appétit. Lorsque nous eûmes fini, un esclave me présenta de l'eau dans un vase de zinc; les plats furent retirés de la natte qui nous avait servi de nappe et de table, et l'on m'apporta du café et des pipes.

Lorsque la conversation se fut engagée, Colasis me dit qu'Adgi-Ali-Aga lui recommandait d'avoir pour moi les soins les plus grands, et qu'il l'invitait à me faire voir tous les chevaux de sa tribu. Après avoir ajouté quelques mots pour me complimenter sur l'amitié que ce chef paraissait m'avoir vouée, il me demanda si je voulais passer immédiatement en revue les coursiers de chacun de ses kurdes. Sur ma réponse affirmative, il donna quelques ordres, et bientôt chaque kurde défila devant moi, en tenant son cheval par la bride. A mesure que ces animaux s'arrêtaient devant la porte de la tente, je prenais quelques notes sur mon agenda. Ce ne fut pas sans une extrême surprise que je remarquai que tous étaient plus ou moins mutilés : les uns avaient les oreilles coupées de la façon la plus irrégulière ; la queue des autres était tronquée, et l'on voyait sur le corps et les membres de la plupart d'entre eux de longs sillons formés par des raies de feu cicatrisées et dépourvues de poils. Je demandai à Colasis les causes qui portaient les habitans de sa tribu à déshonorer ainsi ces animaux. Il me répondit que c'était la crainte de les voir enlever par les officiers de Kourchid-Pacha, qui, sans ces mutilations, ne se feraient nul scrupule de venir s'emparer des plus beaux.

Les chevaux de la tribu de Colasis ne sont pas en général de haute taille ; ils n'ont presque tous que 4 pieds 6 à 7 pouces. Mais ils sont très-forts et bien membrés ; leur croupe est cependant un peu large ; en revanche, leur queue est parfaitement attachée. La plupart ont la robe bai-brun-zain, ou cerise-foncé-zain.

Lorsque mon examen fut terminé, le scheick me demanda quels étaient ceux de ces animaux que j'avais particulièrement distingués. Je lui désignai comme m'ayant surtout frappé un cheval sous poil bai-brun foncé, remarquable par sa force et sa solidité et par la beauté de ses membres. Il me sembla voir en lui un de ces beaux chevaux anglais de demi-sang, si recherchés pour leur vigueur et leur énergie. Sa taille était beaucoup plus élevée que celle des autres (il avait au moins 4 pieds 9 pouces et demi); mais une de ses oreilles se trouvait malheureusement coupée au niveau de la tête ; il avait des sillons de feu sur tout le corps, et ses jambes étaient couvertes de profondes cicatrices. Je ne pus dissimuler à Colasis la peine extrême que j'éprouvais en voyant ce magnifique animal aussi horriblement mutilé.

« Ce sont précisément sa distinction et son mérite qui lui ont valu les mutilations dont tu te plains, me dit le scheick : moins beau, il aurait été plus épargné ; mais j'avais trop à craindre qu'il n'excitât la convoitise des officiers du pacha ; car cet animal est réellement le premier cheval de la tribu. Il nous sert d'étalon et monte les meilleures jumens. Demain je te ferai voir quelques-uns de ses produits ; je suis certain à l'avance que tu en seras satisfait. Toutefois, bien que j'y sois fortement attaché, dis un mot, et il est à toi. »

Je remerciai Colasis de cette offre généreuse, et lui dis que, malgré ma bonne envie, je n'oserais jamais amener en France un animal ainsi déprécié, parce que ses grandes qualités disparaîtraient aux yeux de mes compatriotes devant tous les stigmates déshonorans dont il était couvert. Ce refus parut faire grand plaisir au scheick, qui tenait à cet étalon beaucoup plus encore qu'il n'avait semblé me le faire entendre.

Le soleil venait de disparaître de l'horizon et la prière du soir était dite lorsque je rentrai sous la tente de mon nouvel hôte. A peine y étais-je assis que je vis arriver, les uns après les autres, tous les Kurdes de la tribu. Dès que l'un d'eux paraissait tous ceux qui étaient entrés avant lui se levaient et faisaient un grand salut en portant la main droite sur le cœur, la bouche et la tête, et en prononçant ces mots : *Sebahh el graïr eich halack* (bonjour ; comment vous portez-vous ?). Cette cérémonieuse politesse se renouvela quarante à cinquante fois au moins. Chaque arrivant recevait de la main d'un esclave la tasse de café que lui offrait Colasis, puis, après avoir fait le salut d'usage, prenait place dans le cercle. La tente, bien que spacieuse, ne tarda pas à se trouver remplie. Lorsque l'assemblée, rangée en cercle sur plusieurs rangs, fut au complet, le scheick se tourna vers moi, et me dit que la réunion de ce grand nombre de Kurdes devait sans doute m'étonner. Je lui dis qu'elle ne présentait à mon esprit rien que de très-naturel, et que je me l'expliquais par le désir tout simple des hommes de sa tribu de profiter de la présence d'un étranger dans la tente hospitalière de leur chef, pour venir lui rendre les devoirs qui lui étaient dus.

« Désabuse-toi, reprit aussitôt Colasis : tu es le premier Français qui ait encore paru au milieu de nous, et c'est uniquement pour te fêter et pour te faire honneur que tous les hommes de la tribu se sont ainsi empressés de se rendre près de moi. »

Je remerciai le scheick et le priai d'être auprès de la nombreuse assistance qui m'entourait l'interprète de ma gratitude; puis, lorsque l'heure du repos arriva, chacun se retira chez soi; je m'étendis près du scheick, sur un tapis qui me servit de matelas, et je m'endormis après avoir placé sous ma tête, en guise d'oreiller, un des coussins du divan.

Je rêvai toute la nuit aux divers événemens qui avaient marqué ma dernière journée. Le lendemain, au lever du soleil, le scheick se trouva debout. Il avait évité de faire le plus petit bruit; mais mon sommeil était si léger, qu'au premier mouvement qu'il fit pour quitter son tapis je me trouvai éveillé. Il me souhaita aussitôt le bonjour, me fit apporter une pipe et du café, puis me demanda si je voulais aller visiter avec lui les jumens et les poulains de la tribu, qui tous pâturaient dans un champ d'orge situé à quelque distance du camp. Cette proposition me plaisait trop pour balancer un instant à l'accepter. Je m'empressai donc de lui répondre que je le suivrais, et quelques minutes après nous étions en marche. Chemin faisant, nous rencontrâmes, stationné près d'une tente, un troupeau assez considérable de chameaux de très-haute taille et d'une rare beauté. Tous étaient placés en cercle et avaient un des pieds de devant retroussé sous l'avant-bras au moyen d'une corde faite avec du poil de ces animaux. Je laissai le scheick marcher en avant avec mon drogman, et je m'approchai de ce magnifique troupeau pour en examiner à l'aise les différens individus. Lorsque j'eus pleinement satisfait ma curiosité, je me mis en devoir de rejoindre Colasis et Stéphens. Ils ne se trouvaient plus qu'à une assez courte distance de moi, lorsque, passant devant une tente de très-grande dimension, et dont les montans supérieurs me paraissaient assez violemment agités, j'entendis un cri aigu partir de la bouche d'une femme qui se trouvait alors à l'entrée de ce léger édifice. A cette exclamation, qui me parut arrachée par la surprise et l'effet que causait mon costume européen, plusieurs autres femmes paraissent aussitôt sur la porte de la tente, se précipitent près de moi et m'entourent. Les unes s'emparent de mon chapeau et l'examinent dans tous les sens; d'autres saisissent les boutons en cuivre de mon habit et les tirent avec force; d'autres enfin se mettent à genoux, touchent mes éperons et s'amusent à en faire tourner les molettes. Ma position au milieu de cet essaim de curieuses ne laissait pas que d'être embarrassante. J'étais assez incertain des moyens qu'il me faudrait employer pour m'en retirer les vêtemens saufs, lorsque heureusement le scheick vint à se retourner et à voir la position assez singulière où mon costume m'avait placé. Il accourt aussitôt, d'un mot dissipe le rassemblement féminin, et m'engage à ne plus le quitter. Je sus ensuite par lui que ces femmes étaient occupées à battre du beurre de chamelle; elles l'obtiennent en plaçant le lait de ces animaux dans des peaux de boucs qu'elles suspendent aux montans supérieurs de la tente, et qu'elles agitent ensuite avec force jusqu'à ce que la séparation complète de la substance butireuse et du petit lait soit opérée.

Comme les hommes, les femmes kurdes sont d'assez haute taille: celles que je venais de voir me parurent plus grandes que moi. Il est vrai qu'il n'est pas rare de voir des Kurdes hauts de six pieds. En général, les hommes de cette race ont une belle figure; leurs yeux sont grands et très-expressifs; leur barbe est noire et bien fournie; ils sont très-forts, pleins de vigueur et de courage, et d'un tempérament essentiellement belliqueux. Leur costume diffère peu de celui des Turkomans; seulement quelques-uns ont la tête armée d'une espèce de casque en fer que surmonte une pointe de même métal, longue d'environ 6 à 8 pouces.

Colasis, Stéphens et moi avions cependant continué notre route. Nous ne tardâmes pas à arriver à l'endroit où paissaient les jumens de la tribu, ainsi que leurs poulains, qui tous étaient issus du cheval bai-brun dont j'ai parlé plus haut. Toutes les poulinières étaient fortement membrées; leurs produits me parurent également en très-bon état.

Mon examen terminé, nous songeâmes à revenir au camp. Nous ne faisions que d'entrer sous la tente de Colasis, quand il me fit présenter à déjeuner. Pendant le repas je lui appris que mon projet était de partir le lendemain matin. Cette nouvelle parut lui causer quelque peine; il n'épargna rien pour m'engager à changer d'avis, à rester avec lui quelques jours de plus, et il fut jusqu'à me proposer une partie de chasse de gazelle au faucon. Je tins ferme.

« Puisque tu veux absolument me quitter, me dit alors Colasis, tu peux renvoyer dès aujourd'hui le conducteur que t'a donné Ali-Aga, de Killis. Mais, comme je veux être personnellement assuré du succès de ton retour et te mettre à l'abri de toute espèce d'accident, je te donnerai deux de mes cavaliers qui t'escorteront jusqu'à Alep; avec eux tu n'auras rien à craindre. »

Je le remerciai; le reste de la journée fut employé en promenades autour du camp, et se termina par une nouville visite de tous les chevaux de la tribu. Vers le soir tous les Kurdes parurent de nouveau dans la tente pour me faire leurs adieux, et, quand ils furent partis, Colasis me fit entendre à plusieurs reprises qu'il désirerait connaître le cadeau qui pourrait me convenir davantage. J'évitai constamment de répondre aux questions indirectes qu'il m'adressa sur ce sujet. Cependant j'avais remarqué dans mes promenades plusieurs magnifiques chiens lévriers appartenant à une des meilleures races arabes de cette espèce qui soient dans le Désert, et je n'avais pu me taire devant Stéphens de l'envie de posséder une femelle de cette race. Stéphens s'était aussitôt offert d'en faire la demande au scheik; mais je le lui avais défendu d'une manière si positive, que je crus n'avoir rien à craindre de son indiscrétion habituelle. Je me trompais, car Colasis, instruit par lui, saisit le moment où je venais de m'endormir pour attacher à la natte sur laquelle j'étais couché une des plus belles chiennes de la tribu. Le lendemain, dès que j'ouvris les yeux, cette jolie bête vint à moi et m'accabla de caresses. Dans une première surprise, je demandai au scheik à qui elle appartenait. « A toi, me répondit-il, si toutefois elle te plait, et si je suis enfin assez heureux pour te la faire accepter comme un gage de mon amitié. » Je lui dis que je n'avais garde de la refuser, et m'enquis ensuite auprès de lui de l'origine de plusieurs marques de feu que je venais d'apercevoir sur les parties latérales et inférieures de la poitrine, et sur les larmiers de ce joli animal. Je sus alors que les marques avaient pour objet, les unes de lui donner plus d'haleine, et les autres d'augmenter la force et l'étendue de ses rayons visuels. Cette chienne était en effet regardée comme une des plus vites et des plus intelligentes du Désert. Demandée depuis fort long-temps par Kourchid-Pacha, toujours Colasis la lui avait refusée. Il me dit en outre qu'elle était pleine du chien le plus beau et le plus renommé de la même race; que ses petits ne pouvant être dès-lors que très-précieux, il m'engageait à les bien soigner, et il termina en me disant qu'il me donnerait un Kurde pour la conduire à pied et en laisse, et que si le hasard me faisait rencontrer en route quelques gazelles ou des lièvres, il me conseillait de l'éprouver.

Lorsqu'enfin arriva l'heure du départ, il fit monter à cheval deux Kurdes parfaitement armés, en commit un troisième à la conduite de Cinguès (nom de ma chienne), puis je me mis en route. Mon voyage se fit au pas et sans rencontre remarquable. Arrivés en vue d'Alep, à une demi-

4

lieue environ de la ville, les deux Kurdes qui composaient mon escorte s'arrêtèrent et me dirent que la crainte d'être maltraités par les Turcs ou par quelques officiers du Pacha, leur défendait l'aller plus loin. Ils me souhaitèrent une bonne santé et se mirent en devoir de lancer leurs chevaux dans la direction de leur camp. Je les arrêtai pour donner à chacun d'eux une piastre d'Espagne. Ils firent d'abord difficulté de les recevoir, parce que, disaient-ils, Colasis leur avait sévèrement défendu de rien accepter de moi. Mais après avoir un peu insisté, en leur faisant observer que Colasis ne pouvait jamais rien connaître de cette largesse, tous trois tendirent la main, puis disparurent. Le conducteur de Cinguès était monté derrière l'un des cavaliers.

Lorsque j'arrivai, les chevaux de Kourchid se trouvaient tous campés dans le jardin connu sous le nom de Redjeb-Pacha. Je m'empressai donc de m'y rendre. Ce fut l'*émir-akhor* qui m'y reçut à mon arrivée. Il me complimenta sur le cadeau que j'avais reçu de Colasis, et me dit que souvent déjà il avait entendu parler de Cinguès comme d'une chienne de haut renom et douée de qualités incontestables.

Le compte que je rendis ensuite à M. de Portes de mon voyage et de toutes les particularités qui en avaient marqué la durée, le décida à aller à Killis avec M. Caussin de Perceval. Tous deux partirent quelques jours après. M. de Portes acheta du mutzélim deux des meilleurs chevaux de ses écuries. L'un était ce fameux *Abou-Arkoub* dont j'ai parlé plus haut, et que la force et la beauté de ses jarrets rendaient si remarquable; l'autre était un cheval grand et fort que le mutzélim ne se décida à vendre que parce qu'il était porteur d'un signe qu'il regardait comme funeste, c'est-à-dire d'un épi qui se trouvait placé derrière les deux fesses. Grâce à la crainte superstitieuse que lui inspirait ce simple jeu de la nature, M. de Portes le paya un prix très-peu élevé. Ce cheval était originaire de La Mecque. Il avait appartenu à Kutchuk-Ali-Pacha, pacha de Bayazz, qui avait eu la tête tranchée quelque temps avant notre arrivée; nous lui donnâmes le nom de *Meckawi.*

M. de Portes ne quitta point Killis sans rendre visite à Adgi-Ali-Aga, qui le reçut de la façon la plus cordiale, et renouvela pour lui l'offre qu'il m'avait déjà faite, offre qui fut encore une fois refusée, au grand étonnement d'Adgi, qui n'avait pas assez d'expressions pour peindre la surprise que lui causait un désintéressement si nouveau pour lui.

Notre séjour à Alep se prolongea jusqu'à l'arrivée de la tribu d'Arabes Fœdans-Anazès, que nous savions devoir venir camper dans la partie du Désert qui se trouve comprise dans le territoire du pachalick. Pendant le temps qui s'écoula jusqu'à leur arrivée, j'eus occasion d'observer l'existence et les mœurs singulières d'une classe d'animaux qui jouent un assez grand rôle dans la police, si je puis m'exprimer ainsi, des rues de toutes les cités importantes de l'Orient.

A Alep, comme dans toutes les autres villes de la Turquie, il existe une quantité prodigieuse de chiens errans qui se partagent pour ainsi dire chaque quartier, y ont un domicile réel, se réunissent à certaines heures et à certains endroits, et se connaissent si bien entre eux que si un chien appartenant à un quartier étranger a le malheur de franchir les limites qui le séparent du quartier voisin, aussitôt tous les habitans de celui-ci fondent sur l'intrus, l'étranglent et le dévorent. Cette jurisprudence canine est si bien établie, que chaque jour on peut la voir appliquer à de pauvres hères mourans de faim qui se hasardent à venir chercher en fraude quelques bribes oubliées dans quelque coin obscur d'un autre territoire. Tel est en outre le nombre de ces animaux, qu'il est impossible de faire un pas dans les rues sans en rencontrer des troupes entières d'âge et de poil différens. Aussi est-on souvent en danger d'en être mordu, surtout si l'on vient à attirer l'attention de certains matamors qui, toujours grondans, se croient patriotiquement obligés de faire la guerre à tous les Européens. Il n'est cependant pas très-rare de voir quelques-uns de ces chiens qui, sensibles aux bons traitemens d'un Franc, se déclarent ses protecteurs, l'accompagnent par reconnaissance d'un quartier à un autre, et savent bravement employer griffes et dents pour sa défense. Chaque quartier renferme plusieurs de ces organisations d'élite; aussi presque tous les Européens marchent-ils sous la protection de gardes-du-corps de cette espèce qu'ils ont eu le soin de s'attacher. Il y a ordinairement dans chaque rue un Turc chargé de distribuer à ces animaux la nourriture que leur assigne la philanthropique piété d'un grand nombre de fidèles serviteurs du Prophète. Ceux de ces chiens qui ont dans leur domaine les bazars de la boucherie, se trouvant mieux nourris que les autres, sont assez ordinairement plus gras et mieux portans. En revanche, rien n'égale la maigreur et la faiblesse de ceux qui habitent les cimetières que l'on rencontre aux portes de toutes les villes. La plupart de ces animaux ont un grand point de ressemblance avec les chacals, race cruelle et sauvage avec laquelle, au reste, ils se croisent assez souvent.

Je ne me suis autant étendu sur ces hôtes obligés de toutes les rues des grandes villes turques, que parce qu'à l'époque dont je parle je fus témoin d'un fait qui ne laisse pas d'être assez singulier.

Près du khan où habitait M. Monge, négociant français, se trouvait ordinairement en sentinelle un chien très-gros qui paraissait spécialement chargé d'observer le logis et les infidèles qu'il renfermait. Toute la peau du corps de ce hideux animal ne présentait qu'une immense croûte produite par une espèce de lèpre galeuse qui avait fait tomber tous ses poils. Hargneux et méchant au-delà de toute expression, il hurlait si fort et si long-temps toutes les nuits, que très-souvent il devenait impossible aux habitans du khan de goûter un sommeil de quelques heures de durée. M. Monge était donc impatient de se délivrer d'un aussi incommode voisin. Le tuer, il ne l'osait ; ce meurtre pouvant le compromettre de la manière la plus sérieuse avec les Turcs. L'empoisonner lui parut un moyen plus sûr et plus facile, et ce fut à moi qu'il s'adressa pour obtenir les moyens d'en venir à bout. Je songeai aux boulettes de notre police de Paris, et, prenant un peu de viande hachée à laquelle je mêlai une assez grande quantité de sublimé corrosif, je composai une espèce de pilule susceptible, par la dose de poison qu'elle renfermait, de tuer quatre ou cinq chiens de la force de celui dont M. Monge voulait se défaire. Un soir, en rentrant chez lui, M. Monge jette donc la boulette au chien, qui la reçoit dans sa gueule et l'avale sans la mâcher. Le lendemain il croyait s'en trouver débarrassé, quand, quittant le khan de bonne heure exprès pour s'en assurer, il voit tout-à-coup ce singulier animal qui accourt à lui, le caresse, et semble lui demander une pilule nouvelle. M. Monge s'empresse aussitôt de venir me raconter l'aventure. Je fus, je l'avoue, étrangement surpris. Me remettant alors à la besogne, je compose une seconde mixtion dans laquelle je fais entrer cette fois plus de quatre gros de sublimé; il y avait de quoi tuer la moitié des chiens de la ville. En arrivant à sa demeure, M. Monge renouvelle la tentative de la veille; la boulette est avalée avec la même avidité, et notre compatriote se couche bien convaincu que la nuit ne s'écoulera pas sans que le chien soit étendu roide mort devant sa porte. Quel n'est donc point son étonnement lorsque, sortant de bon matin, il voit l'animal accourir de nouveau vers lui et lui prodiguer toutes les caresses qu'il en avait reçues le jour précédent. La pitié s'empare aussitôt de lui; il renonce à l'empoisonnement et donne l'ordre de lui apporter tous les jours un peu de nourriture. A dater de ce moment, ce chien cessa d'aboyer pendant la nuit, se montra bientôt après l'ami le plus chaud de tous les

Européens, et, chose plus extraordinaire encore, finit par guérir complètement de sa lèpre et par devenir un magnifique animal.

Tout le temps que dura cette partie de notre séjour à Alep, M. de Portes et moi ne cessâmes de visiter les écuries des principaux officiers du pacha et celles des beys et des agas où nous espérions trouver les meilleurs chevaux. Nous assistions aussi à tous les exercices du djerid : ces exercices avaient lieu dans une espèce de grande place située à un quart de lieue de la ville, près de Bab-el-Feradj, sur la route de Kantouman. J'y fus un jour témoin d'un accident très-grave, et qui faillit coûter la vie à deux des principaux acteurs de ces luttes. L'un d'eux, le *saraff* (banquier du pacha), montait un cheval arabe barack très-vigoureux ; il venait de lancer son djerid, et se retournait avec une extrême vitesse pour éviter celui de son adversaire, lorsque, dans la rapidité de sa volte, il heurta avec violence l'épaule du cheval d'un aga qui accourait pour lancer à son tour son javelot. Le choc fut si subit et si terrible, que les deux cavaliers en furent enlevés de dessus leurs selles et jetés à une assez grande distance. Le terrain était recouvert de petits cailloux ; le saraff, l'ayant en quelque sorte labouré l'espace de quelques pas avec son front et sa poitrine, ne se releva que la figure toute ensanglantée et la clavicule gauche fracturée. Son compagnon d'infortune fut moins maltraité ; il en fut quitte pour quelques contusions peu dangereuses. Quant aux deux chevaux, l'un et l'autre furent également jetés par terre ; le choc que supportèrent l'épaule droite de l'un et l'épaule gauche de l'autre luxa chez tous deux l'articulation scapulo-humérale. Ma qualité de médecin me fit appeler à donner des soins aux hommes comme aux animaux. Ce fut le saraff qui me témoigna le plus de confiance, et ce fut à lui, je dois l'avouer, que je donnai les soins les plus assidus et les plus empressés ; j'allais le voir au moins deux fois le jour. Je fus assez heureux pour le mettre promptement en état de vaquer à ses affaires, mais non de monter à cheval. Une fois amené à cet état de guérison, quelques mots hasardés par lui me firent entendre qu'il serait bien aise de reconnaître par un *bacchis* (présent) les soins que je lui avais donnés, et qu'il désirait en conséquence connaître ce qui pourrait me plaire davantage. J'avais visité ses écuries, et je n'y avais trouvé qu'un seul cheval digne d'être acheté par M. de Portes et moi ; je lui parlai donc de nous le céder. Il parut ne pas s'en soucier, car il me répéta plusieurs fois de suite qu'il y tenait beaucoup. Quelques jours après, il m'envoya à titre de *bacchis* un schall de cachemire blanc propre à faire un assez beau turban ; puis, à peu de temps de là, voyant que ses blessures le mettaient hors d'état de se tenir en selle, il se décida enfin à nous vendre son cheval favori : nous lui donnâmes le nom de *Saraff*. Lors de notre retour en France, cet étalon fut envoyé au dépôt de Langonnet, ainsi que *Meckawi*, autre étalon acheté par M. de Portes au mutzélim de Killis en même temps que *Abou-Arkoub*. *Saraff* est aujourd'hui au haras de Pau ; *Meckawi* est mort à Langonnet.

Jusqu'ici j'ai oublié de dire que chaque matin je montais régulièrement à cheval pour aller inspecter les écuries du pacha. Je me servais ordinairement pour cette promenade du cheval que m'avait donné le mutzélim de Killis. Un matin que je me dirigeais vers le palais de Kourchid, je rencontre un aga de delhis-bach (têtes folles) (1), qui montait un jeune cheval récemment arrivé du Désert, et qui provenait de la tribu Bani-Sakhr. Bien que très-maigre, cet animal me parut avoir de grandes qualités ; je proposai donc à l'aga de l'échanger contre le mien ; il parut ne pas s'en soucier, car nous nous quittâ-

(1) Les delhis-bach sont une espèce de hussards attachés à la garde des pachas, qui sont coiffés d'un long bonnet en feutre noir, qui peut avoir deux pieds de haut.

mes sans même entamer l'affaire. Arrivé au sérail, je n'ai rien de plus pressé que de raconter à l'*émir-akhor* et ma rencontre et le désir que j'avais de posséder la jeune monture de l'aga. L'émir me dit qu'il connaissait parfaitement l'animal, que de plus il était l'ami de son maître, et que pour m'obliger il essaierait de l'amener à l'échange que je désirais. Au moment même où il me faisait ces offres de service, le hasard voulut précisément que l'aga vînt prendre les ordres de Kourchid. Le pacha se trouvait alors campé avec toute sa cour dans un jardin connu sous le nom de Redjed-Pacha, et où tous ses chevaux se trouvaient au vert. L'émir court aussitôt à l'aga, l'invite à venir prendre du café dans sa tente, puis cause de son cheval, l'engage fortement à en faire l'échange avec le mien, et parvient à l'y décider moyennant 80 piastres de retour. L'affaire terminée, je donnai à ma nouvelle acquisition le nom d'*Ariaal* (cerf). Je l'ai amené avec moi en France; depuis il a été vendu comme étalon pour la Martinique.

Tandis que l'aga et moi nous débattions, l'émir jetait des yeux de convoitise sur une selle anglaise que j'avais apportée de Paris; il m'en parla avec tant d'amour, que je ne pus faire autrement que de la lui offrir. Il accepta, à mon grand regret, je l'avoue; car il m'était impossible, avec mon costume d'Européen, de m'habituer aux selles du pays. Je la fis donc porter chez lui; mais le lendemain le hasard l'ayant amené à me demander quelle était le peau qui la recouvrait, je lui répondis bien vite, ce qui, au reste, était vrai, quo cette peau était celle d'un *khansir* (cochon); il recula effrayé, et me pria instamment de la reprendre, étant trop bon musulman, me disait-il, pour consentir à s'asseoir sur la peau d'un animal immonde.

CHAPITRE IV.

Femmes Turques. — Je parviens à pénétrer dans l'appartement de trois d'entre elles. — Achat de *Tadmor*, d'*Orean* et d'*Oufali*. Accidens nombreux causés par ce dernier. — Arrivée de Doubai, scheick de la tribu des Fœdans-Anazés. — Il dîne avec nous. — Le buste de Louis XVIII. — Départ d'Alep pour le Désert. — La Quouaiq. Ruines. — Chaleur dans le Désert; mirage. — Notre arrivée à Tel-el-Sultani. — Passage d'une caravane. — Arrivée des Fœdans-Anazés: ils plantent leurs tentes; détails. — Franchise de Doubai; dîné officiel; café, musique, conteurs. — Les Français en Egypte. — Départ de M. Rzewouiski pour Palmyre.

Quelques jours après l'échange qui me valut *Ariaal*, le saïs-bachi (chef des palefreniers) vint me prier, en ma qualité de médecin, d'aller jusque chez lui pour visiter une de ses femmes qui se trouvait malade. J'acceptai avec l'empressement le plus vif, persuadé que j'étais qu'il me ferait introduire sous sa tente et que je pourrais enfin contempler quelques-unes de ces beautés si renommées que les Turcs tirent de la Géorgie. Mais quel ne fut pas mon désappointement lorsqu'arrivé près de la tente, je vois le saïs-bachi s'arrêter et dire, en paraissant s'adresser à quelqu'un placé à l'intérieur : « Voici le *hakim-bachi*; donne-lui ton bras. » Au même instant sortit d'une ouverture que je n'avais point remarquée dans la partie extérieure de la tente, un bras que l'on me présente pour en explorer le pouls. Je le touche et dis ensuite au saïs que je ne pouvais émettre la moindre opinion d'après un indice aussi faible et aussi incertain, et qu'il me fallait absolument examiner la langue et les yeux. La malade, sur l'ordre de l'intraitable saïs, s'approche alors de l'ouverture, et me présente successivement les yeux et la langue. Cette vue partielle et isolée était loin d'avoir satisfait mon avide curiosité; je dis donc nettement au saïs que je ne pouvais rien juger, et par suite rien lui apprendre, à moins de consulter l'ensemble des traits de la malade. Cette exigence nouvelle parut l'étonner; il me regarda, réfléchit un instant, et finit par donner l'ordre à d'autres femmes, mais toujours à travers la paroi extérieure, de passer dans une partie séparée de la tente. Lorsque le temps nécessaire à l'accomplissement de cet acte de précaution toute musulmane fut écoulé, j'entrai enfin sous la tente si désirée. Elle était divisée en deux compartimens; dans celui où je venais de pénétrer se trouvait une femme de très-belle taille, mais d'un embonpoint qui me parut beaucoup trop prononcé; sa peau était d'une extrême blancheur; elle avait des yeux noirs assez beaux, un nez gros et court et des lèvres épaisses peintes en bleu. Ses joues étaient tatouées, et une raie noire tracée avec du khoel (1) entourait ses yeux; ses mains, ses ongles surtout étaient teints avec le suc d'une plante appelée *henné*, que l'on tire d'Égypte, et qui donne une couleur acajou. Cette femme était la malade. Lorsque je l'eus examinée avec soin et qu'elle eut répondu à quelques questions que je lui adressai sur sa position et les douleurs qu'elle pouvait éprouver, je crus apercevoir en elle les symptômes d'un commencement de grossesse. Je n'eus pas plus tôt fait part à son mari de cette découverte, que, dans sa joie, il appelle deux autres femmes, et me demande si quelque chose chez elles indiquait un état semblable. Ces nouvelles venues avaient la figure tatouée comme celle de la malade, et leurs mains, comme les siennes, étaient teintes d'une couleur acajou. L'une d'elles était une Arménienne qui me parut beaucoup plus jolie sans contredit que ses

(1) Espèce de cosmétique dont se servent toutes les femmes de l'Orient pour se peindre en noir le tour des yeux.

deux compagnes. Ce n'était cependant pas la favorite : à la malade appartenait la part la plus grande de l'amour du sais. Quand j'eus examiné ses deux rivales et que j'eus annoncé à leur époux commun que rien chez elles ne présentait le plus léger symptôme de grossesse, il me congédia en me disant qu'il comptait sur ma complaisance dans le cas où il pourrait encore avoir besoin de mes services, mais qu'il m'engageait en même temps à ne me présenter chez lui que lorsqu'il me ferait appeler. Cette visite fut en effet la seule que je lui fis jamais; je le vis cependant assez souvent depuis, et je sus par lui que je ne m'étais pas trompé sur la nature de l'indisposition que j'avais été appelé à reconnaître.

Je dois dire, au reste, que chaque jour j'étais appelé à donner mes soins à de nouveaux malades : Turcs, Juifs et Catholiques, tous me témoignaient une égale confiance. J'étais surtout occupé par les consuls d'Autriche, de Russie et de Sardaigne, juifs tous trois, nés à Alep, fort riches et très-honnêtes gens; ils paraissaient nous être fort attachés, et me priaient fort souvent de soigner les pauvres de leur religion.

Le mouhassil-bachi (grand-douanier) me faisait également demander assez souvent pour visiter ses chevaux. Pendant notre séjour, plusieurs tombèrent malades du farcin (seradja) : je parvins à les guérir en fort peu de temps. Ce dignitaire possédait un des plus jolis chevaux arabes qui fussent à Alep. M. de Portes et moi lui demandâmes à l'acheter; il refusa long-temps, et ne consentit à nous le vendre que beaucoup plus tard, et quelques jours seulement avant notre départ. Ce cheval lui avait été donné en cadeau par un scheik arabe dont les tentes étaient assises près des ruines de Palmyre; aussi l'appelâmes-nous *Tadmor*, nom que les Arabes donnent à cette cité célèbre; mais il nous fallut, pour l'obtenir, faire en même temps l'acquisition d'un autre cheval nommé *Orcan*, dont le mouhassil voulait absolument se défaire.

Son achat étant une des conditions essentielles de la vente de *Tadmor*, force nous fut, malgré notre répugnance, de le faire figurer dans notre convoi. *Tadmor* était le cheval que montait le mouhassil dans les grandes cérémonies; nous l'avions vu pour la première fois, recouvert des équipemens les plus riches, dans une des cours du palais de Kourchid-Pacha, un jour où son maître se trouvait appelé au sérail pour une solennité dont je ne me rappelle plus l'objet.

Un soir où j'étais resté fort tard chez le pacha, je témoignai à l'*émir-akhor* la crainte de trouver les portes d'Alep fermées. J'étais venu au palais à pied; l'émir m'offrit aussitôt un cheval, en me disant qu'en pressant le pas je pourrais encore arriver assez à temps pour pouvoir entrer en ville. J'acceptai : il y en avait précisément un qui, tout sellé et bridé, attendait dans la cour des écuries que quelqu'un eût besoin de le monter. Toute la journée un certain nombre de chevaux sont ainsi constamment tenus à la disposition des officiers du pacha : simplement attachés par les pieds, un instant suffit pour se trouver en selle et les lancer. Il me fallut donc moins d'une minute pour me trouver sur le chemin d'Alep. L'animal que je montais était extrêmement vigoureux; sa robe était gris-argenté; il avait des membres forts et musculeux, une tête légèrement busquée, une taille d'environ quatre pieds neuf pouces. Né dans une tribu d'Arabes Baraks qui campe habituellement près d'Ourfa, de l'autre côté de l'Euphrate, son origine lui avait fait donner le nom d'*Ourfali*. Grâce à sa vitesse, j'arrivai effectivement un instant avant la fermeture des portes. Le court trajet que je venais de parcourir avec lui me permit de l'apprécier : je lui trouvai les plus grands moyens; son trot surtout avait une extrême vélocité, bien cependant qu'il ne fût pas accoutumé à cette allure, car les Arabes et les Turcs, comme l'on sait, l'interdisent à leurs chevaux, non-seulement parce qu'ils craignent de les trop fatiguer, mais encore parce que la manière dont ils sont assis sur ces animaux ne leur permettrait pas de la supporter long-temps. Malgré la forme peu gracieuse de sa tête, je conseillai donc à M. de Portes d'en faire l'acquisition ; il ne s'y refusa point, mais il voulut auparavant l'essayer lui-même. Satisfait des épreuves auxquelles il le soumit, il traita du prix avec l'émir et s'en rendit possesseur. *Ourfali* était d'un caractère assez méchant ; il n'aimait pas à être contrarié, et cependant lorsqu'on le traitait avec précaution et douceur, il se montrait assez facile à monter. Mais un jour où, réunis à plusieurs Européens, M. de Portes et moi avions formé la partie d'aller faire le keif dans un jardin situé près du village de Bab-Allah (Porte-de-Dieu), nous faillîmes payer bien cher la confiance que nous avions parfois dans son bon naturel. Voici le fait :

Les consuls des différentes puissances de l'Europe, un assez grand nombre de Francs, leurs femmes, tous étaient déjà partis quand MM. Guis, de Portes, Caussin de Perceval et moi nous mîmes en selle pour les rejoindre. M. de Portes montait *Ourfali*, MM. Guis et Caussin montaient chacun un de leurs chevaux, et moi je me trouvais avoir *Abou-Séïf*, cet arabe dont Kourchid avait fait cadeau à M. de Portes. Il faisait très-chaud ; nous marchions au pas ; arrivés sur la place El-Meidan-El-Akhdar (place Verte), sur laquelle donne un des murs du jardin où les chevaux du pacha avaient campé pendant tout le temps du vert, nous aperçûmes l'*émir-akhor*, qui, monté sur un cheval taouachi-rawouan (hongre, de pas relevé), et assis sur un simple bât (1), surveillant le fanage du foin qu'il avait fait faucher sur cette place. Ce foin, le premier qu'on récoltait dans ce pays où les habitans ne connaissent d'autre nourriture pour leurs chevaux que la paille d'orge triturée et l'orge en grains ; ce foin, dis-je, était abondant

(1) Les Taouachi-Rawouan ne portent jamais de selle, ainsi que les *Gdiche* et les chevaux hongres.

et de bonne qualité. Dès qu'il nous vit, l'émir mit le sabre à la main et fondit en plaisantant sur nous. M. de Portes fut le premier qui se trouva à sa portée. *Ourfali*, effrayé de cette charge au grand galop, prend la chose au sérieux, se cabre sur son ancien maître, lui assène sur la tête un coup de pied de devant qui lui enfonce son cahouk (1) jusque sur les épaules, et du même bond démonte son cavalier en lui portant sous le menton un si violent coup de tête qu'il le jeta assez loin de lui presque sans connaissance. Il lança en même temps une ruade qui tuait infailliblement M. de Portes, si, moins étourdi par sa chute, il avait eu le malheur de lever un peu la tête. Puis, dès qu'il se sent libre, *Ourfali* court sur le cheval de M. Caussin, qui cherchait à se sauver par la porte du jardin, parvient à l'atteindre près de la fontaine, se rue sur lui, et lui lance sur l'étrier droit un si violent coup de pied, que M. Caussin en eut à la jambe une contusion assez forte. Tandis que le furieux animal était ainsi occupé, M. Guis avait eu le temps de chercher un abri, et l'émir avait pu relever son cahouk. Je m'étais enfui dans la plaine. *Ourfali* ne tarda pas à se diriger aussi de ce côté en poussant des cris effroyables. Craignant qu'il ne montât sur moi, je descendis en toute hâte de cheval et je me sauvai au plus vite en tirant *Abou-Séif* par la bride. Je ne pouvais malheureusement aller aussi vite qu'*Ourfali*; il m'atteignit donc bientôt, se précipita sur *Abou-Séif* et lui donna un si rude coup de poitrail, qu'il le renversa en quelque sorte sur moi. Le contre-coup de ce choc fut si terrible que, lancé à quelques pas de là, je labourai la terre avec ma figure, ma poitrine et mon ventre, et je restai quelques instans avant de pouvoir reprendre mes sens. Lorsque, le corps à moitié rompu et brisé, je parvins enfin à me tenir sur mon séant, je vis *Abo u-Séif* qui toujours poursuivi par *Ourfali*, déployait une vélocité peu commune. J'ignore ce qui en serait advenu si l'*émir*-

(1) Coiffure en feutre, plus large du haut que du bas.

akhor, aidé de quelques Turcs qu'un heureux hasard venait d'amener sur le lieu de la scène, ne s'était pas mis en devoir d'arrêter les deux lutteurs et de nous les rendre. Chacun de nous se remit en selle comme il put, et nous fûmes enfin rejoindre notre société. Le reste de la promenade se passa sans accident; seulement je fus obligé de retourner de bonne heure au khan afin de prendre soin de moi; mais j'en fus quitte pour une espèce de courbature qui au bout de quelques jours avait complètement disparu. Quant à M. de Portes, les suites de sa chute n'eurent rien de plus grave; il lui fallut seulement tenir sa figure enveloppée pendant près d'un semaine.

Le temps approchait enfin où nous devions voir la tribu de Bédouins que nous attendions depuis si long-temps. planter ses tentes dans le désert d'Alep. Il existait dans la ville un janissaire qui en connaissait particulièrement le scheik, grâce aux voyages qu'il y faisait tous les ans avec des Turkomans qui se rendent à certaines époques dans le Désert pour des remontes de chameaux. Cet homme, qui s'appelait Saïd-Hassan, faisait l'office de courtier pour tous les marchés de ce genre. Personne mieux que lui n'était donc instruit de tous les mouvemens des nombreuses tribus arabes qui viennent commercer sur les différentes lisières du Désert. Aussi fut-il le premier qui vint nous annoncer que le scheik de la tribu d'Arabes Fœdans-Anazès, dont nous attendions l'arrivée, venait enfin de paraître dans Alep, apportant à Kourchid-Pacha les présens qu'il est d'usage de lui donner lorsqu'on veut obtenir de lui des assurances de paix et la permission de camper sur le territoire de son pachalick.

Dès le lendemain le noble Polonais dont j'ai parlé plus haut, M. le comte Rzewouski, alla inviter Douhaï, nom de ce scheik arabe, à venir le voir et dîner avec lui. Douhaï accepta et se rendit à Alep, suivi de quelques-uns des principaux Bédouins de la tribu. Après le repas, le comte fit quelques présens à son hôte, et traita avec lui pour la protection dont il avait besoin dans un voyage qu'il se le proposait de faire aux ruines de Palmire. Un chameau fut prix convenu.

Quelques jours après M. de Portes invita à son tour Douhaï à venir dîner au khan du consulat de France; ce fut Saïd-Hassan, le janissaire courtier, qui nous l'amena. Le scheik arriva dans notre cour monté sur une jument arabe d'assez pauvre apparence. Je fus peu surpris de le voir aussi mal partagé, parce que j'avais su que les Arabes, lorsqu'ils se hasardent à entrer dans une ville, en agissent toujours ainsi de peur d'éveiller l'envie brutale et la convoitise toute puissante des Turcs. Il était accompagné de son secrétaire nommé Daoud, et de quatre autres Bédouins. Douhaï était un petit homme fort laid, ayant de très-petits yeux et le teint basané des habitans du Désert. M. de Portes le reçut à sa descente de cheval et l'invita à monter dans notre appartement; il ne se fit point prier; ses Bédouins l'y suivirent. En entrant dans notre salon, il ôta ses bottes, monta sur le divan et s'y assit en croisant les jambes sous lui. On lui présenta aussitôt du café et une fort belle pipe ornée d'un boukin (1) d'ambre; puis, M. de Portes l'engagea à se mettre à l'aise, à se regarder comme étant chez lui et à user enfin comme il l'entendrait de tout ce qu'il voyait dans l'appartement. « En ce cas, dit aussitôt Douhaï, » cette pipe est à moi. » Lorsqu'il eut fumé, il remit en effet la pipe à Saïd-Hassan qui l'accompagnait. Celui-ci n'eut garde de refuser, il la prit avec empressement. Je sus depuis que cette largesse du scheik était chose convenue d'avance, un marché conclu entre le janissaire et lui assurant au premier, en sa qualité de courtier, tous les cadeaux de peu de valeur que pourrait recevoir le second pendant son séjour à Alep.

M. de Portes avait fait préparer dans la chambre voisine un dîner qui était servi à l'arabe, c'est-à-dire placé par terre. Lorsqu'on vint annoncer au scheik et à son secré-

(1) La partie de la pipe qui se place dans la bouche.

taire qu'ils étaient attendus, tous deux s'y rendirent et trouvèrent les quatre Bédouins de la suite de Douhaï déjà accroupis devant les mets dont partie avait disparu sous leurs doigts. Ce manque d'égards envers leur chef ne parut nullement formaliser ce dernier, qui se plaça sans plus de cérémonie près de ses gens, et sut promptement regagner le temps perdu. Les Arabes passent en général pour très-sobres; je ne fus donc pas médiocrement surpris en voyant le scheik et ses gens manger avec une voracité dont je n'avais pas encore eu d'exemple, et faire disparaître en quelques minutes un dîner très-abondamment fourni. Le repas terminé l'on revint au salon; l'on présenta au scheik une nouvelle tasse de café; sa pipe fut chargée et allumée par un Bédouin qui la lui présenta ainsi préparée, et la conversation s'engagea sur le traité à faire pour acheter sa protection tout le temps que durerait le voyage que nous voulions faire dans le Désert. Il nous dit qu'il ne pouvait nous répondre immédiatement, qu'il enverrait par Daoud la liste des objets qu'il désirait obtenir de nous; et il ajouta que, n'ayant pu avoir encore une seule audience du pacha et devant en être reçu le lendemain, il remettait à nous revoir après cette cérémonie, et à nous indiquer le jour et l'heure de son départ, ainsi que le lieu où il faudrait aller le rejoindre.

Quand vint le moment de nous séparer, Douhaï nous salua en portant sa main sur son cœur, sa bouche et sa tête, et laissa échapper ces mots : « Nous sommes frères » maintenant, puisque nous avons mangé ensemble le » pain et le sel; vous pouvez donc compter sur moi. » Nous nous étions levés pour le reconduire. En passant dans le corridor, Douhai voit la porte de la galerie de M. Guis ouverte et demande s'il est là ; on lui répond qu'il est absent. Cela ne l'arrête point; il entre et parcourt toute la galerie avec beaucoup de curiosité. Arrivé à l'extrémité, il aperçoit un buste en plâtre de Louis XVIII; il s'enquiert aussitôt de ce que signifie cette image; on lui dit qu'il voit en elle le portrait du sultan de France. Voulant alors l'examiner de plus près, il ôte de nouveau ses bottes, monte sur un divan qui se trouvait au pied du socle, et, lorsqu'il l'a regardé tout à son aise, il s'écrie, en posant son poing sur le visage du feu roi : « Tu es bien » grand ; mais Dieu est ton maître, et tu mourras. » Cette réflexion faite, il promet de nouveau de venir nous revoir, monte à cheval et retourne au camp qu'il avait établi à peu de distance de la ville sur l'extrême limite du Désert.

Le lendemain Daoud vint apporter à M. de Portes la liste des objets que le scheik exigeait pour prix de sa protection ; ils consistaient, entre autres choses, en plusieurs quintaux de riz, en sucre, en essences pour les femmes, et en vingt-deux habillemens arabes complets. Comme cette dernière fourniture nous était assez difficile à effectuer, nous obtînmes de la remplacer par une somme de 400 piastres turques (300 fr.) ; le reste fut donné en nature. Cet accord était essentiel, car sans lui il nous aurait été impossible de pénétrer dans le Désert ; c'est un tribut que paient tous les Européens qui veulent s'y hasarder. Le scheik nous faisait dire en même temps que, pour ne pas éveiller l'attention et l'envie des Bédouins que nous pourrions rencontrer dans notre voyage, il nous conseillait de quitter nos habits francs et d'adopter le costume de ces peuplades.

Enfin le scheik reçut son audience de Kourchid ; il offrit au pacha un fort beau cheval arabe bai-marron, âgé de cinq ans et demi, taille de 4 pieds 8 pouces. Ce dernier lui donna en retour, comme gage de son alliance, une très-belle pelisse et un mouchoir brodé en or, que le scheik plaça sur sa tête en forme de diadème. Le lendemain il vint nous rendre visite dans ce nouveau costume, et nous dit qu'il espérait que nous partirions sous peu de jours. Il lui restait à voir auparavant plusieurs consuls européens avec lesquels il faisait ordinairement quelques affaires, et qui lui payaient chaque année une espèce de tribut. Nous employâmes une partie du temps qui nous restait à passer à Alep, à visiter encore une fois les écuries des principaux officiers du pachalick et les chevaux donnés par le scheik. De tous ceux que nous vîmes, ce fut le cheval dont il avait fait hommage au pacha qui nous parut le plus beau. On pouvait lui reprocher quelque maigreur; mais ce défaut est commun à tous les animaux qui vivent dans le Désert.

Ce fut le 17 juin 1819 que, revêtus du costume des Bédouins, nous allâmes enfin rejoindre nos amis du Désert. Nous couchâmes dans leur camp. Le lendemain, dès la pointe du jour, M. le comte de Rzewouiski vint nous rejoindre accompagné de M. Caussin de Perceval et de presque tous les Francs qui se trouvaient alors à Alep; ces messieurs venaient nous souhaiter un bon voyage. Peu de temps après leur arrivée, notre caravane se mit en marche. Elle se composait du scheik et d'une cinquantaine d'Arabes qui l'avaient suivi jusqu'à cette partie de la limite du Désert. Ces Arabes montaient, les uns des chameaux, et les autres des jumens. Il y avait cependant parmi eux quelques Turkomans qui se trouvaient avoir des chevaux pour montures, et qui possédaient en outre des ânes qu'ils avaient chargés d'orge. Saïd-Hassan se tenait parmi ces derniers; ils l'emmenaient afin qu'il leur servît, comme je l'ai dit plus haut, de courtier pour leurs achats de chameaux. Le comte de Rzewouiski avait avec lui quelques domestiques. M. de Portes et moi avions pour suite un domestique chrétien, d'origine arabe, nommé Georges, et qui parlait un peu le français; un jeune homme fils d'un ancien consul français à Lataqiè, nommé Geoffroy, et qui faisait près de nous l'office de drogman; enfin un vieux bohémien, destiné à nous servir de courrier en cas de besoin. Nous étions en outre accompagnés d'un domestique arménien nommé Megredich, que M. Raphaël Pitioto, consul d'Autriche à Alep, envoyait avec le comte, afin de faire l'acquisition de quelques poulains.

M. de Portes et moi montâmes chacun sur un chameau.

Il s'en fallait de beaucoup que cette monture nous parût agréable; pour moi, je la trouvais d'autant plus insupportable, que l'animal qui m'était tombé en partage était fort peu solide et trébuchait à chaque pas; plusieurs fois même il lui arriva de tomber, et je me serais probablement brisé les os, si nous n'avions pas marché sur un sable fin et profond, qui heureusement rendait ces chutes fort peu dangereuses. A la fin, un Turkoman eut pitié de moi et m'offrit un cheval que j'acceptai de grand cœur; toutefois je ne le gardai pas long-temps; car, m'apercevant que M. de Portes ne se trouvait pas plus à l'aise que je n'y étais auparavant, je m'empressai de lui offrir ma nouvelle monture, qu'il finit par accepter. Je pris alors son dromadaire. Cet animal se trouvait plus solide que le chameau que j'avais quitté; aussi n'eus-je pas à redouter avec lui les accidens auxquels le premier m'avait si souvent exposé.

Il y avait environ quatre heures que nous marchions, lorsque le scheik fit arrêter la caravane près d'un petit village habité par des Arabes Maouâli, qui possédaient pour toute fortune quelques troupeaux de buffles et de moutons. Nous bivouaquâmes au bord de la Qouaiq, rivière qui passe à Alep, et sur laquelle nous vîmes les ruines d'un ancien moulin. Son eau était limpide; il faisait très-chaud; plusieurs d'entre nous, quittant aussitôt leurs habits, s'empressèrent d'aller y chercher une fraîcheur dont ils avaient grand besoin. En sortant du bain, nous allâmes sous une tente à l'européenne et en coutil dont nous avions eu soin de nous munir et dans laquelle nous trouvâmes notre repas préparé. Nous avions emporté avec nous quelques provisions de bouche et surtout de biscuit. Au moment où nous nous disposions à y faire brèche, le scheik entra dans la tente et vint sans façon s'installer au milieu de nous.

« Lorsque je serai dans mon camp, nous dit-il, et que je me trouverai chez moi, je me ferai un plaisir de vous recevoir et de vous traiter d'une manière digne de pareils hôtes; mais jusque là ne soyez pas étonnés si je viens souvent partager votre repas. »

Cette promesse était inutile pour nous montrer satisfaits de sa visite; nous l'accueillîmes de notre mieux ; mais il montra un si rude appétit que tout ce que nous avions apporté disparut. Le lendemain matin nous levâmes le camp et fûmes coucher de nouveau sur les bords de la Qouaiq, à un endroit connu sous le nom de Merdj-el-Sultani, et qui se trouve situé près de l'emplacement qu'occupait une ancienne ville appelée par les habitans du pays Quinnesrin. Sur ses ruines les Arabes ont bâti un petit village qui appartient aujourd'hui au harem-kaya du pacha d'Alep. J'allai m'y promener avec plusieurs Bédouins, et je fus assez heureux pour pouvoir y trouver une petite provision d'œufs que j'achetai. Je passai ensuite quelques instans à visiter les ruines: contre mon attente, je trouvai un assez grand nombre de colonnes encore debout; d'autres, en plus grande quantité, gisaient par terre à moitié ensevelies sous le sable.

Le jour suivant nous partîmes d'aussi bonne heure que la veille. Après avoir marché pendant quatre heures sur un sable brûlant, nous aperçûmes enfin, vers le sud, une petite montagne dont la forme et l'élévation contrastaient agréablement avec l'aspect monotone des plaines de sable que nous avions parcourues jusqu'alors. C'était le Tel-el-Sultani (colline du Sultan). Nous savions que la tribu de Douhaï, que nous allions rejoindre, avait choisi le pied de ce monticule pour y planter ses tentes : je laisse donc à penser l'impatience où nous étions d'y arriver. Nous nous en trouvions cependant encore assez loin, lorsque quelques cavaliers arabes, paraissant se diriger de notre côté, se montrèrent tout-à-coup à l'horizon. Plusieurs des Arabes de notre caravane se détachèrent aussitôt pour aller observer les nouveaux venus. Ayant bientôt reconnu en eux des Arabes de leur tribu, ils revinrent nous rejoindre. Dans ce moment M. de Portes et moi n'étions occupés qu'à chercher à saisir les formes de quelques-uns des chevaux des Arabes que nous venions d'apercevoir. M. de Portes me fit remarquer parmi eux une petite jument baie qui marchait avec une surprenante vélocité. Une sinuosité du terrain ne tarda pas à la faire disparaître à nos yeux ; nous cherchions ce qu'elle pouvait être devenue, lorsqu'au bout de quelques minutes nous la vîmes tout-à-coup se placer près de nous. Le scheik donna aux nouveaux cavaliers l'ordre d'aller annoncer à la tribu qu'ayant fraternisé avec Kourchid, elle pouvait dès-lors lever le camp qu'elle occupait dans ce moment et venir s'établir à Tel-el-Sultani. Il avait à peine fini de parler, que les Arabes mirent leurs chevaux au galop et s'éloignèrent avec tant de rapidité qu'au bout de quelques instans nous les avions perdus de vue.

Cette rencontre n'arrêta nullement notre marche ; nous la continuâmes en nous enfonçant toujours davantage dans le Désert. La chaleur devint alors excessive, surtout pour nous autres Européens ; mais, malgré son intensité, peut-être l'aurions nous encore supportée assez facilement, si des courans de vents du Désert n'étaient point venus de temps à autre nous dessécher la poitrine et la peau. Pour comble de maux, la soif qui nous dévorait était encore excitée par les effets du mirage, qui présentait constamment à nos yeux, et cela à une distance assez rapprochée, l'image d'un lac que nous pensions toujours atteindre et qui s'éloignait à mesure que nous avancions. Les tourmens auxquels nous étions en proie devinrent si violens que, pour tromper notre douleur, nous prîmes le parti de mettre dans notre bouche un peu d'herbe desséchée par le soleil, et qui, en la mâchant, excitait en nous une légère salivation à laquelle nous dûmes quelques instans de calme.

Après avoir assez long-temps marché, nous arrivâmes enfin au pied de la montagne. Quelle ne fut pas notre joie, lorsqu'en nous approchant nous vîmes s'étendre devant nous une belle pelouse couverte d'une herbe épaisse et touffue, et dont le beau vert contrastait de la manière la plus agréable avec le sol nu et brûlant que nous venions de traverser ! Un ruisseau d'une eau douce et limpide la parcourait en tout sens. Les bords de cette petite rivière étaient garnis d'une espèce de roseaux sucrés très-abondans et très-hauts, et qui dérobaient à la vue ce trésor si rare et si précieux pour les habitans du Désert. Chose assez singulière ! ces roseaux servaient de retraite à quelques sangliers que nous poursuivîmes sans pouvoir en atteindre un seul : ils se réfugièrent dans la montagne. Nous étions à peine revenus de notre surprise, lorsque Douhaï s'approcha de nous, et nous désigna le lieu où nous devions planter notre tente; les Turkomans campèrent à environ sept ou huit cents pas sur notre droite; le scheik fit dresser la sienne au centre de la pelouse, et le soir il vint nous aider à achever le reste de nos provisions.

Le lendemain, dans la matinée, nous aperçûmes à l'horizon vers le sud une grande quantité de chameaux que nous prîmes pour le troupeau de la tribu de Douhaï. Ils s'avancèrent jusqu'auprès d'une source très-abondante qui se trouve à la base de Tel-el-Sultani et qui alimente le ruisseau auquel nous devions l'îlot de verdure sur lequel nous nous trouvions campés. Arrivés là, ces animaux furent reconnus pour appartenir à une caravane qui traversait le Désert. Douhaï s'avança alors à sa rencontre, et en exigea le tribut que tous les animaux et tous les voyageurs, quel que soit leur nombre, paient toujours au scheik dont ils traversent le territoire.

Les Arabes de cette caravane étrangère appartenaient à une tribu qui campe habituellement dans la partie du Désert où se trouvent les ruines de Palmyre. Connue sous le nom de Sakanée, cette tribu fait avec Alep et Idleb le commerce de soude et de sel gemme. Les chameaux qui composaient ce convoi pouvaient être au nombre d'environ trois cents; ils se trouvaient tous chargés de ces deux marchandises, et portaient en outre une assez grande quantité de plumes d'autruche; M. de Portes leur en acheta quelques-unes. Le lendemain, au lever du soleil, ils se mirent en marche. Il y avait long-temps que nous les avions perdus de vue, lorsque, vers les dix heures, nous aperçûmes encore au sud une assez grande quantité de cavaliers qui se dirigeaient également vers nous : c'était l'avant-garde de la tribu de Fœdans, dont Douhaï était le scheik. Ils venaient reconnaître la place où ils devaient asseoir leur camp. Tous avaient pour montures des jumens, dont quelques-unes étaient suivies de leurs poulains. Ils parcoururent d'abord l'emplacement que devaient occuper leurs tentes; puis, lorsqu'ils en eurent fait le tour, chacun d'eux descendit de cheval, choisit le lieu où il voulait s'établir, y planta sa lance en signe de prise de possession, et y attacha sa jument par le pied. Quand ils eurent achevé cette opération première, tous se rendirent à la tente du scheik, pour attendre l'arrivée de leurs familles. Nous commencions à croire qu'elles ne viendraient que le lendemain, quand vers le soir nous aperçûmes, à l'extrémité sud de l'horizon, un nuage de poussière qui, à mesure qu'il se rapprochait de nous, laissait voir une grande quantité de chameaux chargés, qu'accompagnaient bon nombre d'Arabes de tout âge. A mesure que la caravane entrait dans le camp, des lances étaient plantées sur tous les points. Bientôt le sol en fut couvert, et le spectacle que formait cette forêt d'armes toutes debout ne laissait pas que d'être assez formidable. La place où se trouvait la lance indiquait la porte de chaque tente. Bientôt des piquets furent dressés, des toiles furent tendues, et chaque famille put prendre possession de sa nouvelle demeure.

Lorsque Douhaï eut terminé tous les arrangemens nécessaires à l'établissement de sa famille, il vint nous remercier de l'obligeance empressée qu'il avait toujours trouvée en nous; puis il nous dit :

« Puisque votre voyage a pour but d'acheter des chevaux, vous devez nécessairement être fournis d'argent;

car vous savez aussi bien que moi que sans numéraire vous ne pourriez obtenir de nos Arabes même un âne. Si donc j'ai un conseil à vous donner, c'est de cacher soigneusement vos espèces, et de ne mettre personne dans votre confidence, pas même moi. »

Cette franchise nous plut; nous la mîmes à profit, et dès le soir même nous avions creusé sous notre tente un trou où nous placâmes le porte-manteau qui renfermait nos richesses. Nous étendîmes par-dessus les tapis qui nous servaient de lit. Plus tard, lorsque nous avions besoin de recourir à notre argent, l'un de nous s'enfermait soigneusement dans la tente, prenait dans le porte-manteau, avec toutes les précautions que commandait notre position, la somme qui nous était nécessaire, et le replaçait ensuite avec le plus grand soin dans la cachette que nous avions formée. Je reviens à la visite du scheik : il la termina en nous invitant à dîner; nous acceptâmes et le suivîmes à sa tente. Nous trouvâmes à la porte un immense plateau en bois qui, placé sur une natte, se trouvait rempli de riz à moitié cuit, et dont la masse, de forme pyramidale, n'avait pas moins de trois pieds de hauteur. La base de ce singulier édifice était, comme on doit le penser, fort large. Sa sommité se trouvait occupée par de la viande de chameau cuite dans l'eau. Après nous avoir fait signe de nous asseoir, le scheik plaça entre M. de Portes et moi un vénérable vieillard dont la longue barbe blanche était teinte en rouge à son extrémité avec du henné. Lorsque chacun de nous se fut rangé autour du plat en s'asseyant par terre et en croisant les jambes, le vieillard que Douhaï nous avait donné pour voisin fit avec sa main un trou dans la partie du plat de riz qui se trouvait en face de M. de Portes et de moi, plaça dans les deux cavités du *leben* (lait caillé), et, toujours avec ses doigts, prit de la viande sur le haut de la pyramide, la divisa en petites portions et en mit les morceaux sur le lait qu'il venait de verser. Chacun en fit autant. Nous n'étions pas peu embarrassés pour tirer parti de cette mixtion. Dans notre perplexité, nous jetâmes les yeux sur nos voisins et les vîmes pétrir avec leurs doigts le mélange que chacun d'eux avait devant lui. Nous les imitâmes et formâmes comme nous pûmes des espèces de boulettes que nous ne laissâmes pas que de manger d'assez bon appétit. Le repas ne fut point long. Nous attendîmes pour nous lever que quelqu'un nous en donnât le signal. Ce fut le scheik qui quitta place le premier; M. de Portes et moi fîmes comme lui; d'autres convives qui, debout derrière nous depuis le commencement du repas, attendaient une place vacante pour aussitôt s'en emparer, nous remplacèrent autour du plat, et firent ensuite place à d'autres qui eurent aussi des successeurs, jusqu'à ce qu'enfin l'immense monceau de riz que nous avions entamé eût complètement disparu. En quittant la table un esclave nous présenta à boire dans une tasse de zinc qui était probablement la seule que possédait Douhaï, car elle servit à tous les convives. Le scheik nous fit ensuite passer dans sa tente; nous y trouvâmes une peau de chameau tendue sur quatre piquets et formant un grand réservoir qui contenait l'eau où nous devions nous laver les mains, la bouche et la barbe. Nous fûmes heureux d'arriver les premiers, car la même eau servit aux ablutions de tous les assistans. Dieu sait la couleur qu'elle prit au bout de quelques minutes! mais les Arabes n'en furent nullement effrayés, l'eau, d'après leurs idées religieuses, ne cessant jamais d'être pure.

Lorsque nous eûmes achevé cette indispensable cérémonie, le scheik nous prit par la main et nous fit passer dans une partie séparée de sa tente exclusivement consacrée aux réceptions. Là on nous servit du café dans une tasse qui, comme celle en zinc dont j'ai parlé plus haut, passa successivement à tous les assistans. Le café se prit sans sucre. Quand chacun en eut bu quelques gorgées, nous nous assîmes sur des tapis; l'on nous présenta des pipes, et chacun s'arrangea comme il put pour passer sans ennui le reste de la soirée. Les jeunes gens s'amusèrent à chanter en s'accompagnant d'un instrument composé d'un morceau de bois taillé en forme de violon et sur lequel était placé un morceau de peau de chameau tannée, percée de plusieurs trous et sur laquelle des crins fortement tendus fesaient l'office de cordes. L'archet dont ils se servaient était aussi en crin; les sons qu'ils en tiraient étaient faibles et discordans. D'autres frappaient sur des tambourins en métal.

Dans une autre partie de la tente, au centre d'un grand nombre de Bédouins assis par terre et en rond, se tenait debout un de ces conteurs que l'on trouve en Orient dans tous les lieux publics et à toutes les haltes de caravanes, et dont toute la vie se passe à réciter des contes qui ne le cèdent ni pour la longueur ni pour la fécondité d'imagination à ceux si renommés chez nous sous le nom des *Mille et une Nuits*. Le merveilleux ne domine pas si exclusivement dans ces récits qu'il ne s'y glisse parfois quelque peu d'histoire. Ainsi, le conteur que nous avions alors sous les yeux entretenait son auditoire des hauts faits de l'armée française en Egypte. A chaque instant je le voyais interrompu par des exclamations de crainte, de plaisir ou d'admiration dont l'explosion bruyante me déchirait les oreilles. J'étais à la torture et je cherchais à deviner les causes d'aussi vives émotions, lorsque M. Geoffroy, qui nous servait de drogman, nous en apprit enfin le sujet et s'offrit à nous rendre en français cette partie du récit du conteur arabe. Nous acceptâmes. Voici ce qu'il nous apprit :

« Les Français, disait l'Arabe, sont des êtres surnaturels; leurs armes de guerre sont plus terribles que la foudre. Ils ont des canons qui lancent dans le camp de leur ennemi des balles d'une grosseur démesurée; chose extraordinaire! fort souvent ces balles restent un instant paisibles; puis, au moment où on y pense le moins, elles s'ouvrent avec fracas, l'enfer sort de leur sein et détruit tout ce qui les entoure (les bombes). Bien plus, ajoutait-il, ils sont immortels, car, bien qu'ils marchent tous ensemble et enchaînés les uns aux autres, l'on a beau tirer sur eux, jamais on ne voit un seul vide dans leurs rangs. Ils ont en outre le don de se multiplier à volonté, car souvent on voit une petite troupe s'avancer qui, au moment où l'on y pense le moins, s'étend, se multiplie et couvre quelquefois une plaine dont ils n'occupaient d'abord qu'un très-petit point (les bataillons carrés). Enfin, ils possèdent des fusils avec lesquels ils tirent souvent quinze ou vingt coups sans avoir besoin de recharger; c'est un feu perpétuel (feux de ligne et de peloton). Il existe parmi eux des soldats qui portent de grands bonnets à poil; ho! ceux-là sont terribles; un seul suffit pour terrasser six cavaliers arabes. En revanche, leurs cavaliers ne sont pas à craindre; un seul des nôtres peut, à son tour, en battre facilement six. Le pays qu'ils habitent est fort loin d'ici; il est séparé de nous par la mer (*Baar*). Hé bien! s'ils le voulaient, ils réussiraient à passer dessous et arriveraient ici en un clin d'œil. »

Ce récit glaça les Arabes d'épouvante; ils se tournèrent vers M. de Portes et moi d'un air d'effroi, semblant chercher dans nos regards et dans notre maintien la confirmation ou le démenti des choses merveilleuses qu'ils venaient d'entendre. Nous tînmes parfaitement notre sérieux, et des gestes quasi-affirmatifs vinrent dissiper tous leurs doutes. Aussi, lorsque le soir nous nous retirâmes chez nous, un grand nombre accoururent-ils sous notre tente nous apporter leur tribut d'étonnement et d'admiration. Cette visite ne nous amusa que médiocrement; tous fumaient et semaient leurs poux sur nos tapis avec une profusion sans égale. Il était donc instant de nous en débarrasser; M. de Portes et moi tombions d'ailleurs de sommeil; mais ce ne fut qu'avec beaucoup de peine que nous réussîmes à les éloigner.

Dans la journée du lendemain, en me promenant dans toutes les parties du camp, je m'enfonçai à travers les nombreux roseaux qui bordaient le ruisseau dont il était traversé, afin de pouvoir examiner à l'aise les chevaux qui auraient pu y pénétrer. Mes efforts eurent leur récompense, car j'eus occasion d'y voir une jument dont l'aspect me surprit ; elle avait à peine trois ans, et cependant ce superbe animal était beaucoup plus fort que tous ceux que j'avais aperçus jusqu'alors. Je la fis voir à M. le comte de Rzewouiski, qui me pria aussitôt de chercher à connaître son propriétaire. J'y parvins. M. de Rzewouiski voulut immédiatement entrer en marché. Il offrit à l'Arabe jusqu'à quatre-vingts bourses (30,000 fr.). Celui-ci parut accepter, et au moment où le comte se disposait à lui donner l'argent, l'Arabe sauta sur sa jument et disparut.

J'ajouterai, relativement à M. de Rzewouiski, que ce même jour Douhaï lui donna le dromadaire qu'il lui avait promis à Alep, et qu'ayant pris avec lui dix Arabes qui devaient lui servir d'escorte, il partit dans la soirée pour aller visiter les ruines encore si belles et si imposantes de Palmyre.

CHAPITRE V.

Présent de Douhaï à M. de Portes. — Arrivée d'un grand nombre d'Arabes. — Achat de *Richan*. — Je retourne à Alep. — Ma chienne Zinguée; ses petits. — Je reviens dans le Désert. — Malades; cures. — La cautérisation chez les Arabes. — On me vole ma lance. — Achat de *Massoud*. — Vol dans le camp turkoman; détails; les objets pris sont rendus moyennant rançon. — Discussion avec Douhaï. — M. de Portes quitte le Désert.

Quelques jours après notre établissement à Tel-el-Sultani, le scheik fit cadeau à M. de Portes d'un très-beau poulain de deux ans, sous poil alezan; cet animal avait de la taille et était de race koëlan. Nous lui donnâmes le nom de *Douhaï*.

La tribu où nous nous trouvions n'obéissait pas seule à Douhaï; ce chef commandait, sous le titre de scheik-el-kebir, à trois tribus Anazés, dont voici les noms : Fœdan, Abdaal et Sabaah. Toutes trois se tenaient toujours campées à peu de distance l'une de l'autre, et possédaient les chevaux les plus renommés du Désert. Peu de temps après notre arrivée, Douhaï fit donc partir un chamelier chargé d'annoncer à chacune d'elles que, d'une part, des Francs venus avec lui d'Alep désiraient faire l'acquisition de plusieurs chevaux, et que, d'un autre côté, des Turkomans se trouvaient au camp, qui voulaient acheter un assez grand nombre de chameaux. Deux ou trois jours s'étaient à peine écoulés depuis le départ de ce courrier, que nous vîmes arriver au camp force Arabes qui venaient aussitôt nous présenter de jeunes chevaux de 2, de 3 et de 4 ans; nous n'en trouvâmes qu'un infiniment petit nombre qui fussent dignes de faire des étalons; aussi n'en achetâmes-nous qu'un seul : il s'appelait *Richan*, était âgé de 3 ans, avait le poil gris, et possédait une structure athlétique qui promettait beaucoup de force; ses allures répondaient à sa conformation. Quelques jours après, l'arrivée d'un courrier de Kourchid ayant forcé Douhaï à partir immédiatement pour Alep, M. de Portes m'engagea à l'y accompagner et d'emmener avec moi *Richan*, ainsi que le poulain dont le scheik lui avait fait cadeau, dans la crainte que, profitant de l'absence du chef de la tribu, les Arabes ne nous volassent ces deux jeunes animaux. Je ne me fis point prier, et dès le lendemain Douhaï et moi marchions de compagnie sur la route qui devait nous mener à la capitale du pachalik.

J'arrivai à Alep au moment où ma chienne Zinguée venait de mettre bas. Sa portée avait été de six petits chiens : lui laisser nourrir toute cette progéniture était l'exposer à une fatigue qui pouvait avoir pour elle de tristes résultats; d'un autre côté, tous ses petits me semblaient si beaux, que je reculais devant la pensée de les détruire. Je flottais donc incertain, lorsque l'idée me vint d'en confier quatre à quelque chienne que le hasard ferait trouver dans la même position que Zinguée. Je me mis aussitôt en quête, et parcourus les différens bazars de la ville; je commençais à craindre que toutes mes recherches ne fussent vaines, lorsque le janissaire de M. Guis m'indiqua une chienne qui venait de déposer ses petits sous une des boutiques du bazar voisin du consulat. J'avais initié ce digne musulman dans mes projets; il se rendit donc près de la chienne, lui donna à manger pour la rendre plus docile, et dès le lendemain parvint à lui enlever ses petits et à se faire suivre d'elle jusqu'à la porte de notre écurie, où il déposa son fardeau. Je profitai du premier instant où la mère s'absenta pour substituer un des chiens de Zinguée à l'un des siens, et je répétai ce manége sans qu'elle parût s'en apercevoir, jusqu'à ce que l'échange fût complet. Les miens furent allaités par cette pauvre mère avec le soin et la tendresse qu'elle aurait eus pour ses petits. Lorsqu'ils furent élevés, j'en donnai un à M. Guis, un autre à M. Rousseau, un troisième à un juif nommé Aaron, et qui demeurait dans le khan, et un quatrième au consul d'Espagne; deux me restaient : je fis cadeau de l'un à M. de Portes et je gardai l'autre. M. de Portes possède encore le sien; il se nomme *Daher*. Quant à celui que j'avais gardé, et que j'avais appelé *Daoud*, en souvenir du secrétaire de Douhaï, il est mort à Paris, et se trouve conservé au Cabinet d'histoire naturelle du Jardin du Roi.

Cette digression sur les petits que me donna Zinguée m'a un peu éloigné de ma course à Alep : je n'y restai que peu de temps. De retour à Tel-el-Sultani, je trouvai M. de Portes enrichi d'une acquisition nouvelle; c'était un poulain de deux ans nommé *Méléan*, qui, la veille même de mon départ, nous avait frappés l'un et l'autre par sa taille et sa force.

J'étais à peine arrivé que je fus appelé pour donner mes soins à un pauvre diable de Turkoman qui avait eu le bras piqué par un scorpion. J'avais heureusement apporté avec moi quelques médicamens parmi lesquels se trouvait un flacon d'ammoniac liquide, dont l'usage ne tarda pas à faire disparaître la blessure causée par la morsure du venimeux insecte. Cette cure rapide fit l'admiration des Arabes; ils ne me saluaient plus que du titre de *hhakhim bachi* (grand médecin) : Douhaï lui-même en fut étonné. Malade depuis long-temps d'une ophtalmie interne chronique, il me consulta sur les moyens de l'en guérir. Je lui conseillai un vésicatoire. Ce remède était pour lui chose inconnue : je m'offris donc pour le lui poser; il y consentit. Avant de le placer, je lui rasai les cheveux au-dessous de la nuque. La manière dont je me servais de mon rasoir, la promptitude et la netteté de ses effets, le surprirent; il me pria de lui abattre tous les cheveux, moins une mèche qu'il me pria de lui laisser sur le sommet de la tête. Cette touffe est pour les véritables musulmans un élément de salut; c'est elle qui, après leur mort, doit offrir à leur bon ange le moyen de les saisir assez vigoureusement pour les enlever jusqu'au septième ciel. Cette opération préliminaire complètement terminée, je lui appliquai derrière le cou un emplâtre vésicant. Malheureusement je n'avais point de bandes pour le fixer. Dans mon embarras je n'hésitai point à sacrifier mon turban, à le déchirer en deux dans toute sa longueur, et à lui faire une cravate de la meilleure des deux moitiés.

J'étais rentré chez moi, cherchant dans quelques pensées plus gaies à me distraire de mon rôle de médecin, lorsque Douhaï, auquel je ne songeais déjà plus, se présente tout-à-coup dans la tente, le cou nu et la tête couverte de la moitié de turban qui avait servi à maintenir l'emplâtre. Je lui demandai pourquoi il s'était défait aussi vite de son vésicatoire.

« Je ne sais, me répondit-il, ce que tu m'as mis sur le cou; ce ne peut être que quelque composition infernale, car jamais je n'ai ressenti de douleurs aussi poignantes. Je n'ai pu y tenir, et j'ai tout arraché; mieux vaut mille fois perdre les yeux que de les acheter au prix d'aussi atroces souffrances. D'ailleurs, ajouta-t-il, Dieu est grand (*Allah kerim*), et tout est écrit. »

Je n'avais rien à objecter à cet éternel argument de la philosophie religieuse des musulmans; je ne pouvais qu'approuver. J'attendis donc qu'il lui plût de me faire connaître le véritable motif de sa visite. Je ne fus pas longtemps à apprendre qu'il était venu pour m'engager à le suivre chez un de ses parens qui se trouvait dangereusement malade. Je ne me fis pas prier, et je me trouvai bientôt près d'une tente à la porte de laquelle gisait un pauvre moribond qui, étendu sur le sable et exposé aux rayons brûlans du soleil, se trouvait entre les mains de deux Arabes incessamment occupés à lui couvrir le corps de fiente de chameau réduite en poudre très-fine et destinée à absorber la sueur qui ruisselait de tous ses membres.

Il est chez les Arabes une panacée universelle; c'est la cautérisation. Ce remède à tous maux est appliqué à tout ce qui a vie, hommes et animaux. Un Arabe éprouve-t-il quelques coliques? vite le feu à l'abdomen; des douleurs à la poitrine? le feu sur les côtes; mal à la tête? le feu sur le crâne et sur les tempes. Aussi, presque tous les Bédouins, jeunes ou vieux, adultes ou enfans en bas-âge, ont-ils le corps sillonné de raies de feu. Les mêmes cicatrices existent chez les chevaux; la cautérisation y est d'un usage général pour fortifier toutes les parties faibles de ces animaux. Les avant-bras, les épaules et les jambes au-dessus des jarrets, telles sont le parties où ces stigmates se font le plus communément remarquer.

Je reviens au malade.

« Voici le médecin qui vient pour te soulager, » lui dit Douhaï en s'approchant de lui.

Le pauvre diable tourne ses yeux mourans vers moi, et me dit avec assez de peine, en me montrant le ciel du doigt :

« Puisque Dieu t'envoie vers moi, c'est sans doute pour me soulager; mais souviens-toi bien qu'il est maître de toutes choses. »

Et en même temps il me présente son bras pour lui tâter le pouls.

Je n'étais pas peu embarrassé. Malade comme je le voyais, il pouvait mourir entre mes mains, et je savais que les Arabes ne ménagent pas plus alors leurs médecins que certains nègres ne ménagent les dieux de bois qui n'exaucent pas leurs vœux et qu'ils brûlent pour les punir de leur impuissance ou de leur mauvais vouloir. Toutefois il fallait tenter quelque chose; l'honneur de la science et ma considération personnelle se réunissaient pour le demander. Les yeux de l'Arabe étaient jaunâtres; il éprouvait de fréquentes nausées; ces symptômes me firent penser qu'en excitant chez lui des vomissemens je parviendrais peut-être à le soulager. Je fis donc dissoudre deux grains d'émétique dans de l'eau de riz assez légère ; il la prit en grand lavage : ce médicament ne tarda pas à opérer ; mais les premiers efforts de l'Arabe pour vomir jetèrent l'effroi parmi les assistans. Moi-même, je l'avoue, je n'étais pas extrêmement rassuré. Je tremblais qu'une secousse trop violente ne l'enlevât au milieu des vomissemens ; car je savais, à n'en pas douter, que l'accusation d'empoisonnement serait la conséquence immédiate d'un accident de cette nature. J'en fus toutefois pour mes craintes ; car, après avoir rendu une très-grande quantité de bile, l'Arabe se sentit mieux. Dieu sait alors les bénédictions dont il me combla ! Dans l'effusion de sa reconnaissance, sa jument, ses chameaux, lui-même, il mettait tout à mes pieds, me suppliant de tout accepter. Mais ce beau feu s'éteignit à mesure qu'il reprit des forces ; et lorsqu'il put marcher, il y avait déjà plusieurs jours que pas un accent de gratitude n'était sorti de ses lèvres. J'avais trop vécu pour m'étonner de ce changement : l'expérience m'avait appris que la mémoire du cœur est également rare chez tous les peuples et sous tous les climats. Mais les populations civilisées savent du moins cacher cet oubli sous des formes de langage qui témoignent de leur bon vouloir, tandis que les peuplades du Désert montrent, à cet égard, une franchise véritablement brutale. De toutes celles que j'ai vues, ce sont sans contredit les tribus arabes qui y mettent le moins de façons.

Quoi qu'il en soit, cette cure augmenta prodigieusement ma réputation. Chaque heure amenait à ma tente des Bédouins qui venaient me consulter. Un très-grand nombre d'entre eux portaient les traces de blessures provenant soit d'armes à feu, soit de coups de lance ; à toutes les questions que je leur adressais sur l'origine et les causes de ces stigmates, il n'en était pas un qui ne me répondît qu'il les avait reçues en détroussant quelque caravane.

Je ne dois pas oublier de signaler un vol assez singulier qui me fut fait pendant une des visites que je rendis à l'Arabe malade dont je viens de parler. J'étais sorti de ma tente en laissant à la porte la lance que j'y avais plantée en signe de prise de possession. A mon retour, elle avait disparu. Je courus aussitôt chez Douhaï pour me plaindre de ce larcin; il m'écouta en riant, et me dit que je ne devais nullement être surpris de ce vol, puisque je me trouvais au milieu d'une tribu de Bédouins; mais que je pouvais être certain que la lance ne tarderait pas à m'être rendue. Il ne me trompa point; plus tard, comme je le dirai en son temps, elle me fut rapportée.

Pendant le petit voyage que j'avais fait à Alep, M. de Portes avait plusieurs fois marchandé un cheval bai, âgé de 4 ans, qui toujours avait disparu au moment où l'affaire paraissait terminée. Ce cheval s'appelait *Massoud* (Fortuné). M. de Portes n'espérait plus le revoir, lorsqu'un jour il l'aperçoit de nouveau dans le camp. Il m'appelle aussitôt pour l'examiner et lui en dire mon avis. Je crus découvrir dans cet animal de grandes qualités, et j'ajoutai que si nous étions assez heureux pour nous en rendre possesseurs, je pensais qu'il pourrait parfaitement convenir à la Normandie. *Massoud* faisait dans la tribu l'office d'étalon; son acquisition devenait donc très-difficile. Mais M. de Portes, surmontant l'ennui qu'avait dû lui causer l'inutilité de négociations plusieurs fois reprises et toujours rompues, s'adressa à Saïd-Hassan et lui dit de ne rien négliger pour tâcher d'amener le Bédouin qui en était propriétaire à s'en défaire en notre faveur. Saïd se mit aussitôt à l'œuvre, et ne tarda pas à mettre toutes les parties en présence.

« Fais-moi ton offre, » dit le Bédouin à M. de Portes.

M. de Portes donne son prix.

« Offre encore, » répond le Bédouin.

— Un instant, dis-je aussitôt à ce dernier; je voudrais

juger des allures de *Massoud ;* pourrais-tu le monter pendant quelques minutes?

— Tous les Bédouins savent comment il marche, répondit froidement l'Arabe ; je ne ferai donc pas ce que tu me demandes. Toutefois, ajouta-t-il après quelques instans de silence, si tu veux absolument le voir sous l'homme, monte-le toi-même. »

Massoud se trouvait alors sans selle et sans bride ; son extrême maigreur lui avait en outre rendu la colonne vertébrale extraordinairement saillante : se confier à lui dans un état pareil pouvait donc faire réfléchir. Cependant je me hasardai. J'étais à peine assis, qu'il s'élança au galop en déployant la plus grande vitesse. Au milieu de la course, la gêne horrible que j'éprouvais par suite de la saillie tranchante du rachis de ma monture, me força à un mouvement qui la fit arrêter court. La secousse que j'en éprouvai faillit me lancer par-dessus ses oreilles. Dieu sait alors quels rires provoqua chez les Arabes qui me regardaient cette quasi-mésaventure! Je ne m'en effrayai point. La course que je venais de faire m'avait mis à même de connaître le galop de *Massoud ;* je voulus encore essayer son trot. Cette allure lui était en quelque sorte étrangère ; aussi eus-je toutes les peines du monde à la lui faire prendre. Enfin j'y parvins et je pus m'assurer qu'il possédait un superbe mouvement d'épaules. M. de Portes éleva donc un peu ses offres, et finit par atteindre au prix que désirait l'Arabe. Mais lorsqu'il en fallut venir à livrer *Massoud*, le damné Bédouin parut vouloir encore se dédire ; il dit qu'il lui fallait à titre de *bacchis* (présent) le pantalon que portait M. de Portes. Cette exigence nouvelle était difficile à satisfaire, car la portion de vêtement demandée était la seule de ce genre qu'il possédât. Il y eut donc refus, puis débat. On convint alors d'un *mezzo termine :* on fit l'estimation du pantalon, et l'intraitable Arabe en reçut la valeur en argent.

Ce ne fut point sans peines, comme on le voit, que

Massoud passa dans nos mains. Mais il ne suffisait pas de l'avoir acheté; il nous fallait songer à le soustraire à l'incroyable rapacité de nos amis les Arabes. M. de Portes y sut pourvoir avec bonheur jusqu'au moment où le départ des Turkomans qui nous avaient accompagnés dans le Désert nous offrit enfin l'occasion de l'emmener à Alep.

Ces nomades se trouvaient possesseurs d'un grand nombre de chameaux qu'ils avaient achetés aux Arabes Fœdans et à d'autres tribus qui, tous les ans, lorsqu'elles peuvent s'approcher d'Alep, en font un très-grand commerce avec les Turkomans de la plaine d'Antioche, qui eux-mêmes les revendent à d'autres Turkomans que la crainte d'être pillés empêche de s'aventurer au milieu du Désert et parmi les Bédouins. Ce n'est point que les Turkomans n'élèvent eux-mêmes des chameaux; mais bien que ceux-ci soient bien plus grands et plus beaux que ceux du Désert, ces derniers sont cependant beaucoup plus estimés : aussi les Turkomans ne cessent-ils de les croiser avec les leurs, afin d'en améliorer la race. Le prix de ces animaux n'est pas élevé; ils ne coûtent guère habituellement que 2 à 300 piastres turques (150 à 225 fr.). Toutefois les dromadaires ou chameaux coureurs se vendent jusqu'à 1,000 et 1200 piastres (750 et 900 fr.)

Un jour ou deux avant leur départ, nos Turkomans avaient réuni tous leurs chameaux autour de leurs tentes. Ces préparatifs n'avaient pas été tellement secrets que plusieurs Arabes d'une tribu voisine, avertis de ce mouvement et voulant en tirer parti, ne parvinssent, malgré l'énergique opposition d'un grand nombre des nôtres, à s'introduire et à se maintenir cachés dans notre camp. Lorsque vint la nuit, ils profitèrent des profondes ténèbres qui voilaient l'horizon, pour se traîner jusque dans le camp des Turkomans et voler à ces braves gens trois chameaux, une pouliche, des turbans, des ceintures et une foule d'autres objets. Ce vol aurait été beaucoup plus considérable si un Turkoman qui se trouvait endormi et auquel on venait d'enlever le turban qui lui couvrait la tête, ne s'était réveillé en sursaut, et, poussant des cris effroyables, n'était parvenu à attirer de ce côté les Arabes de notre tribu : mais il était trop tard, les voleurs avaient pris la fuite.

Nous avions eu la précaution de passer la nuit hors de notre tente et de veiller sur nos acquisitions. Bien nous prit d'avoir été aussi vigilans, car les voleurs s'étaient bien donné de garde de nous oublier. Ils vinrent rôder autour de nos chevaux ; mais notre présence fit échouer toutes leurs tentatives et les obligea de porter ailleurs leur audace et leurs talens. Il est plus difficile que l'on ne pense d'échapper aux mains de ces larrons. Leur adresse est extrême. Lorsqu'ils veulent opérer, ils choisissent toujours la nuit la plus obscure, et se traînant sur les genoux et les mains ou sur le ventre, ils arrivent au milieu d'un camp sans que l'œil le plus exercé puisse rien apercevoir de leurs mouvemens.

Le lendemain matin, le scheick, son secrétaire et quelques-uns des principaux Arabes de la tribu se rendirent dans notre tente. Plusieurs des chefs des Turkomans y vinrent de leur côté : il s'agissait pour eux de payer à Douhaï un *bacchis* pour chaque tête de chameau acheté. La conversation, comme on le pense bien, ne tarda pas à s'engager sur les vols commis dans la nuit. Les Turkomans se plaignirent. Le secrétaire du scheick, après avoir tranquillement écouté leurs doléances, leur dit pour les consoler que, s'ils consentaient à donner deux talaris d'Espagne (10 f. 60 c.) pour chaque tête de chameau et pour la pouliche, il se faisait fort de les leur faire retrouver. Cette promesse, qui m'étonna au premier abord, était cependant moins difficile à tenir que je le pensais ; car lorsque des Arabes veulent commettre un vol, ils élisent pour cette expédition un scheick auquel ils sont alors obligés de remettre tous les objets volés : ce dernier en fait un partage égal entre les différens associés, qui sans cela se trouveraient individuellement exposés à de singuliers mécomptes. Il était donc difficile que Douhaï ne connût pas les voleurs. J'irai plus loin; quelques renseignemens qui me sont venus depuis me donnent même tout lieu de penser qu'il était de moitié avec eux.

Lorsqu'il avait été question du départ des Turkomans, Saïd-Hassan nous avait conseillé de profiter de cette occasion pour mettre à l'abri les deux chevaux dont nous nous étions rendus possesseurs. Cet avis nous avait semblé d'autant plus judicieux que *Massoud* était l'objet de vifs regrets de la part d'un grand nombre de Bédouins, qui désiraient lui faire saillir leurs jumens. Il fut donc décidé que M. de Portes partirait à son tour pour Alep, et que je resterais parmi les Arabes jusqu'à ce qu'il se présentât pour moi une occasion d'en faire autant. Toutefois, comme la marche d'une caravane de chameaux est toujours fort lente, et, partant, fort ennuyeuse, M. de Portes crut qu'il y aurait pour lui avantage de temps à faire route pour Alep sous la seule sauve-garde d'un des Arabes de Douhaï. Il alla donc trouver le scheick, et lui dit que, voulant continuer ses achats de chevaux et nos fonds commençant à diminuer, il se proposait d'aller chercher de l'argent à Alep, et le priait en conséquence de lui donner un de ses cavaliers pour escorte. Douhaï y ayant consenti, M. de Portes n'eut rien de plus pressé que de venir faire ses préparatifs de départ.

Il avait été convenu que M. Geoffroy resterait avec moi pour me servir de drogman; lors donc que je l'avertis de cette détermination, il jeta les hauts cris, dit qu'il voulait partir et que rien au monde ne saurait le forcer à rester plus long-temps au milieu de barbares qui pouvaient d'un moment à l'autre attenter à nos jours.

« J'entends leurs conversations, ajoutait-il; nous sommes l'objet de leurs soupçons; tous se répètent que nous sommes venus au milieu d'eux pour autre chose que pour des achats de chevaux, puisque, bien qu'on nous en ait présenté un fort grand nombre, nous ne leur en avons cependant pris que deux. En un mot, dit-il en finissant, ils nous regardent comme des espions, et tout m'annonce une catastrophe prochaine.

—Hé bien! lui dis-je, partez; pour moi je reste avec George. »

Les dispositions de M. de Portes étaient terminées depuis long-temps, et cependant le cavalier promis par Douhaï n'arrivait pas. M. de Portes, impatient de partir, me pria d'aller m'informer des causes de ce singulier retard. Je trouvai le scheick de fort mauvaise humeur.

« *L'émir-akhor* veut me quitter sans me payer ce qu'il me doit. » Voilà toute la réponse que je pus en tirer.

Avant notre départ d'Alep nous avions donné à Douhaï tout ce qu'il nous avait demandé pour nous accorder aide et protection; nous lui avions en outre payé 300 piastres (225 fr.) en espèces à titre de *bacchis* pour tous les chevaux qu'il pourrait nous faire acheter. M. de Portes et moi ne savions donc que penser, lorsque tout-à-coup le scheick paraît dans notre tente et nous dit qu'il lui fallait 50 piastres (37 fr. 50 c.) par tête de cheval acheté par nous, plus un *bacchis* en échange du poulain dont il avait fait cadeau à M. de Portes lors de notre arrivée.

Nous n'étions pas les plus forts : force nous fut donc d'acquitter ce nouvel impôt. Peu d'instans après son départ, je fus en conséquence porter à Douhaï, de la part de M. de Portes, 150 piastres (112 fr. 50 c.) pour *Richan*, *Melean* et *Massoud*. Le changement subit que j'avais remarqué dans les manières de Douhaï avec nous m'inquiétait. Voulant rendre ma mission plus solennelle et le forcer à plus d'égards envers nous, je parus devant lui muni de deux pièces dont nous avions eu soin de nous pourvoir avant notre départ d'Alep. L'une était une lettre de Kourchid et l'autre un firman du Sultan. Lors donc que je présentai au scheik la lettre de recommandation du pacha, il la prit, la baisa, et la portant successivement à son cœur et sur sa tête, il en fit lecture et me la remit après avoir répété les mouvemens que je viens d'indiquer. Quant au firman du Grand-Seigneur, Douhaï, en le recevant, montra le même respect, en fit ensuite la lecture à haute voix à quelques Arabes qui se trouvaient près de lui, puis me le rendit avec une expression moqueuse qui ne me parut nullement rassurante.

De retour à la tente, je racontai à M. de Portes ce qui venait de se passer. Il prit aussitôt la résolution de ne point se servir de l'Arabe qu'il avait demandé, et d'attendre au lendemain pour partir en même temps que la caravane des Turkomans. Ce parti nous parut d'autant plus convenable que, d'après tout ce dont nous avions été témoins depuis deux jours, nous pouvions fort bien supposer que le guide donné à M. de Portes aurait pour mot d'ordre de le faire tomber dans quelque embuscade et de le livrer, ainsi que ses chevaux, à quelques Arabes apostés sur un des points du Désert. Aussi lorsque vint le cavalier arabe, M. de Portes le refusa net. Toute la nuit nous restâmes debout pour veiller sur nos chevaux. Cette précaution ne fut pas inutile, car il y eut encore des tentatives de vol, et plusieurs fois les Turkomans furent obligés de tirer des coups de fusil pour effrayer ceux des voleurs qu'ils entendaient rôder autour d'eux.

Le lendemain, après m'avoir recommandé de n'acheter qu'un cheval ou deux, et cela seulement dans le cas où j'en trouverais de très-précieux, M. de Portes se mit en route dès le lever du soleil : il était accompagné de M. Geoffroy, du Bohémien, et de Megrediche, cet Arménien que le consul d'Autriche avait fait partir avec nous, et qui s'était rendu possesseur d'un poulain et d'une pouliche. Tous trois montèrent sur des dromadaires appartenant à la caravane et sortirent du camp en tenant à côté d'eux les chevaux qu'ils voulaient ramener.

CHAPITRE VI.

Arrivée d'un nouvelle troupe de Turkomans.—Scène de nuit.—Mes amis du Désert.—Religion des Arabes pour la vengeance; sanglant exemple de cette passion.—Les anciens de la tribu sont assemblés en tribunal.—Jugement.—Voracité des Arabes.—Les Turkomans font leurs préparatifs de départ.—Débats avec Douhaï.—Rencontre d'*Abou-Phaar*.—Saillie chez les Arabes.—Je me dispose à partir.—Achat définitif d'*Abou-Phaar*.

Le départ de M. de Portes parut mécontenter Douhaï. Ce scheick avait trop d'expérience et d'esprit pour se méprendre sur les véritables motifs qui avaient entraîné le chef de notre expédition à fuir du Désert. Ses promesses de retour ne trompèrent pas un seul instant le vieil Arabe. Je devais donc craindre ses soupçons et sa mauvaise humeur; mais, à ma grande surprise, les manières amicales qu'il avait toujours eues avec moi n'éprouvèrent point la plus légère altération; il venait sous ma tente aussi souvent qu'auparavant; j'allais aussi fréquemment dans la sienne, et tout dans nos rapports conservait l'apparence de l'intelligence la meilleure. Mes soins, il est vrai, étaient nécessaires à quelques-uns de ses parens qui se trouvaient malades, et cette considération entrait sans doute pour beaucoup dans l'amitié qu'il continuait à me témoigner. Il était d'ailleurs une circonstance qui ne contribuait pas peu à me rassurer; je n'étais point demeuré seul au camp: Saïd-Hassan y était aussi resté pour attendre une seconde troupe de Turkomans qui devaient venir y acheter une grande quantité de chameaux.

Ces acquéreurs nouveaux arrivèrent quelques jours

après le départ des premiers Turkomans; ils établirent leur camp sur l'emplacement qu'avait occupé celui de leurs devanciers. Douhaï fit aussitôt partir quelques Arabes pour annoncer leur venue aux tribus les plus voisines. Une grande quantité de chameaux ne tarda pas à arriver de tous côtés. Chaque troupe était presque toujours accompagnée de poulains de deux à quatre ans que l'on s'empressait de me présenter. Pas un seul de ces jeunes animaux ne m'ayant paru propre à devenir étalon, je ne fis offre pour aucun d'eux. Cette constante indifférence parut déplaire à Douhaï et à ses Arabes. L'on me soupçonna plus fortement que jamais de rester dans un but tout autre que celui que j'annonçais. Les uns parlèrent de me raser la barbe; d'autres, plus amis des moyens extrêmes, allèrent jusqu'à proposer de me faire couper la tête. Je reviens sur mes pas.

Le soir même de l'arrivée de nos nouveaux hôtes, Douhaï et son secrétaire Daoud vinrent l'un et l'autre me rendre visite. Je leur présentai du café. Plusieurs Turkomans ne tardèrent pas à venir les y joindre pour faire avec le scheick les accords nécessaires à leur séjour et à leurs achats. La conversation durait depuis quelques instans lorsqu'il s'éleva entre un des Arabes de Douhaï et l'un des nouveaux venus une dispute si violente qu'il fallut tout le poids de l'autorité du scheick pour empêcher l'Arabe de tuer son adversaire. La visite de Douhaï se prolongea très-avant dans la nuit. Il me quitta en me faisant les protestations les plus chaudes d'amitié et en me priant d'éteindre ma lumière, dans la crainte qu'étant aperçue dans le lointain elle ne servît de guide et de fanal à quelque troupe de voleurs et de vagabonds.

Cette recommandation me surprit. J'ordonnai à Georges et au Bohémien qu'avait emmené M. de Portes, et qu'il s'était empressé de me renvoyer dès qu'il fut arrivé à Alep, de passer la nuit hors de la tente, de veiller à ce que personne n'en pût approcher sans être aperçu, et je me décidai moi-même à rester debout jusqu'au jour. Je n'eus garde d'éteindre ma lumière ; je pris seulement la précaution de la placer de manière à ce que l'on ne pût l'apercevoir du dehors; puis je m'assis sur mon tapis. Saïd-Hassan, couché sur le sien, dormait auprès de moi; le silence profond qui régnait dans la tente n'était interrompu que par le bruit sourd et prolongé de sa respiration. Ce calme solennel ne tarda pas à endormir l'activité de mon sang ; mes yeux s'appesantirent, et je me laissai tomber sur mon lit de repos. J'avais autour de moi une ceinture à laquelle étaient attachées les fontes de mes pistolets. Comme dans la position horizontale à laquelle je venais de me laisser aller, le volume de ce corps étranger me gênait horriblement, je m'en débarrassai ainsi que de mon sabre, plaçai le tout près de moi et m'endormis. Il y avait peu de temps que j'étais plongé dans le repos le plus complet, lorsqu'un coup de fusil tiré dans la direction du camp des Turkomans vint me réveiller en sursaut. Mon premier mouvement fut de porter la main sur mes armes ; mais quelle fut ma surprise et mon effroi lorsqu'après avoir long-temps cherché, il me fut impossible d'en découvrir la moindre trace ! Je me jetai hors de la tente, réveillai Georges et le Bohémien qui s'étaient également endormis, et leur demandai s'ils n'avaient point vu emporter mes armes. Tous deux me répondirent qu'ils n'avaient rien aperçu ni rien entendu.

Je me crus volé. Je rentrai donc dans ma tente, tourmenté de l'idée qu'on avait pu pénétrer jusqu'auprès de moi en dépit de toute ma vigilance, lorsque la pensée me vint de réveiller Saïd-Hassan. Son sommeil était si tenace que, malgré tous mes efforts, je fus long-temps avant de pouvoir obtenir de lui autre chose que ces mots : *Hawouach*, *Hawouach* (laisse-moi en repos). Je persistai et le secouai si fort qu'à la fin il m'apprit que tandis que je dormais deux Bédouins étaient entrés dans la tente, et que, voyant le repos complet qui régnait autour de moi, et s'apercevant que mes armes se trouvaient à la disposition du premier venu, ils les avaient ramassées et cachées sous son tapis. Je m'élançai aussitôt dans l'endroit indiqué, et j'eus la joie de retrouver les objets que je croyais avoir perdus. Débarrassé de toutes mes craintes, je m'étendis de nouveau sur mon tapis, et dormis sans encombre jusqu'au lendemain.

A mon réveil, deux Arabes qui m'avaient voué une vive et franche amitié, et qui chaque matin m'apportaient le lait de leurs chamelles, se présentèrent devant moi et m'apprirent que c'était eux qui m'avaient fait la visite nocturne dont j'avais été si fort tourmenté. Ils passaient près de ma tente; apercevant de la lumière à travers les toiles, ils entrèrent pour s'informer de la cause qui me faisait veiller si tard; mais, me voyant endormi, ils s'étaient bornés à mettre mes armes en lieu de sûreté. Ils ajoutèrent qu'aperçus à leur sortie par quelques Turkomans, ces nouveaux venus avaient tiré sur eux, les prenant sans doute pour des voleurs.

Les regrets que je témoignai à ces braves gens sur le danger auquel je les avais exposés étaient d'autant plus sincères, que depuis le départ de M. de Portes ils s'étaient imposé la charge de veiller sur moi, et qu'ils m'avertissaient de tous les petits complots que l'on ne cessait d'ourdir contre moi. Ce jour même ils m'apprirent que plusieurs scheicks de tribus voisines étaient venus faire part à Douhaï d'un projet qu'ils avaient conçu et auquel ils voulaient l'associer. Il ne s'agissait rien moins que de m'enlever, de me traîner ensuite au fond du Désert, et d'arracher au roi de France une forte somme pour ma rançon. Douhaï, ajoutèrent-ils, avait nettement refusé.

Un grand nombre de chameaux ne cessaient d'arriver au camp. Chaque matin les Turkomans en achetaient quelques-uns. La foire se tenait hors du camp à deux portées de carabine au-delà de ma tente. Le spectacle que présentait ce marché n'était pas sans intérêt pour moi; aussi tous les jours allais-je y passer quelques heures.

Je m'y trouvais lorsqu'un jour le champ de vente fut le théâtre d'un événement passablement nouveau pour moi. Un Arabe de la tribu Keboësec, tribu qui campe ordinairement aux environs de Bagdad, s'était joint à une caravane de Persans qui allait en pélerinage à la Mecque. Ayant appris, en traversant le Désert, que la tribu Fædans-Anazé avait planté ses tentes sur le territoire d'Alep, il quitta ses compagnons de voyage pour se mêler à une troupe de Turkomans qu'il savait venir à l'espèce de foire de chameaux qui se tenait dans la tribu de Douhaï. Déguisé en marchand d'habits arabe, il n'eut rien de plus pressé, aussitôt son arrivée, que de s'informer auprès de tous ceux qu'il rencontrait s'ils ne connaissaient point dans le camp un Arabe du nom de Sébilé el Chefly. Bien qu'il n'obtînt que des réponses négatives, il ne se découragea point, et sans mettre personne dans la confidence du motif de ses recherches, il les continua avec une activité sans égale. Le lendemain, de très grand matin, il était sur le champ de foire renouvelant avec tout aussi peu de fruit ses questions de la veille, lorsque tout-à-coup il aperçoit à une assez grande distance l'Arabe que depuis deux ans il ne cessait de poursuivre sous toutes les tentes du Désert. Mettre le sabre à la main, fondre sur son ennemi avec la rapidité de l'éclair, et lui asséner sur la tête un coup à fendre un bœuf, tout cela ne fut l'affaire que de quelques secondes. En s'approchant de sa victime, la rage était peinte sur ses traits, et lorsqu'il la frappa, il ne fit entendre que ces mots : « Enfin, je te retrouve; je serai donc vengé! » Son adversaire voulut détourner avec sa main droite le coup qu'il lui porta; mais il était si violent qu'il lui abattit les quatre doigts. Le blessé se mit aussitôt à pousser des cris épouvantables. Quelques Arabes accourus au bruit fondirent sur l'assaillant, et en un instant une foule de sabres, de casse-têtes et de fers de lances furent dirigés contre lui. Il succombait s'il n'avait point réussi à mettre de son bord une partie des Arabes qui venaient de l'attaquer. Quelques mots sont nécessaires pour bien faire com prendre un changement si subit.

Lorsqu'un Arabe, quel que soit le sujet de l'attaque, se trouve trop vivement poursuivi, il peut arrêter les assaillans en formant un nœud à l'un des cordons qui servent de franges au schall que tous portent sur la tête, et qu'ils appellent kièfee. Toute la difficulté consiste à pouvoir former ce signe de salut. Au milieu d'un combat où un homme lutte seul contre dix, la chose n'est point facile. Mais lorsque l'assailli a le bonheur d'en venir à bout, la scène change, et chaque assaillant doit aussitôt aide et protection à l'homme dont il cherchait auparavant à faire sa victime.

A peine l'Arabe eut-il réussi à former le nœud sacramentel, qu'une partie de ses adversaires se rangea de son côté, mais sans combattre cependant les Arabes dont ils venaient de se séparer. Ils se contentèrent de parer les coups portés à leur nouveau protégé, et de le conduire jusqu'au camp, où une fois arrivés ils lui ménagèrent le moyen de se jeter dans une tente exclusivement occupée par des femmes. Un pareil asile est inviolable, et un Arabe y est dans la sécurité la plus complète pendant tout le temps qu'il peut y rester.

Quant au malheureux que le fugitif venait de mutiler, il arriva peu d'instans après, et se jeta dans une tente voisine de la mienne. Dans les rencontres du genre de celle que je viens de raconter, l'usage du Désert veut que les propriétaires des tentes où se réfugie chaque adversaire épousent aussitôt la cause de leur hôte et s'identifient avec ses intérêts et ses haines.

Cette aventure ne tarda pas à se répandre dans tout le camp; ses circonstances n'étaient point sans gravité. Douhaï convoqua donc en conseil les anciens de la tribu, qui tous se rendirent sur une espèce de place située au centre du camp. Là ils se constituèrent en tribunal sous la présidence du scheick, qui fit immédiatement amener devant lui les propriétaires des tentes où chacun des deux Arabes avait cherché asile. La séance avait lieu en plein air et au milieu d'une foule d'Arabes qui se tenaient rangés en cercle à une certaine distance des juges.

L'acte d'accusation fut présenté par l'hôte de l'Arabe aux doigts coupés. Son adversaire lui répondit en exposant les motifs qui avaient porté l'Arabe étranger à une attaque aussi violente. Voici les faits qu'il raconta :

« Il y a deux ans, dit-il, Sébilé-el-Chelly faisait partie de la tribu Kéboësec. Une caravane vint à être pillée; il avait droit à une part du butin. Dans le partage il se prend de querelle avec l'Arabe qui vient de le blesser, et au milieu de la dispute tire son sabre, et du premier coup emporte à mon hôte une partie des muscles de l'avant-bras. Redoutant la vengeance de sa victime, le lendemain Sébilé-el-Chefly avait quitté la tribu. Le sang de mon hôte avait coulé; il fallait que celui de Sébilé payât le sien. C'est, vous le savez, la loi du talion : dès qu'il fut guéri mon hôte quitta donc sa tente, jura de n'y rentrer que lorsqu'il se serait vengé, et se mit à la recherche de Sébilé. Pendant deux ans il a visité presque toutes les tribus du désert de Syrie, et ce n'est que ce matin qu'il a rencontré son ennemi; il lui a tiré le sang que Sébilé lui a fait perdre. Qui oserait dire qu'il a mal fait? »

Pour qui connaît les Arabes, cet incroyable amour de la vengeance ne saurait surprendre. Il existe entre certaines familles des guerres qui durent souvent plus d'un siècle. Tant *qu'il y a du sang* entre un ou plusieurs de ses membres il faut qu'il soit racheté, soit par d'autre sang versé, soit par une composition en argent. Un agresseur est-il mort sans avoir satisfait à cette dette, ses enfans, ses parens ou ses amis lui succèdent dans cette sanguinaire obligation, et les poursuites ne cessent que lorsqu'il y a compensation complète. Je reviens aux débats.

L'hôte de Sébilé répondit à son adversaire que, quels que fussent les motifs de la querelle, toujours était-il que la gravité de la blessure demandait une réparation. Le scheick mit ces conclusions aux voix; elles furent adoptées, et les juges s'occupèrent ensuite de régler la composition. Le demandeur exigea vingt chameaux par doigt coupé. Le tribunal les accorda, et condamna l'Arabe étranger à payer cent chameaux à Sébilé. George me traduisait chaque partie du débat. Je fis alors observer que le nombre de têtes accordé au plaignant ne devait être que de quatre-vingts, puisque quatre doigts seulement avaient été abattus. Un Arabe me répondit que j'aurais raison si le pouce restant seul et ne pouvant être dès-lors d'aucune utilité à Sébilé, il n'était pas de toute justice de racheter la main tout entière. Je ne répliquai rien; mais prenant ma pipe avec mon pouce, je démontrai que Sébilé pourrait encore s'en servir, ne fût-ce que pour cet usage. Les juges furent de mon avis, et réduisirent de vingt chameaux l'indemnité accordée. La discussion roula ensuite sur l'appréciation en argent de ces quatre-vingts têtes. Après force discours échangés de part et d'autre la compensation fut fixée à 800 piastres (600 fr.), plus le sabre qui avait servi d'instrument à la mutilation. Le procès ainsi terminé, l'accusé se trouva déchargé de toute responsabilité et fut déclaré libre.

Tandis que l'on débattait la valeur pécuniaire de chacune de ses articulations digitales, Sébilé-el-Chelly, retiré sous la tente où il avait trouvé un asile, se débattait au milieu de douleurs atroces, et malgré tous les moyens employés par ses hôtes pour arrêter l'hémorragie qui avait été la suite de sa blessure, perdait une énorme quantité de sang. On en fut réduit à employer les moyens auxquels recourent les Arabes lorsque le cas devient extrême. On mit du beurre dans une marmite que l'on plaça sur le feu; puis, lorsqu'après être fondu, le beurre entra en ébullition on plongea dedans le moignon du pauvre diable de blessé, qui, poussant des cris horribles, jura qu'une fois guéri rien au monde ne saurait l'empêcher de tirer vengeance de ceux qui le faisaient si épouvantablement souffrir.

Le soir même du procès que je viens de rapporter, je fus témoin d'une autre scène non moins singulière; il y eut également du sang répandu, mais il n'y fut heureusement question ni de blessures ni de mort d'homme.

Un chameau que des Turkomans avaient acheté depuis quelques jours se trouva frappé d'une hémiplégie si violente, que malgré tous les remèdes auxquels on eut recours il fut impossible de le faire relever. Il était couché depuis vingt-quatre heures, lorsque son maître le vendit à Douhaï pour une somme assez minime. Cet animal était très-gras. Le scheick décida qu'il serait tué au profit des Arabes de sa tribu. On lui trancha donc la tête à coups de hache, et des Arabes le dépouillèrent immédiatement de sa peau. Elle était à peine enlevée, qu'une foule de femmes et d'enfans se jetèrent dessus les restes palpitans de l'animal, cherchant à en emporter chacun un morceau. Leur ardeur à la curée fut si grande, que les gens du scheik eurent toutes les peines du monde à sauver une épaule qu'ils furent bien vite mettre en sûreté sous la tente de leur maître. Dieu sait le nombre et la pesanteur des coups qui s'échangèrent pendant tout cet acharné débat! Force Bédouines y laissèrent leurs cheveux entre les mains d'amies auxquelles elles emportèrent de leur côté quelques lambeaux de chemise ou de coiffure. George, qui s'était rué intrépidement au milieu de cette mêlée féminine, fut assez heureux pour arracher aux mains qui le repoussaient un morceau de filet qu'il prépara pour notre dîner. Les hommes paraissaient rester indifférens à ces luttes, que termina enfin la disparition totale du chameau. Jusqu'à ses os et à ses intestins, tout fut enlevé. On ne saurait se faire une idée de la promptitude avec laquelle l'œuvre fut consommée. Au bout de quelques minutes, il ne restait plus d'autres vestiges du volumineux animal que quelques traces de sang à moitié effacées par le piétinement des combattans. On vante très-haut la sobriété des Arabes : je la nie. Oui, sans doute, il y a frugalité chez eux lorsqu'ils n'ont rien à manger, et quelques dattes ou une poignée de riz suffisent alors pour une journée ; mais qu'il arrive une occasion où ils puissent se repaître, et l'on verra si la voracité et la gloutonnerie leur sont choses étrangères !

Vers le coucher du soleil, et lorsqu'il eut dîné, le scheick se rendit sous ma tente avec ses neveux et Daoud. Il venait pour régler ses comptes avec les Turkomans et recevoir d'eux les tributs qui lui appartenaient, d'abord pour la permission qu'il leur avait accordée de séjourner dans sa tribu, puis pour l'impôt qui lui revenait par chaque tête de chameau acheté. Les Turkomans ne tardèrent pas à arriver. Les exigences de Douhaï soulevèrent plus d'un orage. Tout cependant finit par s'accorder, grâce à l'officieuse entremise de Saïd-Hassan, qui, en sa qualité de courtier, parvint à établir un *mezzo termine* qui convint à toutes les parties. La somme fixée fut comptée à Douhaï. Les Turkomans se retirèrent sous leurs tentes, et le scheick passa toute la nuit sous la mienne, dans la crainte que, se retirant aussi tard, de hardis voleurs ne vinssent lui enlever les espèces qu'il venait de toucher. Nous attendîmes jusqu'au jour, continuellement sur le qui vive et entendant à chaque instant les coups de fusil que tiraient les Turkomans pour éloigner d'eux les rôdeurs et les vagabonds.

Le lendemain matin je vis arriver au camp une grande quantité de Bédouins tous montés sur des jumens ; ils vinrent me présenter plusieurs jeunes chevaux dont pas un ne me convint et pour lesquels je ne fis conséquemment aucune offre. Mais, vers midi, j'aperçus sous un Arabe de très-haute stature un cheval gris truité qui me frappa par sa taille, par la noblesse de ses allures et par l'aisance avec laquelle il portait son lourd et robuste cavalier. Il semblait venir du sud et s'approcher dans la direction de ma tente. Je fis quelques pas pour pouvoir l'examiner de près :

arrivé en face de moi, je remarquai que, bien que très-maigre, l'idée que je m'étais faite de sa beauté n'avait rien d'exagéré. Je demandai donc à son propriétaire s'il voulait me le vendre ; il me répondit que non, et ajouta que son cheval avait l'origine la plus haute ; que depuis trois ans (cet animal en avait six) il se livrait à la reproduction dans plusieurs des tribus les plus renommées par la beauté et par la bonté de leurs produits, et que depuis la veille au soir il avait fait vingt-deux lieues pour saillir quelques jumens de la tribu des Fœdans. Je ne pus en obtenir davantage ; il tourna bride et disparut.

Tout ce que je venais d'entendre ne fit qu'exciter davantage le désir que j'avais de posséder ce précieux animal. Je revins donc assez triste sous ma tente, et m'empressai de rendre Saïd-Hassan confident de mon désappointement et de mes regrets. Hassan chercha à ranimer mon espoir en me promettant de ne rien épargner pour découvrir le Bédouin propriétaire d'*Abou-Phaar* (nom du cheval que je convoitais) et pour le décider à s'en défaire en ma faveur ; puis il ajouta : « Demain au lever du soleil les Turkomans doivent se mettre en route pour Alep. Je te conseille de profiter de l'occasion pour échapper à nos amis les Fœdans, car ils parlent de lever leur camp pour s'enfoncer dans le Désert, et s'ils devaient t'emmener, Dieu sait quand tu reviendrais. D'ailleurs, moi-même je dois les quitter dès que j'aurai terminé mes comptes avec Douhaï. Vois donc ce que tu veux faire. »

Mon parti fut bientôt pris ; malgré la peine que me faisait éprouver l'impossibilité où je me mettais de revoir jamais *Abou-Phaar*, je me disposai à partir le lendemain.

Le soir même, au coucher du soleil, je me trouvais sur le seuil de ma tente, lorsque je vis venir de mon côté deux jumens que des Bédouins montaient sans selles et sans brides. Quelques secondes après je vis arriver dans la même direction *Abou-Phaar* et son maître. Cette vue me remplit de joie.

Bon! me dis-je, il vient sans doute pour en négocier la vente.

Mais je dus bientôt renoncer à mes illusions; car, arrivé près des jumens, le maître d'*Abou-Phaar* mit pied à terre, s'approcha de l'une d'elles qui se trouvait sans doute en pleine chaleur, puis sans lui mettre d'entraves, sans précaution aucune, la fit saillir par son étalon. L'opération terminée, *Abou-Phaar* fut promené autour de sa compagne d'un instant, et lorsqu'il se trouva de nouveau en érection, ce qui ne demanda que fort peu de temps, son maître le laissa sauter sur la seconde et consommer le même œuvre.

Pendant cette scène, à laquelle assistait aussi Saïd-Hassan, j'appris que l'Arabe auquel appartenait l'acteur principal s'appelait Nassr. Je priai donc Saïd de faire tous ses efforts pour engager l'intraitable Nassr à venir prendre une tasse de café avec moi. Mon compagnon de tente y consentit, s'approcha de l'Arabe et lui transmit mon invitation, qui fut immédiatement acceptée. Nassr s'avança, tenant *Abou-Phaar* par la bride; quelques autres Bédouins qui se trouvaient là le suivirent, et tous nous nous assîmes sur le sable. J'offris à mes hôtes une pipe d'excellent tabac de Lattaqiè, et lorsque tous se trouvèrent pourvus je fis servir le café. La conversation fut d'abord assez insignifiante, mais Saïd, qui voyait mon inquiète impatience, ne tarda pas à la faire tomber sur *Abou-Phaar* et à fortement engager Nassr à me le vendre. L'Arabe fut long-temps sans vouloir répondre; mais, pressé par les actives insinuations de Saïd, il finit enfin par m'adresser ces mots si long-temps attendus :

« Fais ton offre. »

Je ne sais si je l'ai déjà dit; mais jamais dans le Désert un Arabe auquel on veut acheter ne fait de prix; c'est l'acquéreur qui doit proposer et enchérir sur lui-même, jusqu'à ce que le vendeur, lui mettant la longe dans la main, lui annonce que le marché est terminé.

Je commençai donc par offrir 1500 piastres (1125 fr.).

Nassr se tut. De 100 piastres (75 fr.) en 100 piastres j'allai jusqu'à 2,500 (1875 fr.). A peine avais-je fait entendre ce chiffre, que Nassr, qui était resté fort calme jusque là, se lève, saute sur *Abou-Phaar*, et sans dire mot s'éloigne ventre à terre. La crainte de se laisser tenter par l'argent fut sans doute cause de cette brusque disparution. Quoi qu'il en soit, je me trouvai cruellement désappointé, et je ne cessai pendant toute la nuit de regretter l'occasion que je croyais avoir perdue.

Dans la soirée, les Turkomans s'étaient préparés au départ. Saïd avait obtenu d'eux un chameau destiné à porter ma tente et mes autres effets. J'étais donc parfaitement rassuré de ce côté. La même tranquillité ne régnait pas au camp des Turkomans, car, pendant la nuit, plusieurs Arabes qui s'y étaient glissés en se traînant sur le ventre, avaient détroussé les genoux de plusieurs chameaux (1) qu'ils parvinrent à emmener, mais pas assez vite cependant pour ne pas être forcés de les rendre le lendemain.

Au lever du soleil, je fis abattre ma tente; j'enveloppai dans ses nombreux replis mon porte-manteau, mes tapis et mes couvertures, et je me disposai à faire charger le tout sur le chameau que devait accompagner mon Bohémien. Ces préparatifs n'absorbaient pas si complètement mon attention que je ne pusse voir quelques-uns des chameaux dont les jambes avaient été détroussées pendant la nuit, et que l'on venait de ramener, quitter de nouveau le camp des Turkomans et se répandre dans le Désert. La caravane devait avoir pour escorte une troupe d'Arabes qui, se trouvant à cheval et prêts à partir, se détachèrent du camp pour se mettre à la poursuite des fugitifs. Je ne

(1) Pendant la nuit les Arabes ont l'habitude de ployer une des jambes de devant de leurs chameaux et d'attacher ensemble le canon et l'avant-bras, de telle sorte que lorsque ces animaux veulent marcher ils ne se trouvent plus que trois jambes de libres.

(*Note de l'auteur.*

tardai pas à m'apercevoir que, tout en ayant l'air d'arrêter les chameaux, ces honnêtes enfans du Désert poussaient ces animaux dans des directions tout-à-fait opposées à celle que devait tenir la caravane; ils voulaient sans doute se ménager les moyens d'en détourner quelques-uns à leur profit. Mais ce manége n'échappa point aux Turkomans; un grand nombre d'entre eux montèrent à cheval, et parvinrent, non sans peine, à ramener tous les fuyards.

Tous ces petits incidens ne laissèrent pas que de retarder le départ. Douhaï, qui venait sans doute pour y assister, ne fut pas peu surpris de voir ma tente ployée. Il me demanda avec assez de vivacité où je comptais aller. Je lui répondis que je me rendais pour quelques jours à Alep. Il ne répliqua rien; mais, remarquant dans mon bagage deux couvertures blanches que j'avais apportées de Marseille, il me demanda à les acheter. Je lui en offris une : ce cadeau adoucit son humeur.

« Comment comptes-tu faire la route, me dit-il, tu ne possèdes pas un cheval?

— Ton observation est juste, lui répondis-je; mais que veux-tu, depuis le départ de l'*émir-akhor* (M. de Portes) on ne m'en a pas présenté un seul que je pusse acheter.

— C'est que tu te montres trop difficile.

— Je ne le crois pas; car il en est un que son propriétaire n'a jamais voulu me vendre, bien que je fusse décidé à le lui payer tout ce qu'il en aurait demandé.

— Et quel est-il?

— C'est un gris-truité arrivé d'hier soir dans la tribu.

— A merveille! Mais tu demandes trop. Sais-tu que ce cheval est un des plus purs et des plus vaillans du Désert; que tous les poulains que tu as vus ici sont ses enfans, et que *Méleau*, que l'*émir-akhor* a emmené avec lui, est également son fils? »

Chaque mot que prononçait Douhaï ne faisait qu'augmenter mes désirs et mes regrets. Je résolus donc de hasarder une dernière tentative.

« Je connais assez ton influence, dis-je au scheik, pour être convaincu que, si tu voulais dire un mot, *Abou-Phaar* serait à moi. Donne-moi donc une preuve d'amitié dans cette affaire; aide-moi à entrer en marché : si je termine, je serai reconnaissant, je te donnerai 50 piastres (37 f. 50 c.) de *bacchis.* »

Douhaï réfléchit quelques instans; puis, se tournant vers moi, il me dit : « Espère; *Abou-Phaar* sera probablement à toi. »

Il appelle aussitôt un Arabe, lui ordonne de monter un dromadaire et d'aller chercher Nassr et son cheval, qui l'un et l'autre se trouvaient à environ deux lieues de nous, dans une division de la tribu où *Abou-Phaar* avait à saillir quelques jumens. Je recommandai au messager d'avoir bien soin qu'*Abou-Phaar* ne nous arrivât pas sans selle et sans bride; puis il partit.

Pendant tout ce débat la caravane s'était mise en marche; mon Bohémien s'empressa de la rejoindre avec son chameau et tous mes effets, et je restai avec George et Saïd. Je ne dois point oublier de dire que le scheik m'avait promis de me fournir les moyens d'atteindre à mon tour les Turkomans, dans le cas où je ne terminerais pas avec Nassr. Les heures s'écoulaient; il est donc facile de comprendre l'impatience avec laquelle j'attendais le retour du messager. Aussi grande fut ma joie lorsqu'enfin je reconnus Nassr dans un cavalier que je vis bientôt arriver avec une vélocité extrême dans la direction de la partie de la tribu où on avait été le chercher. Il se rendit directement à la tente de Douhaï; nous l'y suivîmes. En passant près d'*Abou-Phaar*, je sentis renaître toutes mes craintes; bien qu'il fût sans bride et qu'il eût pour tout ornement une selle des plus mauvaises, jamais il ne m'avait semblé aussi beau. J'entrai en conversation en demandant à Nassr le motif qui lui faisait monter son cheval sans bride. « Parce qu'il n'en a nul besoin, » me répondit-il. Douhaï le prenant ensuite en particulier, échangea avec lui quelques mots prononcés à voix basse, puis lui dit ensuite très-haut qu'il fallait me vendre *Abou-Phaar*. L'Arabe se fit un peu prier, et finit par m'inviter à faire mes offres. Je ne le fis pas répéter deux fois.

« Hier au soir, lui dis-je, je t'offris 2,500 piastres, aujourd'hui j'en ajoute 100.

— Ce n'est pas assez, me répondit Nassr; offre encore. »

J'augmentai de 100 autres piastres, et de mise en mise j'arrivai à 2,900 (2,175 fr.). J'étais décidé à pousser encore plus loin, lorsque l'Arabe, s'avançant vers moi, me mit enfin la longe d'*Abou-Phaar* dans la main. Se tournant ensuite vers son cheval, il lui adressa en arabe une petite allocution dans laquelle il lui apprenait qu'ils allaient se séparer et l'exhortait à se montrer envers son nouveau maître serviteur aussi obéissant et aussi fidèle qu'il l'avait été pour lui; remplissant ensuite sa bouche de fumée de tabac, il s'approcha de son ancien compagnon et la lui envoya dans les nazeaux. Les chevaux arabes aiment beaucoup cette odeur : aussi *Abou-Phaar*, donnant les marques de la joie la plus vive, se mit-il à faire à son maître une foule de caresses qui semblaient solliciter de ce dernier de nouvelles marques d'amitié.

CHAPITRE VII.

Départ de Tel-el-Sultani.—Rencontres et dangers dans le Désert.—Arrivée à Alep —M. le comte de Rzewouiski et le chevalier Bayle.—Chevaux malades guéris par les bains à vapeur.—Arrivée d'une caravane de Persans allant à La Mecque.—Leurs chevaux.—Douanes. La manière dont elles se perçoivent. — Douhaï et Daoud à Alep.—Duel refusé.—M. Gondolphy, évêque du Liban. Son entrée dans la ville.— Départ pour Séïd (Sidon).

Je possédais enfin l'objet de mes vœux ; malheureusement je me trouvais encore dans le Désert, et une foule de circonstances pouvaient se présenter qui me dépossédassent de mon acquisition nouvelle. Ainsi mon argent était parti avec la caravane, et il me devenait impossible de payer sur-le-champ les 2,900 piastres qui formaient le prix d'*Abou-Phaar* : obtenir dans cette position la permission de l'emmener était chose peu facile, surtout si l'on songe que la perte de cet étalon mettait toute la tribu en émoi. Je m'ouvris à Georges ; mais, loin de calmer mes inquiétudes, il vint les augmenter encore en m'apprenant que les Arabes conspiraient contre moi, et qu'il y avait chez eux projet bien arrêté de m'enlever *Abou-Phaar*. Je me perdais en réflexions sur les moyens de me tirer d'un pas aussi difficile, lorsque Georges, dont l'esprit n'était pas resté inactif, me vint offrir une voie de salut.

« Montez *Abou-Phaar*, me dit-il, comme si vous vouliez l'essayer ; puis, lorsque vous serez à quelque distance du camp, élancez-vous dans la direction de la caravane, et lorsque vous l'aurez rejointe, faites arrêter le chameau qui porte votre argent, et arrangez vos dispositions de telle sorte que vous n'ayez plus qu'à payer la somme convenue lorsque j'arriverai près de vous avec ceux des Bédouins de la tribu qui m'emmèneront avec eux à votre poursuite. »

Je trouvai le conseil bon. Je sautai donc aussitôt sur *Abou-Phaar;* mais les Arabes ne se furent pas plus tôt aperçus de ce mouvement, qu'ils m'entourèrent et cherchèrent à me désarçonner. Je voyais mon projet échouer en germe, lorsque la pensée me vint de faire intervenir l'autorité du scheick. Je me réclamai de lui; il arriva, et fit observer aux Bédouins qu'il était assez naturel qu'avant de quitter j'essayasse le cheval que je venais d'acheter. Ce peu de mots calma l'effervescence qui commençait à se manifester autour de moi. On me laissa donc le champ libre, et je pus mettre *Abou-Phaar* au pas. Je crois avoir dit qu'il était sans bride. Je craignis donc de ne pouvoir m'en rendre maître et le diriger comme je le voudrais. Mais je ne tardai pas à me convaincre qu'ainsi que me l'avait affirmé Nassr, une bride était pour ce noble animal la chose du monde la plus inutile; car à peine étais-je parvenu à une portée de carabine du camp qu'il me suffit de rapprocher les étriers de son flanc pour le voir aussitôt faire jaillir autour de moi des tourbillons de poussière et me dérober en quelques secondes à la vue de mes bons amis les Bédouins. En moins d'une heure j'atteignis la caravane. Je fis immédiatement arrêter le chameau qui portait mon bagage et que montait le Bohémien; mais je ne tardai pas à m'apercevoir que je n'avais prévu qu'une petite partie des difficultés qui m'attendaient. Le reste de la troupe n'avait point discontinué sa marche. Mon chameau ne voulut pas rester en arrière, et il me fallut, pour l'empêcher de courir les rejoindre, le faire coucher par terre et lui retrousser les deux pieds de devant sur les avant-bras, à l'aide de cordes dont je me trouvais heureusement pourvu. Ces précautions furent d'abord impuissantes; il se traîna quelque temps sur les genoux, et ne se calma que lorsqu'il eut complètement perdu de vue ses compagnons de voyage.

Lorsque j'eus déployé ma tente et ouvert mon porte-manteau, je me mis à compter sur mon *mechlas* (manteau arabe) l'argent qui se trouvait me rester. En y comprenant les 50 piastres (37 fr. 50 c.) de bacchis que j'avais promis à Doubaï, il m'en fallait 2,950 (2,212 fr. 50 c.), et j'avais beau compter, je n'en pouvais réunir que 2,100.

Il y avait environ une demi-heure qu'assis sur le sable, je réfléchissais à toutes les difficultés qui entouraient ma singulière position, lorsque j'aperçus à l'extrémité de l'horizon plusieurs Arabes, qui, montés sur d'excellentes jumens lancées au galop, s'avançaient avec la plus grande rapidité dans la direction où je me trouvais. Je craignis un instant que ce ne fussent des voleurs chargés de m'enlever *Abou-Phaar*. J'avais donc le pied à l'étrier pour m'élancer sur son dos et fuir de toute la force de ses jarrets, lorsque je reconnus Georges assis derrière Saïd sur un vigoureux cheval turkoman qui tenait la tête de la troupe. Je repris ma position première et j'attendis. Arrivés près de moi, je cherchai vainement Nassr parmi les cavaliers: il n'avait osé les accompagner, et s'était fait remplacer par Daoud. Je dis à ce dernier que je n'avais point toute la somme qui m'était nécessaire pour me libérer, et qu'il lui fallait absolument remettre le paiement du reste au moment où il reviendrait à Alep. Je n'étais pas très-certain, en faisant cette proposition, qu'elle serait acceptée. Heureusement Saïd vint me tirer d'embarras en offrant de me prêter immédiatement les 850 piastres qui me manquaient. J'acceptai, et l'argent fut compté à Daoud, qui me dit ensuite qu'il exigeait 50 piastres (37 fr. 50 c.) de bacchis pour la peine qu'il avait prise en se déplaçant. Je m'engageai à les lui donner lorsqu'il viendrait à Alep, mais à condition cependant qu'il me rapporterait la lance qui m'avait été volée lors de mon arrivée dans la tribu. Il me le promit, et ajouta ensuite que, puisque je retournais à Alep, je me trouvais ne plus avoir besoin de mes habits arabes, et qu'il me priait dès-lors de les lui donner. Je lui fis observer que je ne pouvais rester nu. Pour toute réponse il me montra plusieurs de ses compagnons dont l'unique vêtement consistait en un mauvais morceau d'étoffe de laine qu'ils portaient attaché au-dessus des hanches. Je témoignai pour cette légère modification à la nudité complète une si grande répugnance, qu'il se rabattit sur mon *kèèfee* et mon turban. Je dis de nouveau qu'il m'était impossible, sous peine de mort certaine, de rester la tête nue sous un soleil aussi brûlant que celui du Désert. Dans ce moment j'avais précisément à la main un mouchoir qui me servait à essuyer la sueur qui ruisselait de mon front; il me le demanda. Je crus ne pouvoir point le lui refuser, et lui en fis l'abandon.

Pendant ce colloque, qui dura assez long-temps, Georges et le Bohémien avaient replacé tout mon bagage sur mon chameau; tous deux y étaient ensuite montés et s'étaient mis en marche pour rejoindre la caravane. Je me disposais à les suivre, lorsque Daoud, s'approchant de moi, porta la main à ma barbe et la baisa. Les autres Arabes me firent un grand salut, qui fut suivi des cris : *Allah yahh fedak* (que Dieu te garde)! Tous ensuite, ainsi que Saïd, montèrent sur leurs jumens; je sautai sur *Abou-Phaar*, et nous ne tardâmes pas à nous perdre de vue.

Je marchais tranquillement au pas depuis une demi-heure, lorsque j'aperçus devant moi une soixantaine de Bédouins tous montés et armés de lances. Je m'arrêtai, incertain que j'étais sur le parti qu'il me fallait prendre. J'avais à choisir entre une fuite rapide dans la direction que je venais de parcourir et une pointe aventureuse à travers la troupe qui coupait mon chemin : fuir appelait leur poursuite, et il était probable qu'ils finiraient par m'atteindre, car leurs jumens devaient être plus fraîches que mon cheval, et pouvaient être conséquemment plus vites. Je me déterminai alors à montrer de l'audace; mettant la longe d'*Abou-Phaar* entre mes dents et tenant mon sabre d'une main et un pistolet de l'autre, je lançai mon cheval au galop, et ne tardai pas à arriver près d'eux. Je me tenais prêt à repousser toute tentative d'attaque, lorsque tout-à-coup je vis toutes les lances se renverser et leurs pointes s'enfoncer en terre. Ma suprise fut grande, mais courte; car, en jetant les yeux sur mes adversaires, je les reconnus pour des Arabes de la tribu de Douhaï qui venaient d'accompagner la caravane de chameaux partie le matin, et qui, en me voyant, avaient cru devoir me donner le signe de paix et d'amitié que je viens de décrire. En passant au milieu d'eux j'entendis s'élever les cris de *Mach-Allah, achim-bachi, ada Abou-Phaar* (grand médecin, tu possèdes *Abou-Phaar*, nous t'en félicitons); toutefois à ces complimens se mêlaient des malédictions. Je n'en fus que médiocrement effrayé, car les rangs s'ouvraient et me laissaient toute liberté. Lorsque je fus assez loin d'eux, je remis *Abou-Phaar* au pas, afin de le ménager pour une occasion nouvelle. J'eus tout lieu de m'applaudir de cette précaution, car bientôt j'entendis assez loin derrière moi un galop de chevaux qui m'avertit de me tenir sur mes gardes. En me retournant j'aperçus une troupe de Bédouins à peu près aussi considérable que celle que je venais de quitter, et qui paraissait suivre la même direction que moi. Quelques minutes d'observation suffirent pour me convaincre qu'ils me poursuivaient; car tantôt ils lançaient leurs chevaux au grand galop, puis les remettaient au pas, ainsi qu'ils en ont l'habitude, soit qu'ils donnent la chasse à une caravane, soit qu'ils fuient. Je réglai mes mouvemens sur les leurs : s'élançaient-ils, je m'élançais; s'arrêtaient-ils, je m'arrêtais : je ne voulais pas épuiser *Abou-Phaar*. Cette espèce de lutte dura assez long-temps; mais, convaincus qu'ils réussiraient difficilement à m'atteindre, je les vis enfin s'arrêter, puis s'éloigner. Dieu sait alors si je respirai à l'aise! Je n'en pouvais plus; car à la fatigue venaient se joindre une chaleur accablante et la faim. Je ne savais où m'arrêter, lorsqu'enfin j'arrivai sur les bords d'un ruisseau qu'alimentait une abondante source d'eau claire, et sur les bords duquel croissaient quelques touffes d'herbe verte.

Je descendis de cheval et attachai l'un des pieds de devant d'*Abou-Phaar* avec sa longe, de manière à le laisser paître tout à l'aise tandis que j'irais me laver la barbe à la source et m'y désaltérer. En y arrivant je trouvai assis et mangeant des concombres et des dattes, trois Bédouins qui étaient armés, deux d'un mauvais sabre et le troisième d'un fusil à mèche. Dès qu'ils m'aperçurent ils me firent signe de venir m'asseoir auprès d'eux et de partager leur repas. Cette invitation venait trop à propos pour me la faire répéter à deux fois. Je pris donc place; j'étais à peine assis, qu'un quatrième Bédouin monté sur une très-belle jument grise vint à paraître. Descendre de sa monture, s'asseoir près de nous sans en être prié, et prendre sa part de nos modestes provisions sans que mes hôtes l'y conviassent, fut pour lui l'affaire de quelques secondes. A la fin du repas, les yeux du nouveau venu se dirigèrent du côté où se trouvait *Abou-Phaar*, qui dans ce moment venait de sentir la jument et hennisait en s'approchant d'elle. Le maître de celle-ci eut bientôt reconnu mon étalon, et me témoigna le désir qu'il avait d'en obtenir une saillie. Ignorant comme je l'étais des autres incidens qui pouvaient marquer encore ma route, je devais soigneusement éviter d'affaiblir les moyens de mon cheval. Je rejetai donc net la demande de l'Arabe. Il me parut courroucé et fit mine de vouloir obtenir par la force ce qu'il ne pouvait arracher à ma bonne volonté. Il s'était déjà levé et s'acheminait vers *Abou-Phaar* pour le mettre en liberté, lorsque, plus leste que lui, je cours à ce dernier, détache la longe qui lui retenait le pied et me jette en selle. L'Arabe me voyant prêt à fuir, saute sur sa jument et s'élance sur moi; je pousse *Abou-Phaar*, et pendant près d'une demi-heure mon adversaire ne cessa de me donner la chasse. Mais j'allais plus vite que lui. Malheureusement *Abou-Phaar* ne se laissait pas facilement guider; souvent il s'arrêtait court et voulait aller rejoindre la jument. Cette position finit par me devenir intolérable; je me décidai à en sortir. Je me voyais au milieu du Désert, poursuivi par un seul Bédouin qui n'avait pour arme qu'une lance, tandis que j'avais à ma ceinture un bon damas, un kandgiar et deux pistolets. Un instant j'eus la pensée de livrer bataille à l'Arabe et de lui prendre sa jument; mais je fus arrêté par la crainte d'être ensuite rencontré par d'autres Bédouins, qui, reconnaissant ma prise, me l'auraient infailliblement enlevée après m'avoir fait payer le sang par le sang. Je connaissais trop la religion des Arabes pour la loi du talion, et j'avais eu un trop frappant exemple de ses résultats, pour ne pas hésiter à mettre mon projet à exécution. Réflexions faites, j'y renonçai, et me contentai de ralentir les pas de mon cheval, de lancer des regards menaçans à mon adversaire, qui, se doutant sans doute à ma pantomime et à mon changement d'allure de l'attaque qui l'attendait, tourna bride tout-à-coup et s'enfonça dans le Désert.

Enfin, j'étais libre encore une fois! Je remis *Abou-Phaar* au pas; mais un autre embarras se présentait; je m'étais avancé sans trop savoir où je me dirigeais : le Désert ne contient point de chemins tracés; c'est à peine si le sable conserve pendant quelques instans l'empreinte des pieds des chevaux qui l'ont foulé; il fallut donc, avant de pousser plus loin, songer à m'orienter. Tout ce que je savais sur ma route, c'est qu'elle devait se diriger vers le nord. Après quelques instans d'observation attentive, je m'aperçus que j'avais trop incliné à l'ouest; je tournai donc la tête d'*Abou-Phaar* sur l'est, et au bout de quelques minutes de marche j'eus la joie de voir poindre à l'extrémité de l'horizon de sables qui m'entourait, les flèches des minarets d'Alep. Une marche d'une heure suffit pour m'approcher assez près de la ville pour voir la masse de ses nombreux édifices se dessiner devant moi. Arrivé aux premières maisons, *Abou-Phaar* parut s'effrayer et refusa d'avancer. Mais ce qui sembla surtout l'étonner, ce fut l'espèce de son qui suivait la pose de chacun de ses pieds sur le pavé. Il baissait chaque fois la tête et regardait le sol avec une inquiète curiosité. C'était la première fois sans doute qu'il voyait des demeures bâties. Aussi eus-je les peines les plus grandes à vaincre la répugnance et la sorte d'effroi que lui causaient ces objets si nouveaux, et ne fut-ce qu'en quittant la selle et en le conduisant par sa longe que je pus parvenir à pénétrer dans le rues. Je réussis enfin à l'amener au khan du consulat. Tous les Francs qui s'y trouvaient me félicitèrent d'autant plus vivement de mon retour, qu'ils avaient ouï dire peu de jours auparavant qu'une révolution s'était faite dans le Désert, et que tous avaient craint que je n'en eusse été une des premières victimes. Ces premiers momens, donnés tout entiers à la bienveillance et à l'intérêt, une fois passés, je fis mettre *Abou-Phaar* à l'écurie, et je m'empressai d'aller aux bains et d'y échanger contre des habits européens le costume plein de vermine que je portais depuis mon entrée dans le Désert.

La nouvelle de mon retour ne tarda pas à se répandre par la ville. La plus grande partie des Francs qu'elle renfermait vinrent me voir et visiter en même temps *Abou-Phaar*. Parmi eux se trouva le comte de Rzeiwouski. Sa présence à Alep ne laissa pas que de beaucoup me surprendre. J'ai dit plus haut qu'il m'avait quitté à Tel-el-Sultani pour aller explorer les ruines de Palmyre et se rendre de là chez plusieurs tribus arabes dont l'éloignement devait faire de cette excursion nouvelle un voyage de longue durée. Je lui témoignai donc la surprise que me causait un retour aussi prompt. Voici ce qu'il m'apprit.

Peu de jours lui suffirent pour arriver du camp de Douhaï à Palmyre. Mais il touchait à peine aux premières ruines, que, prévenu que les Bédouins qui lui servaient d'escorte devaient lui faire un mauvais parti, il les avait immédiatement congédiés et avait fait prix avec de nouveaux guides appartenant à une tribu qui campe près de ces débris célèbres et qui est connue sous le nom de El-Rouallah. Averti de nouveau que le scheick de ces derniers se proposait de s'emparer de lui afin d'en pouvoir extorquer une forte rançon, il s'était échappé sans se donner le temps de parcourir les restes si renommés de l'ancienne capitale de Zénobie, et était revenu par Homs et Hama.

Cette mésaventure me fait souvenir qu'à la même époque entra dans Alep un voyageur anglais, M. le chevalier Bayle, qui avait eu à souffrir d'un désappointement semblable. Cet étranger avait également pris dans une des tribus Fœdans-Anazès trente Bédouins qui devaient aussi l'escorter et le conduire jusqu'à Palmyre. Il était en outre accompagné d'un architecte et de deux maréchaux-des-logis sortis de la vieille garde impériale. Il atteignait au but de son pélerinage scientifique, lorsque, devançant de quelques pas le reste de la troupe avec l'architecte et causant avec lui, il entend un grand bruit s'élever parmi les Bédouins, se retourne et aperçoit toute l'escorte aux prises avec les deux vieux sous-officiers. Il s'élance aussitôt à leur secours, et reçoit dès l'abord un coup de lance qui lui entame presque l'oreille. Cette réception lui fit regarder une fuite prompte et rapide comme le parti le plus prudent. Les maréchaux-des-logis furent plus tenaces; ils voulurent continuer le combat; mais, quoique beaucoup plus braves et bien plus adroits que leurs adversaires, l'inégalité du nombre menaçait de leur en rendre l'issue fatale. Les prières et les cris de M. Bayle, d'abord inécoutées, furent enfin entendues par eux; ils le suivirent, et tous quatre prirent la direction de Homs. Leur escorte les poursuivit long-temps, et ce ne fut que lorsque les fugitifs furent arrivés près de la montagne qui domine cette ville, que les Bédouins lâchèrent prise. A peine entré dans Homs, M. le chevalier Bayle s'empressa de rendre visite au pacha et de lui raconter son aventure. Le dignitaire ottoman ne perdit point de temps; il envoya immédiatement battre la campagne par quelques pelotons de cavalerie, qui le soir rentrèrent en ville avec plusieurs têtes plantées au bout de leurs lances. Ces débris humains appartenaient-ils à des gens de l'escorte ou bien à quelques malheureux Bédouins inoffensifs qui auraient payé de leur vie l'espoir d'un cadeau de quelques piastres que la possession de ces trophées prétendus de leur excursion devait assurer aux cavaliers du pacha? Voilà ce que je ne saurais dire. Quoi qu'il en soit, il suffit de connaître l'état et les mœurs du pays, de songer à la distance qu'avaient dû mettre entre eux et la ville les Bédouins de M. Bayle, pour croire que la dernière de ces suppositions est la plus proche de la vérité. Je reviens à M. de Rzeiwouski.

Dès qu'il eut examiné *Abou-Phaar*, il s'écria : « Comment avez-vous fait pour vous rendre maître d'un animal aussi précieux? Je n'ai jamais rien rencontré qui lui fût comparable. Je ne vous demanderai pas quel est le prix qu'il vous coûte; mais fixez-moi une somme, et quelque forte qu'elle soit, je vous l'achète. »

J'étais trop flatté de mon acquisition pour songer à la céder. D'ailleurs *Abou-Phaar* ne m'appartenait pas; je l'avais acheté pour le compte de l'Administration : force fut donc à M. de Rzeiwouski de renoncer à l'espoir de le posséder.

M. de Portes ne reprochait à *Abou-Phaar* qu'une tumeur osseuse qu'il avait à un des boulets de devant; mais elle n'offrait aucun danger, puisque ce n'était que le résultat d'un accident assez commun chez les chevaux arabes, c'est-à-dire la suite d'un faux pas causé par la pose du pied dans une de ces profondes crevasses que l'on rencontre si souvent sous le sable brûlant du Désert.

Ce ne fut que le surlendemain de mon arrivée que

Georges entra dans les murs d'Alep avec la caravane de chameaux partie en même temps que moi du camp de Douhaï. Je n'avais pas eu le temps de m'entretenir avec lui, lorsqu'il me rejoignit avec Daoud et Saïd, et que je comptai au premier le prix d'*Abou-Phaar*. Il me raconta alors qu'aussitôt après ma disparution si subite du camp de Douhaï, les Bédouins l'avaient saisi comme otage et avaient voulu se venger sur lui de la perte de l'étalon favori de la tribu. Ils avaient d'abord parlé de le mettre en prison : ce mot paraîtra singulier dans la bouche de gens qui ne connaissent pas d'autres clôtures que les faibles parois d'une tente de toile ; mais cette impossibilité disparaît bientôt devant la barbarie arabe ; car il ne s'agit pour les Bédouins que de creuser dans le sable un trou assez profond pour qu'une fois descendu le prisonnier n'ait plus que la tête au-dessus du sol ; ils remplissent ensuite cette espèce de fosse avec le sable qu'ils en ont tiré, et laissent le patient ainsi exposé aux rayons du soleil aussi long-temps qu'il leur plaît.

Georges ne fut point médiocrement effrayé ; mais, recouvrant bientôt toute sa liberté d'esprit, il fit observer aux Arabes que je lui étais complètement étranger, et qu'en le faisant souffrir et même en lui donnant la mort rien de tout cela ne leur rendrait *Abou-Phaar*. Il ajouta que mon intention n'était point de le leur voler ; qu'il était certain que j'étais allé rejoindre la caravane afin de prendre l'argent qui se trouvait sur mon chameau et les payer, et que s'ils voulaient l'accompagner il consentait, dans le cas où il les aurait trompés, à subir tous les tourmens dus au mensonge et à la perfidie. Ces réflexions parurent faire impression sur les Bédouins, car, après s'être consultés entre eux, ils acceptèrent sa proposition, le placèrent derrière Saïd, ainsi que je l'ai raconté plus haut, et se mirent à courir après moi. J'ai dit où ils me rencontrèrent et la manière dont nous nous étions séparés.

Peu de jours après mon retour du Désert, M. Guis eut un cheval malade du tétanos ; j'employai pour le soulager tous les moyens que l'art pouvait me fournir; mais tous parurent échouer contre la violence du mal. Les symptômes allaient toujours croissans et je commençais à désespérer du malade, lorsque la pensée me vint de le soumettre à l'action de bains de vapeur. La difficulté était de parvenir à les lui faire administrer. M. Caussin de Perceval eut l'obligeance d'aller prier l'*émir-akhor* du Mouhassil (chef de la douane) de nous accompagner aux bains publics et d'y faire admettre le malade comme appartenant à son maître. L'émir s'y prêta de bonne grâce; mais lorsque nous nous présentâmes le propriétaire de l'établissement nous en refusa obstinément l'entrée. Il fallut recourir alors aux grands moyens. L'émir se fâcha, menaça, et bientôt se mit en devoir de joindre à ses imprécations la raison plus déterminante d'une forte application de coups de bâton. Ce mode de persuasion fit taire toutes les répugnances et tous les scrupules de l'intraitable Turc; il se hâta de faire sortir tous les musulmans qui se trouvaient s'y baigner, et nous donna enfin la liberté d'introduire mon malade dans ses salles. Il y resta long-temps exposé à la vapeur la plus haute. J'avais pris avec moi des saïs, que j'employai alors à le frictionner pendant tout le temps du bain. Lorsque je jugeai qu'il en avait assez, je le fis passer dans une pièce moins étouffante, où on le tint enveloppé de couvertures très-chaudes, et je ne le fis sortir que lorsque ses poils furent devenus entièrement secs. Ce premier bain produisit le meilleur effet. Deux autres que je lui fis administrer le lendemain, puis le jour d'après, le guérirent de la manière la plus complète.

Cette cure fit grand bruit parmi les Turcs; tous crièrent au miracle, et de ce jour le bain devint une panacée pour tous les maux de leurs chevaux. L'effet que produisit en eux le premier essai que je fis de cette médication fut si profond qu'aujourd'hui encore, lorsqu'ils parlent de moi, ils ne me désignent que sous le nom de médecin qui donnait des bains aux chevaux.

M. Caussin de Perceval avait à cette époque un fort bon cheval noir d'origine égyptienne, et qui était sujet à de violentes coliques. Le dernier accès qu'il avait éprouvé était de fort peu antérieur à notre arrivée à Alep. Il avait alors eu recours à un guérisseur du pays qui voulut lui administrer le remède dont ils font usage en pareil cas, c'est-à-dire le sang d'un jeune chien qu'ils égorgent et qu'ils font prendre tout chaud au malade. Cet homme avait fait entrer dans la cour du khan un malheureux chien de bazar qu'il était parvenu à saisir dans un petit guichet qui se trouvait sous la porte d'entrée; le couteau était prêt, et la victime allait être immolée, lorsque le sacrificateur s'aperçut que l'animal était beaucoup trop vieux. Il le relâcha et proposa à M. de Perceval de remplacer cet épouvantable remède par une opération que les Arabes, comme je crois l'avoir dit déjà, emploient pour tous leurs maux comme pour tous ceux de leurs animaux domestiques : je veux parler de la cautérisation. M. de Perceval, qui voulait à tout prix conserver son cheval, accepta. Le guérisseur, allumant aussitôt un grand feu, y fit rougir un morceau de fer, à l'aide duquel il brûla la peau qui recouvre les parois inférieurs de l'abdomen. Le malade fut promptement soulagé; mais il en résulta une plaie énorme qui fut un temps infini à se cicatriser et dont l'animal a porté les traces jusqu'à l'instant où il est mort. Comme cette colique avait tous les caractères d'une entérite aiguë, je saignai le malade et lui administrai les mucilagineux, tant en boissons qu'en lavemens. M'apercevant que les symptômes ne cédaient pas à ces moyens, je voulus également essayer de l'action de la vapeur. Je le fis conduire aux bains, et après deux heures de séjour, il en sortit parfaitement guéri. J'eus, il est vrai, toutes les peines du monde à l'y maintenir tranquille; car il était tellement agité qu'il pouvait à peine se tenir sur les dalles très-lisses qui forment le parquet de l'intérieur de ces établissemens. Je dois ajouter que moi-même, à cette époque, je souffrais beaucoup d'une bronchite aiguë, qui disparut complètement par ma seule présence dans ces bains.

Je ne quitterai point ce sujet sans dire que le succès que m'avait fait obtenir la vapeur dans le traitement de deux maladies aussi graves que celles dont je viens de parler, me fit concevoir à mon retour en France la pensée d'en étendre l'application à d'autres affections. En 1825 une épizootie meurtrière ravagea, comme on le sait, une partie de nos départemens, mais Paris surtout. Les vétérinaires s'accordèrent à la caractériser sous le nom de gastro-entérite. Je dus à l'usage exclusif de la vapeur de sauver un assez grand nombre de chevaux précieux. Je citerai, entre autres, *Rainbow*, du haras de M. Rieussec; *Captain-Candid*, étalon du Gouvernement, et plusieurs autres chevaux du dépôt royal de Madrid, tombés malades à leur arrivée d'Angleterre.

Quelques jours après ma première expérience sur l'action des bains à vapeur appliquée aux chevaux, arriva à Alep une nombreuse caravane de Persans qui se rendaient en pélerinage à La Mecque sous le commandement d'un prince de cet empire, dont le nom échappe à ma mémoire. Leur camp fut dressé près des jardins qui se trouvent hors de la ville; ils avaient amené avec eux une grande quantité de chevaux. M. de Portes et moi, désireux de visiter ces animaux, nous nous adressâmes aux personnages les plus considérables de la caravane, qui nous reçurent avec les plus grands égards et s'empressèrent de nous faire voir leurs chevaux. Nous n'en trouvâmes que fort peu qui eussent quelque distinction. La plupart étaient forts, chargés de membres, longs de corps et peu légers. Le prince seul en avait quelques-uns d'espèce réellement supérieure; lorsque nous eûmes passé en revue tous ses chevaux persans, son écuyer nous prit par la main et nous dit : « Maintenent venez voir un cheval arabe. »

Cette annonce, et l'espèce de solennité avec laquelle elle était faite, nous fit penser que les Persans estiment beaucoup plus les chevaux arabes que les leurs, bien que ceux-ci soient en général bien plus forts. Nous le suivîmes : il nous conduisit à une extrémité opposée du camp, où il nous présenta un petit cheval bai-brun, d'environ 4 pieds 6 pouces et demi. « Voilà un cheval ! s'écria-t-il avec enthousiasme. Monte-le, et tu verras s'il en est beaucoup qui puissent le valoir. » Je me mis aussitôt en selle, et je dois dire que je trouvai dans cet animal de fort belles qualités.

Le hasard amena le jour même dans la cour de notre khan un Bédouin appartenant à une tribu des environs de Bagdad. En le voyant M. de Portes crut reconnaître en lui un Arabe de cette tribu Fœdans-Anazès que nous venions de quitter, et qui avait si mal rempli envers nous les devoirs de l'hospitalité qu'ils nous avaient promise, bien que nous la leur eussions escomptée avant notre départ d'Alep en piastres ou en bonnes marchandises. M. de Portes s'approcha donc de lui assez en colère, et lui reprocha en termes prononcés très-haut les nombreux désagrémens qu'ils nous avaient fait éprouver. L'Arabe ne savait pas un mot de français. L'accent courroucé de M. de Portes, ses gestes, toujours plus précipités et plus énergiques, parurent étrangement le surprendre ; il s'approcha de lui, passa plusieurs fois la main sur son épaule en faisant chaque fois entendre ces mots : *Eich khalak* (comment te portes-tu) ? M. Caussin arriva dans ce moment même. M. de Portes lui demanda ce que signifiaient les expressions de l'Arabe ; elles lui furent expliquées.

« Je crois qu'il se moque de moi, » dit aussitôt M. de Portes ; mais l'Arabe, sans se déconcerter, recommença à plusieurs reprises à faire entendre son *eich khalak*. Je ne sais ce qu'il serait advenu de cette scène singulière, lorsque M. Caussin apprit à l'Arabe étonné que le Franc qu'il voyait si fort en colère le prenait pour un Bédouin fœdan-anazé, dans la tribu duquel il était resté quelque temps, et dont il avait eu fortement à se plaindre.

« Si ce n'est que cela, dit l'Arabe, ce Franc et moi devons être les meilleurs amis du monde; car les Fœdans sont mes plus cruels ennemis, et je leur porte plus de haine que n'en saurait jamais avoir pour eux aucun Européen. »

Cette explication donnée, M. de Portes invita le Bédouin à venir prendre des rafraîchissemens avec lui, et tous deux se séparèrent ensuite dans les meilleurs termes.

Ce fut dans le courant de cette journée que les Persans furent obligés de venir déposer à la douane tous les cachemires, tapis et autres marchandises qu'ils avaient apportés avec eux. Cette mesure n'avait pour but que d'assurer au mouhassil les droits de douane qu'il perçoit sur chaque objet. Marchands comme pélerins, nul ne peut vendre le plus mauvais schall, le plus mince tapis, sans qu'au préalable ils n'aient été déposés à la douane et les droits perçus. Ce droit varie selon l'estimation qui est faite de la marchandise par des experts exclusivement choisis par le mouhassil. Les objets les plus beaux et les plus précieux sont presque toujours retenus pour le compte de cet officier, qui, comme on le pense bien, n'en donne toujours que fort peu d'argent.

Ces droits arbitraires sont tellement écrasans, qu'il n'est sorte de moyens que n'emploîent les pélerins pour s'y soustraire. Aussi essaient-ils souvent d'en cacher sur eux; mais dès que les Turcs ont le moindre soupçon, ils les font mettre nus, et s'ils les trouvent en fraude, les assomment à coups de bâton et leur prennent en outre la marchandise. M. de Portes et moi fûmes témoins de plus d'une scène de ce genre.

Peu de temps après Douhaï fit un voyage à Alep. Il

était accompagné de Daoud, qui me rapporta ma lance, ainsi qu'il me l'avait promis, et réclama les cinquante piastres de bacchis que je m'étais engagé à lui donner lors de notre dernière recontre dans le Désert. M. de Portes les lui remit, mais non sans lui faire de vifs reproches sur la manière peu loyale dont ils avaient agi avec nous pendant notre séjour à Tel-el-Sultani. Douhaï vint ensuite. L'accueil que nous lui fîmes ne fut guère plus amical. M. de Portes lui dit que si nos mœurs comportaient un manque de foi et une barbarie pareils à ceux dont il avait fait preuve envers nous, ses hôtes, ses amis, alors que nous nous étions mis à sa discrétion par suite de promesses et de conventions que notre complet isolement devait précisément rendre sacrées, nous pourrions facilement le faire repentir des mauvais traitemens qu'ils avaient eu la lâcheté de nous faire éprouver. « Vous avez indignement abusé, ajouta-t-il, de votre nombre et de notre position. Si nous n'avons point réclamé plus énergiquement, ne croyez pas que ce soit par crainte, car nous pourrions facilement vous prouver qu'un de nous ne tremblerait point devant deux des vôtres. Si tu veux même en faire dès aujourd'hui l'expérience, dit-il en s'adressant personnellement au scheick, choisis les plus braves de tes cavaliers, trouve-toi ce soir avec eux hors des portes de la ville; j'irai vous y rejoindre avec un nombre de Francs de moitié moindre de celui de tes compagnons, et je te promets que si un seul de vous tous parvient à sauver ses oreilles, ce ne sera que par une fuite qui dépassera en vélocité toutes celles dont vos bandes de pillards rendent le Désert si souvent témoin. »

Douhaï répondit que l'expédition d'Égypte avait mis la vaillance française trop haut dans son esprit pour s'exposer à pareille épreuve. De toutes nos armes c'était l'épée qu'il redoutait le plus. Cela tenait sans doute de ce qu'un jour où, regardant celle de M. de Portes, il examinait d'un air moqueur le peu de longueur et la légèreté de la lame, je lui avais dit que, bien que cet arme fût plus courte et moins forte que leur lance, je ne craindrais pas, ainsi armé, de me mesurer avec lui. Je lui proposai de lui en administrer immédiatement la preuve; il y consentit. Je me plaçai devant lui, et au premier mouvement qu'il fit pour me toucher, un simple coup d'épée suffit pour détourner sa lance; je courus aussitôt sur lui et lui plaçai la pointe de la lame sur la poitrine. Il pâlit et devint tremblant, et se vit forcé d'avouer que jamais encore il n'avait soupçonné le danger que pouvait présenter une arme d'aussi mince apparence.

Pendant son séjour à Alep, Douhaï vendit sur parole à des Turkomans qui se trouvaient dans la ville plusieurs chameaux qu'il envoya chercher à Tel-el-Sultani par deux Bédouins de son escorte, et qui étaient précisément ceux dont j'avais reçu tant de témoignages d'intérêt dans le Désert. Lors de leur retour du camp, ils avaient à peine franchi la moitié de la distance qu'il leur fallait parcourir pour arriver à Alep, qu'ils se virent attaqués par des Arabes errans appartenant à une autre tribu, et qui leur prirent leurs chameaux et leurs vêtemens et les renvoyèrent en ville dans l'état de nudité le plus complet. Les Européens qui s'aventurent dans le Désert sont souvent exposés à des accidens de ce genre. Au moment où l'on s'y attend le moins ces bandes de voleurs s'élancent sur vous avec une telle rapidité qu'on a le temps à peine de se mettre en garde. Ils fuient de même. Lorsque l'on ne fait point de résistance ils se contentent assez généralement de vous voler et de vous mettre nu; puis, si le hasard vous fait rencontrer une autre troupe se livrant à la même industrie, celle-ci vous donne l'hospitalité et vous couvre d'un mauvais manteau ou d'habits remplis de vermine. Chaque jour, dans les villes qui avoisinent le Désert, telles qu'Alep, Damas, Saint-Jean-d'Acre, Jérusalem, etc., l'on voit arriver des hommes qui, victimes de semblables rencontres, parcourent les rues dans l'état de nudité le plus complet.

On y est tellement habitué que les passans n'y font point la plus légère attention.

Depuis long-temps on attendait à Alep M. Gondolphy, évêque du Liban : il venait faire la visite des couvens de la ville. Dès que le jour de son entrée fut annoncé, tous les Francs d'Alep firent la partie d'aller à sa rencontre. M. de Portes lui envoya *Alleby* pour faire son entrée en ville. La route que nous eûmes à parcourir était couverte d'hommes et de femmes appartenant à toutes les religions, et parmi lesquels on remarquait un assez grand nombre de Turcs. M. Guis, consul de France, marchait à la tête des Européens et des Barataires (1), qui se trouvent placés sous la protection des divers consuls. M. de Portes suivait, monté sur *Abou-Saïd*; M. Caussin de Perceval montait *Ourphaly*, et moi *Arial*. M. le comte de Rzeiwouski avait sous lui un cheval superbe, richement équipé et dont je ne me rappelle pas le nom.

Nous rencontrâmes l'évêque au caravanserail de Ansaryé, petit village qui se trouve à environ deux lieues d'Alep, sur la route de Khan-Touman. Il était monté sur une vieille jument baie dont une fourbure chronique avait déformé les pieds de devant. Il parut flatté de notre démarche, mais n'accepta qu'après force instances le cheval que lui avait envoyé M. de Portes. J'aurais été long-temps avant de pouvoir m'expliquer la répugnance qu'il mit à le monter, si je n'avais appris depuis par des chrétiens du pays que ce vénérable personnage avait dû se trouver choqué de se montrer sur un cheval à queue un peu courte. La longueur des crins est, dans ce pays, un insigne inséparable de la dignité; malheureusement nous n'en savions rien.

M. Caussin, comme je viens de le dire, montait *Our-*

---

(1) Indigènes assez habituellement chrétiens ou juifs qui, moyennant un léger droit, obtiennent la faculté de se placer sous le patronage des consuls.

phaly. Ce dernier s'était tellement animé qu'il en était devenu furieux; son cavalier, craignant avec raison qu'il ne causât quelque accident, se sépara de l'escorte, entra dans la ville avant nous, prit les rues les plus désertes, et se confondit en efforts inutiles pour le calmer. Une grosse pièce de bois renversée sur le sol s'étant trouvée dans son chemin, *Ourphaly* en prit si grand ombrage, qu'après s'être défendu de toutes ses forces et cabré plusieurs fois, il refusa obstinément de la franchir. Un vieux schérif que le hasard avait amené là, fit signe alors à M. Caussin de l'arrêter; puis s'approchant sans mot dire d'*Ourphaly*, lui lança dans les naseaux plusieurs bouffées de tabac, et se mit ensuite à marcher tranquillement devant lui. Le cheval suivit, passa sur l'objet qui l'avait si fort effrayé, et arriva ensuite au consulat sans plus de difficultés.

M. Gondolphy descendit au couvent connu sous le nom de couvent de *Terre-Sainte;* il resta plusieurs jours à Alep, fut rendre visite à Kourchid-Pacha, qui le reçut avec tous les égards dus à son caractère, et vint plusieurs fois dîner avec nous. Ayant appris de M. de Portes que notre projet était de transporter prochainement notre quartier-général à Séïd, afin de pouvoir explorer plus à l'aise les environs de Damas et le Liban, il nous proposa, pour notre séjour à Séïd, l'appartement qu'il occupait habituellement lorsqu'il se rendait dans cette ville, et qui se trouvait dans l'enceinte même du khan du consulat français. Cette offre était faite de trop bonne grâce pour que nous pussions la refuser : nous acceptâmes.

Nous achetâmes encore quelques chevaux, bien que l'orge et la paille devinssent fort rares, et que nous eussions les peines les plus grandes à nous en procurer, même en les payant fort cher. Mais Kourchid eut l'obligeance de nous en faire donner une certaine quantité qu'il prit sur les contributions en nature qu'il vint alors à frapper sur tous les villages des environs.

M. de Portes songeait alors sérieusement à partir pour

Sidon (Séïd). Nous avions pour palefreniers des Arméniens qui, persuadés qu'ils étaient indispensables, crurent pouvoir exiger pour nous suivre des gages exorbitans. Peut-être aurions-nous été forcés de subir la loi qu'ils nous imposaient, si Kourchid, à qui l'on apprit notre embarras, ne nous eût pas fait proposer de prendre des palefreniers musulmans. M. de Portes n'eut garde de refuser. Le pacha nous en donna lui-même quatre qu'accompagnait un *saïs-bachi* (chef palefrenier), qu'il fit venir et auquel il recommanda de nous servir avec fidélité, et de veiller à ce que le voyage se passât sans accidens pour nous. « Tu réponds de ces Francs sur ta tête, lui dit-il ; ainsi, aie soin de ne revenir que muni d'un certificat qui attestera tes bons services. »

Le saïs-bachi promit au pacha d'exécuter ses ordres, et dès que ce point essentiel fut réglé nous mîmes la main à nos derniers préparatifs. Outre ces cinq palefreniers nous emmenions avec nous un domestique arménien nommé Antonio, et un Arnaute qui, désirant aller à Saint-Jean d'Acre, profita de cette occasion pour faire le voyage plus en sûreté. Cet homme, qui parlait un peu italien, nous fut d'un grand secours pendant la route; car non-seulement il nous servit de drogman, mais il conduisit encore un de nos chevaux. Tous les apprêts de notre départ se trouvant enfin terminés, le 4 août 1819 vers les quatre heures du soir nous quittâmes la ville d'Alep.

CHAPITRE VIII.

Les Francs d'Alep nous reconduisent jusqu'auprès de Khan-Touman. — M. Van-Massec et Kutchuck-Ali, pacha de Baïas; — Mise à mort de ce dernier. — Départ de Khan-Touman. — Lisière du Désert. — Arrivée à Sermin. — Rihha. — Djisr. — Kafrandji; Ansarié idolâtres. — Chute dans un précipice; je m'enfonce le sternum. — Montagne de Setkoub. — Douane de Ghafar. — Behloulié. — Arrivée à Lattaqié; séjour. — Assassinat d'un jeune chrétien; sa mort.

Notre caravane, en sortant des portes d'Alep, se composait d'un moukre qui conduisait quatre mulets chargés de notre bagage, et de dix-sept hommes ayant chacun un cheval en main. M. de Portes, le saïs-bachi et moi, étions seuls montés; de tout le reste de la troupe, Antonio et l'Arnaute avaient seuls le privilége de nous imiter de temps à autre.

Tous les consuls et les Francs de la ville nous reconduisirent jusqu'auprès de Khan-Touman. Je saisirai cette occasion pour exprimer la reconnaissance que je dois à l'amitié et aux bons soins dont la plupart ne cessèrent de combler M. de Portes et moi. Dans l'embarras où je suis de m'acquitter convenablement envers toutes les personnes attachées au consulat francais, et dont le nom s'est plus d'une fois rencontré sous ma plume, je me contenterai de déposer ici les noms de quelques étrangers. Je dois citer en première ligne M. Van-Massec, consul de Hollande, que ses relations avec presque toutes les tribus de Turkomans qui avoisinent Alep, Antioche et les principales villes du littoral, mirent à même de nous rendre de nombreux et signalés services; M. de Riguello, consul d'Espagne; les frères Pithioto, tous quatre de la communion juive, et consuls d'Autriche, de Sardaigne, de Prusse et de Russie, qui, non contens de procurer à M. de Portes un crédit sur Saint-Jean-d'Acre, nous donnèrent en outre des lettres de recommandation pour leur père, retiré à Saphad; un autre israélite, nommé Aaron, et qui habitait le khan de notre consulat; un vieux médecin, appelé Lieutaud, et qui descendait du célèbre médecin de ce nom; M. Sommariba, chancelier de France, et enfin M. Popo-lani, médecin né à Alep. Tous ces messieurs ont des titres égaux à ma gratitude; le temps et la distance ne l'ont point affaiblie; elle est encore aussi vive qu'au premier jour.

Le nom de M. Van-Massec me rappelle une aventure qui est trop caractéristique des mœurs de l'Orient pour que j'oublie de la consigner ici. Ce fonctionnaire avait, comme je l'ai dit, de nombreuses et intimes relations avec les chefs des villes et des tribus qui existent ou viennent camper dans toute l'étendue du pachalik d'Alep. Il allait souvent les visiter. Une de ses excursions le conduisit un jour chez Kutchuck-Ali, pacha de Baïas, et l'un de ses meilleurs amis. Le pacha lui fit la réception la plus cordiale; pendant tout son séjour ce ne furent que prévenances de toute sorte et témoignages de l'affection la plus sincère : mais lorsque, songeant à partir, il prévint le pacha de leur séparation prochaine, ce dernier lui dit qu'il ne fallait pas songer à s'en aller aussi vite; qu'il était son prisonnier, et qu'il ne lui permettrait de le quitter que lorsqu'il lui aurait donné une assez forte somme d'argent, qu'il précisa. M. Van-Massec prit d'abord cette singulière ouverture pour une plaisanterie, un jeu d'esprit; mais les manières et l'accent du dignitaire ottoman ne tardèrent pas à le tirer d'erreur. Il voulut se plaindre.

« Que veux-tu, lui dit Kutchuck, j'ai besoin d'argent; et à qui en demanderai-je, si ce n'est à mes amis? »

L'argument était sans réplique. Un exprès fut expédié à Alep, et la rançon apportée. Dès qu'elle fut comptée, le pacha redoubla d'égards pour M. Van-Massec, se confondit en protestations d'amitié, et le laissa enfin libre de sortir de son palais. M. Van-Massec s'empressa de se dérober à une aussi coûteuse tendresse, et se promit, mais un peu tard, d'être moins confiant à l'avenir.

Kutchuck ne tarda pas à être victime à son tour de l'amitié turque. Voici les détails que j'ai recueillis sur sa fin tragique :

Plusieurs fois le Sultan l'avait déposé, et toujours chaque arrêt avait été accompagné du firman de mort, qui, en Turquie, fait tomber la tête du coupable en même temps qu'on lui signifie sa disgrâce. Mais comme Kutchuck payait largement plusieurs membres du Divan, à la charge par ceux-ci de le tenir exactement au courant de tout ce qui pourrait se tramer contre son pouvoir ou sa vie, chaque fois il était averti ; et lorsque le messager de mort se présentait, il l'accueillait avec de grandes démonstrations d'amitié ; puis, feignant de tout ignorer, et sans lui laisser le temps de déployer son kat-chérif, il le comblait de présens, l'invitait immédiatement à dîner, et après le repas lui faisait trancher la tête. Ce trophée était aussitôt envoyé à la Porte, qui, en attendant meilleure occasion, ne manquait jamais de féliciter l'audacieux pacha du courage et du bonheur avec lesquels il parvenait à se défaire de ses ennemis. Plusieurs têtes de capidj étaient déja arrivées au sérail, et l'on désespérait de se défaire de Kutchuck, quand un de ses amis les plus chauds, auquel on faisait part de sa résistance, offrit, moyennant une forte récompense, d'en débarrasser le Sultan. La proposition fut acceptée. Il partit le plus vite et le plus secrètement possible, vint à Baïas trouver Kutchuck, lui annonça en l'abordant qu'il se rendait à Beyruth, puis, le prenant à part, lui dit qu'un nouveau capidj avait dû être dépêché contre lui, et ajouta qu'il était accouru l'en avertir et le prier de se mettre sur ses gardes, et que dans le cas où, lors de son retour, le messager ne serait pas encore arrivé, il lui offrirait alors sur son bâtiment un asile qui le mettrait, lui et toutes ses richesses, à l'abri des poursuites sans cesse renaissantes de la Porte. Le crédule pacha se confondit en remercîmens, et promit de faire bonne justice de tout envoyé du Sultan, capidj ou non. Au bout de quelques jours son ami fut de retour de son prétendu voyage; mais personne ne s'était encore présenté.

« Ce capidj aura sans doute éprouvé quelque retard dans sa route, dit ce dernier à Kutchuck; mais il ne saurait tarder à être ici; la prudence te commanderait donc de venir coucher à mon bord. »

Kutchuck fit quelques difficultés; mais, vaincu par les instances du rusé Turk, il disposa toutes ses richesses, et vint enfin à bord. Il y avait à peine mis le pied, que l'arrêt fatal lui fut présenté, et que sa tête roula sur le pont avant même qu'il eût pu songer à se défendre. Son corps avait précisément été enterré au Beylan quelques jours avant notre débarquement à Alexandrette.

Le cheval acheté par M. de Portes au mutzelim de Killis venait de Kutchuck; aussi l'avait-on d'abord appelé *Kutchuck-Ali;* mais comme nous avions appris depuis que le pacha l'avait amené de La Mecke, M. de Portes, comme je crois l'avoir dit plus haut, lui donna le nom de *Meckawi*.

Ce récit m'a un peu éloigné de notre sortie d'Alep; j'y reviens.

Parmi les Européens qui nous accompagnaient jusqu'auprès de Khan-Touman se trouvait M. le comte de Rzeiwouski, qui, monté sur un âne, ne quittait point *Abou-Phaar*, dont il se montrait admirateur aussi passionné qu'au premier jour. Arrivés près de Khan-Touman, tous ces messieurs s'arrêtèrent, nous firent leurs adieux, et, nous souhaitant un heureux voyage, tournèrent bride et se dirigèrent vers Alep. Il était sept heures du soir lorsque nous entrâmes dans le village. Nous fûmes dresser nos tentes près de celles d'une caravane turque assez nombreuse qui devait également y passer la nuit.

Le lendemain, au lever du soleil, nous nous mîmes en

route pour Sermin, village distant de Khan-Touman d'environ neuf heures. Avant le départ on nous avait prévenus que des Bédouins qui en voulaient à nos chevaux nous attaqueraient sans doute dans la partie du Désert qu'il nous fallait traverser. Cet avis nous fit tenir sur nos gardes; malgré le nombre d'hommes dont se composait notre caravane, et bien que nous eussions pour toute notre troupe quatorze fusils de munition et des cartouches en quantité suffisante pour soutenir un feu bien nourri, nous n'étions cependant pas, je dois l'avouer, sans d'assez vives inquiétudes. Aussi, dès que le plus petit objet paraissait à l'horizon, n'avais-je rien de plus pressé que de me lancer de suite en reconnaissance (je montais ce jour-là *Ariaal*), et de venir ensuite rendre compte à M. de Portes de ce que j'avais aperçu.

Il y avait quelque temps que nous marchions sans alerte, lorsque tout-à-coup j'entends le moukre et les conducteurs de nos chevaux s'écrier en chœur : *Ada el Bedawis* (voilà les Bédouins)! Je regardai devant nous et j'aperçus en effet, à l'extrémité de l'horizon, une troupe qui paraissait assez nombreuse, mais que son éloignement ne me permettait pas de reconnaître. M. de Portes se trouvait précisément assez loin en arrière de la caravane avec *Abou-Phaar*, qui s'était échappé des mains de son conducteur, et qu'il était parvenu à reprendre. Je courus donc à lui pour l'avertir du danger dont nous paraissions menacés. Il me dit de distribuer les armes à nos gens, et de nous préparer à soutenir une attaque. Je m'empressai de déférer à cet ordre; mais lorsque je voulus faire la distribution des fusils, je rencontrai dans toute la troupe une répugnance à s'armer, qui finit par dégénérer en un refus formel. Aucun de ces drôles n'avait rien à perdre; je supposai donc qu'ils ne voulaient point provoquer par une résistance qu'ils croyaient inutile la colère et la vengeance des Bédouins; mais il est plus probable qu'ils n'auraient pas été fâchés de voir la caravane dispersée, espérant sans doute profiter du désordre pour s'emparer de quelques-uns des animaux qui leur étaient confiés. Ce contre-temps pouvait nous devenir funeste; je résolus donc, avant d'insister davantage, de m'assurer si c'était bien réellement à des ennemis que nous allions avoir affaire. Je piquai aussitôt des deux et ne tardai pas à reconnaître dans les prétendus Bédouins une inoffensive caravane que la vue de nos chevaux avait elle-même glacée d'effroi. Nous alongeâmes immédiatement le pas et parvînmes bientôt à la rejoindre. Cette rencontre fut heureuse pour nous, car peu d'instans après une troupe assez considérable d'Arabes se montra à quelque distance; mais effrayés de notre nombre, ils n'osèrent nous suivre longtemps et finirent par s'éloigner.

La chaleur fut si excessive pendant toute cette journée, que deux beaux lévriers qu'emmenait M. de Portes périrent d'épuisement et de besoin. *Cinguès*, cette chienne que m'avait donnée Colasis, eut le dos entièrement brûlé par le soleil. Elle nourrissait alors deux petits, Daoud et Daher : l'un et l'autre auraient infailliblement succombé si nous n'avions pas eu la précaution de les soustraire à l'action des rayons solaires en les plaçant sous une espèce de manne que nous avions fixée sur le dos d'un mulet. Telle fut l'intensité de la chaleur pendant cette journée, qu'arrivés au camp où nous devions passer la nuit, tous nos chevaux, à l'exception toutefois de ceux achetés dans le Désert, furent quelque temps sans vouloir prendre aucune espèce de nourriture. Mais ayant eu la pensée de leur composer une boisson rafraîchissante que nous obtînmes en mélangeant avec de l'eau une certaine quantité de lait aigre que nous parvînmes à nous procurer dans le village, nous réussîmes à vaincre leur répugnance. Ils burent cette boisson avec plaisir. Ce succès nous encouragea. Le pays produit en abondance des melons qui sont excellens et à fort bon compte; l'envie nous vint de leur en présenter. Ce nouvel essai nous réussit encore : ces fruits furent dévorés par eux avec l'avidité la plus grande. Nous n'eûmes garde cependant de leur en donner à discrétion; le soir, au coucher du soleil, on leur distribua l'orge comme à l'ordinaire, et le lendemain matin tous se trouvèrent en état de continuer la route.

Ce fut le 6 que nous quittâmes Sermin pour nous rendre à Rihha, petite ville à quatre heures de marche de notre point de départ. Elle se trouve au sud d'une petite montagne au nord de laquelle, et à une distance d'environ deux lieues, est assise Idleb, ville qui n'est point sans importance commerciale. Nous traversâmes, pour arriver à Rihha, une magnifique plaine, très-fértile, couverte d'oliviers et très-abondante en excellens fruits de toute espèce, mais surtout en melons. Cette journée se passa sans incidens remarquables. Je dirai seulement que *Cinguè* , i la veille avait échappé à une mort presque certaine, s. trouva encore tellement fatiguée ce jour-là, qu'il lui fut impossible de suivre la caravane. Je fus obligé de la mettre sur un mulet. La peau qui lui recouvrait le dos était si complètement brûlée, que peu de jours après elle tomba en escarres et lui laissa sur toute l'étendue de la colonne vertébrale une plaie plus large que la main.

Le 7, vers deux heures du matin, nous partîmes de Rihha pour Djisr (pont), gros bourg que commandait un mutzélim, ancien moordaar (garde-des-sceaux) de Kourchid, que nous avions rencontré plusieurs fois dans le palais du pacha, et qui s'empressa de nous procurer tout ce dont nous pûmes avoir besoin, non-seulement pour nous-mêmes, mais encore pour nos gens et nos chevaux. Djisr est situé sur la rive gauche de l'Oronte. Après avoir passé le pont qui traverse cette rivière, nous assîmes notre camp le long de ses eaux. Les Turks nous apportèrent presqu'aussitôt après du raisin, des pèches et d'excellens melons; ils ajoutèrent à ces mets rafraîchissans de la glace, qu'ils tirent des montagnes voisines. Toutes ces provisions étaient assurément suffisantes; mais la complaisante hospitalité de nos hôtes ne s'arrêta point là et nous valut une surprise plus agréable encore. L'Oronte est très-poissonneuse : nos Turks coururent y jeter le filet, et en retirèrent au bout de quelques instans des anguilles et de fort belles tanches en quantité suffisante pour rassasier toute la caravane. Le soir, au coucher du soleil, nous n'eûmes rien de plus pressé que de nous baigner dans l'Oronte, et d'y conduire ensuite tous nos chevaux.

Le lendemain, à quatre heures, nous nous mîmes en marche pour Kafrandji. Nous quittâmes alors la plaine pour entrer dans une région difficile et montueuse. Kafrandji se trouve situé assez avant dans la montagne. C'est un petit village habité par des Ansariès idolâtres, dont toutes les habitations sont creusées dans le roc et disposées en amphithéâtre. Le chemin qui y conduit est extrêmement rocailleux. Après avoir monté pendant assez long-temps on arrive à une espèce de place recouverte d'un beau tapis de verdure, plantée de gros noyers, et autour de laquelle on voit jaillir un assez grand nombre de sources qui fournissent une eau douce très-limpide. Nous y étions arrêtés depuis quelques minutes, cherchant en vain trace d'êtres vivans, et sans apercevoir autre chose que des rocs nus qui semblaient autant de murailles inaccessibles, lorsque tout-à-coup sortent de chaque rocher une foule d'hommes qui envahissent notre camp, et s'empressent bientôt de nous apporter tous les objets et tous les vivres dont nous pouvions avoir besoin. Cette peuplade, bien qu'idolâtre, porte la religion de l'hospitalité aussi loin qu'aucune autre tribu de l'Orient. Nous en eûmes une preuve bien grande dans la conduite de son scheick, qui, pour nous assurer toute sécurité, s'astreignit à passer la nuit entière au milieu de nous.

Notre journée du lendemain menaçait d'être très-longue; elle devait se terminer à Behloulié ou Ben-Hani. Nous étions donc décidés à partir au lever même de la lune, c'est-à-dire à deux heures du matin. A une heure et demie je réveillai tous nos gens, qui, ôtant la musette en crin attachée à la tête de leurs chevaux, levèrent immédiatement le camp. La nuit restait assez obscure. M. de Portes se mit à la tête de la caravane pour lui servir de guide et la diriger, et je me plaçai à l'entrée du défilé par lequel on sort du village, pour compter nos chevaux à mesure qu'ils viendraient à passer. Le dernier cheval de la troupe venait de disparaître et j'en trouvais un de moins. Je craignis de m'être trompé. Je courus donc retrouver la tête de la colonne et recommencer mes calculs. Même résultat que la première fois. Dans mon inquiétude, je revins au camp et j'eus la joie de trouver Antonio, qui, explorant tous les coins de la place où nous avions passé la nuit, cherchait vainement l'issue assez étroite par laquelle nous étions sortis. Je le mis aussitôt dans la route et m'empressai de le devancer pour rejoindre la caravane et la faire attendre jusqu'à son arrivée. La nuit, comme je l'ai dit, était assez obscure. Je m'étais mis à courir. En passant près des bords du sentier, un faux-pas me fit perdre l'équilibre; je tombai et roulai dans un précipice dont le fond se trouvait parsemé de pointes de rochers; ma poitrine porta précisément sur l'une d'elles, et le choc fut si violent, que mon sternum en fut enfoncé, et que la monture du fourreau de mon sabre vola au loin en éclats. Le sang me sortit aussitôt de la bouche, et je restai quelques secondes sans pouvoir respirer. A la fin, cependant, je pus faire entendre quelques gémissemens. Par un heureux hasard Antonio vint alors à passer au-dessus de moi; il m'entendit et se hâta aussitôt de descendre comme il put et de me ramasser. Ce ne fut qu'avec des peines inouïes qu'il réussit à me faire rejoindre la caravane, que M. de Portes fit immédiatement arrêter. La marche que je venais de faire avait encore augmenté mes souffrances; je respirais à peine, et je continuais à cracher le sang. M. de Portes me fit placer sur *Ariaal*, cheval extrêmement doux, qu'Antonio conduisit à la main, en ayant soin en outre de ne le faire avancer qu'assez lentement. Une fois en marche je consacrai toutes les forces qui me restaient à chercher à dilater ma poitrine. Mes efforts furent long-temps vains ; je ne me décourageai pas et finis enfin par obtenir une forte aspiration, à la suite de laquelle je sentis mon sternum s'ouvrir, puis se porter en avant. De ce moment ma respiration devint plus libre et moins douloureuse, et je pus supporter, sans trop souffrir, la marche de mon cheval.

Au bout de quelques heures la caravane arrive à Ghafar, lieu de péage où se trouve un poste de soldats chargés de percevoir les droits d'entrée ou de sortie dus aux douanes du pachalik d'Alep. Quelques-uns de nos chevaux se trouvaient précéder le reste de la troupe en forme d'avant-garde. Le saïs-bachi les accompagnait. Un soldat s'étant avancé pour l'arrêter, il lui dit que les maîtres de la caravane se trouvaient en arrière, et que ce seraient eux qui paieraient les droits réclamés. Lorsque M. de Portes se présenta ce fut donc à lui que s'adressèrent les douaniers. Mais le ton insolent qu'ils mirent à leur demande lui donna l'air d'une menace plutôt que d'une réclamation. M. de Portes ne sachant ce qu'ils lui voulaient les reçut fort mal ; la discussion s'anima : elle allait devenir très-sérieuse, et j'en calculais déjà avec effroi les résultats, lorsqu'Antonio s'empressa da tout expliquer. Les droits furent payés et nous continuâmes notre route.

Cet incident m'avait vivement ému ; je devais craindre que la secousse qu'il produisit en moi n'eût de fâcheux résultats ; mais, contre mon attente, elle diminua la douleur que je ressentais, et ce fut sans trop souffrir que je traversai la montagne que nous étions alors occupés à franchir. Cette montagne était cependant très-élevée, et la chaleur accablante qui pesait alors sur nous était encore augmentée par la réverbération du terrain de couleur blanchâtre et de nature crayeuse qui composait les couches supérieures.

Arrivés à la sommité, un de nos chevaux appelé *Gazal*, et âgé de 3 ans, se trouva attaqué si vivement par un essain de mouches, que le saïs qui le conduisait s'épuisa en vains efforts pour le faire avancer. M. de Portes se saisit alors de l'animal et voulut le maîtriser. *Gazal* avait un caractère difficile; il y eut donc lutte obstinée entre lui et son nouveau conducteur ; mais M. de Portes finit par vaincre. Cette espèce de combat se livrait sur un plateau entièrement nu et qui planait sur tous les environs. Le lieu de la scène, la position élevée et isolée des combattans, tout concourut à rendre pendant quelques instans ce tableau du plus vif intérêt.

En descendant la montagne nous rencontrâmes quatre Francs habillés à la turque qui se rendaient à Alep pour y acheter des chevaux. C'étaient M. le chevalier Rossignoni, sicilien, et trois domestiques; l'un de ces derniers conduisait par la bride un cheval arabe que la vue de notre caravane anima si fort, que ce ne fut qu'avec des peines infinies que l'on parvint à le contenir.

La montagne que nous venions de franchir est connue dans le pays sous le nom de Setkoub. En la quittant, nous entrâmes dans une plaine très-fertile, qu'habitent différentes tribus de Turkomans, et au milieu de laquelle un essain de frelons vint attaquer nos chevaux et nous causer les plus grands embarras. Ces insectes restèrent long-temps sans vouloir lâcher prise; ce ne fut que long-temps après que nous eûmes réussi à nous en défaire, que nos chevaux parvinrent enfin à se calmer. Nous fîmes encore rencontre, dans ce trajet, de plusieurs Européens qui se dirigeaient également sur Alep. Parmi eux se trouvait M. Cardin, premier drogman de notre consulat dans cette capitale et qui, peu de temps auparavant, avait quitté les rivages de la France.

Après avoir encore monté pendant quelques heures nous arrivâmes enfin au terme de cette longue journée, à Behloulié ou Ben-Hani. Ce petit village est habité par des Ansariès idolâtres de la même religion que ceux chez qui nous avions couché la veille; il est situé au revers ouest d'une petite montagne qui le sépare de la plaine que nous venions de traverser. Nous reçûmes de ses habitans l'accueil le plus hospitalier; ils nous firent camper hors du village, sur la route de Lattaqiè, et nous fournirent quelques provisions, parmi lesquelles se trouvait une poule qu'Antonio nous accommoda au riz.

Dans la crainte que je ne me trouvasse encore plus souffrant le lendemain et que je ne pusse continuer la route, M. de Portes me conseilla de prendre un âne et de profiter de l'excitation que la route avait produite dans mon système pour pousser sans m'arrêter jusqu'à Lattaqiè, qui ne se trouvait plus éloigné de nous que d'environ quatre lieues. Mais j'étais fatigué, et malgré mes souffrances je me sentais un assez bon appétit. Je me décidai donc à rester. Lorsque l'on m'eut aidé à descendre de cheval, on me plaça sur mon matelas et je me disposai à prendre ma part du dîner. M. de Portes eut peine à revenir de l'appétit dont j'y fis preuve; il est vrai que je mangeai comme si j'avais joui de la santé la plus brillante. Nos hôtes passèrent toute la nuit avec nous. Leurs femmes se montrèrent plusieurs fois; mais, malgré notre bonne envie, il nous fut impossible de les voir de près; car, dès qu'elles paraissaient, la jalousie inquiète de nos hôtes les forçait aussitôt de disparaître.

Nous quittâmes Behlouliè le 10 à quatre heures du matin. Ce ne fut pas sans peine que je parvins à me placer à cheval. Les premiers momens de marche me firent beaucoup souffrir; mais à mesure que je m'échauffai les douleurs que je ressentais devinrent d'autant moins vives que la route que nous avions à parcourir courait sur un sol doux et uni. Il y avait à peu près trois heures et demie que nous étions en route lorsque nous aperçûmes devant nous un assez grand nombre de Turks qui, tous armés et montés sur d'assez beaux chevaux arabes, faisaient l'exercice de la lance. Nous ne tardâmes pas à apprendre que cette brillante réunion se composait du mouhassil de Lattaqiè et de ses officiers. Dès qu'ils nous aperçurent ils s'empressèrent d'accourir et d'examiner nos chevaux. Les poulains surtout leur parurent très-beaux. Le mouhassil proposa à M. de Portes d'échanger l'un d'eux contre un cheval qu'il nous vantait beaucoup. Le poulain qui excitait son envie était précisément *Méléan* fils d'*Abou-Phaar*. Mais ce jeune animal était de trop grande espérance pour que M. de Portes pût songer à le céder. Il consentit à donner *Gazal*. Le mouhassil à son tour refusa. Il nous fit voir alors le cheval dont il voulait se défaire. C'était un animal assez beau et de très-haute taille; mais il était ce que l'on appelle pris dans les épaules, et avait les pieds très-petits et très-serrés; aussi était-ce à peine s'il pouvait marcher. Ce vice suffit pour faire aussitôt renoncer M. de Portes à toute pensée d'échange. Donné depuis en cadeau par son maître à M. de Rzeiwouski, cet animal vint à Paris en 1822. Il fasiait alors partie d'un convoi de vingt-quatre chevaux orientaux amenés des Dardanelles par M. Gliokho, qui les fit ensuite partir pour la Pologne, à l'exception toutefois d'un superbe cheval blanc appelé *Adji*, qu'il vendit à M. Machado, alors consul d'Espagne à Paris, et grand amateur de chevaux arabes.

Il était neuf heures du matin lorsque nous arrivâmes à Lattaqiè. Nous descendîmes au consulat français, et fûmes parfaitement accueillis par M. Lanusse, alors consul. Il nous offrit sa maison et sa table; nous n'eûmes garde, comme on le pense bien, de refuser, et nos chevaux eux-mêmes bivouaquèrent dans la cour du khan. Comme je souffrais toujours beaucoup de la poitrine, je me couchai presqu'en descendant de cheval, et priai M. Lanusse de faire venir un chirurgien pour me saigner. Il me le promit, et bientôt après je vis paraître un barbier turk, à longue barbe grise, ayant devant lui un grand tablier blanc, et portant pendue à sa ceinture une longue lanière en cuir de buffle. Ce respectable personnage s'approcha de moi sans dire mot, puis, tirant lentement de sa poche un large rasoir à manche de bois, il me fit signe de lui donner mon bras. J'avoue que je fus effrayé à la vue de la singulière lancette qu'il tenait à la main; je lui dis que je ne voulais pas être saigné, et que je ne lui demandais qu'une application de sangsues à la poitrine. C'était la première fois sans doute que mon barbier entendait parler de ces insectes; car il sembla ne pas me comprendre; il me dit seulement que, si je répugnais par trop à me faire ouvrir la veine, il me proposait l'usage des ventouses scarifiées. Cette opération me parut moins dangereuse qu'une saignée à la turque, puisque l'instrument qui devait servir à la faire ne m'exposait rien moins qu'à une entamure de l'artère. J'y consentis donc; et comme il avait eu précisément la précaution d'apporter des verres à ventouses, il m'en appliqua trois de chaque côté de la poitrine, y alluma un peu de coton pour opérer le vide; puis, lorsqu'il les eut retirés pour scarifier la peau à l'aide de son rasoir, il les replaça, et finit par obtenir deux petites saignées locales qui ne laissèrent pas que de me faire du bien. Le lendemain il me couvrit toute la poitrine d'un emplâtre de benjoin, qui augmenta d'une manière sensible le mieux que j'éprouvais depuis la veille, et me mit bientot à même de pouvoir marcher, sans cependant m'empêcher à la moindre secousse de ressentir d'horribles douleurs.

M. Lanusse eut alors l'obligeance de nous inviter à lui accorder quelques jours de plus que nous ne nous le proposions; il donnait pour motifs de son insistance la Saint-Louis, dont le jour approchait, et le besoin de repos absolu que j'avais pour obtenir complète guérison. M. de Portes y consentit, et ce prolongement de séjour fut principalement employé à visiter les différens négocians français qui se trouvaient établis à Lattaqiè, et à aller voir les chevaux des principaux officiers turks de la ville. Dans une de ces promenades, un Français, M. Marius, que le défaut d'étoffes convenables et le manque de tailleur européen privait d'une garde-robe bien fournie, me demanda si je n'aurais pas un habit noir à lui céder, ajoutant que le costume arabe que je portais constamment me rendait cette partie de ma garde-robe assez peu nécessaire, et que, lorsque de retour en France j'en éprouverais le besoin, je pourrais alors facilement le remplacer. J'en possédais un précisément que je n'avais mis que fort peu. Je le lui fis essayer; et comme il se trouvait à peu près à sa taille, il s'en accommoda pour dix livres environ de scamonée d'Alep qu'il me donna en échange et que je rapportai à Paris.

Parmi les amusemens que M. Lanusse ne cessait d'inventer pour nous rendre le séjour de Lattaqiè plus agréable, je ne dois point oublier surtout plusieurs parties de pêche que nous allâmes faire sur les bords de la mer. Chaque fois nous avions soin de nous munir de tentes, ainsi que de tous les objets nécessaires pour faire cuire le poisson; puis, lorsque notre journée était achevée, et que la lune éclairait seule le rivage, nous nous mettions joyeusement à table, et le repas se prolongeait assez avant dans la nuit. Plusieurs fois aussi il nous donna chez lui le spectacle de chanteurs et de chanteuses arabes, exécutant, au son de la musique discordante du pays, des danses guerrières qui ne manquaient pas d'un certain charme pour des yeux jusqu'alors habitués aux figures si monotones de nos contredanses.

Un soir que nous étions à dîner, une femme chrétienne fait tout-à-coup appeler le consul, se jette à ses pieds et le supplie de m'engager à venir donner des secours à son fils que l'on venait de ramener chez elle le ventre déchiré par un coup de kandjar (1). Ce malheureux jeune homme devait se marier le lendemain. Dans la journée il était allé se baigner à la mer avec de jeunes Turks. Ils étaient dans l'eau depuis quelques instans, lorsqu'une discussion assez vive s'élève entre le chrétien et l'un des musulmans. Ce dernier n'attend pas qu'elle soit achevée, s'élance vers le rivage, s'arme de son kandjar, se rejette à la mer, s'avance

(1) Espèce de poignard très-long, fort large, courbe et tranchant des deux côtés.

vers son adversaire, plonge sous les flots, et, passant sous le chrétien, lui ouvre le ventre avec son poignard, et se sauve. Les autres Turks en font autant. La victime ainsi abandonnée trouve cependant encore assez de forces pour sortir de l'eau et se traîner jusqu'auprès d'un bazar placé non loin de la grève; mais, arrivée là, elle tombe épuisée. Un Arabe qui revenait de la ville, où il avait été vendre quelques denrées, ayant entendu les gémissemens étouffés que poussait ce malheureux, s'en approcha, fit coucher son chameau, plaça le malade dessus, et vint le déposer à la maison de sa mère. On conçoit la douleur et les cris de cette infortunée. Dans son désespoir elle crut ne pouvoir mieux s'adresser qu'à M. Lanusse qu'elle savait loger alors un médecin européen. M. Lanusse ne m'eut pas plus tôt transmis la prière qu'on venait de lui adresesr, que, sans perdre un seul instant, je m'arme de ma trousse et cours avec lui au logis de la victime.

A peine arrivé, l'on voulut m'introduire près du moribond; il se trouvait étendu sur une natte dans une espèce de cabinet où l'on avait placé deux immenses réchauds remplis de charbon en pleine combustion, et trois ou quatre chandelles dont les mèches semblaient prêtes à s'éteindre au lieu de brûler, tant était grande la quantité de gaz acide carbonique qui remplissait cette petite pièce. Quatre Turks l'entouraient, cherchant à faire rentrer dans son abdomen la masse d'intestins qui en était sortie. Lorsque je me présentai, le malade, comme ceux qui lui portaient secours, étaient près de se voir étouffer par le manque d'air vital. Je fis donc dire aux Turks de sortir au plus vite, d'ouvrir les fenêtres et la porte et de retirer promptement le charbon. Lorsque toutes ces précautions furent prises et que les gaz délétères qui remplissaient auparavant le cabinet se furent dissipés, j'entrai et me mis à examiner le malade. Ce malheureux avait l'abdomen rempli de sable; ses intestins étaient noirs et déchirés en plusieurs endroits. Il ne restait plus aucune ressource. Je le dis à M. Lanusse, qui me pria de chercher cependant à replacer la masse intestinale dans le bas-ventre et de faire la suture de la peau, ne fût-ce que pour ne pas donner à cet infortuné l'horrible pensée que je voulais le laisser mourir sans secours : je m'y décidai. Prenant alors une éponge que je trempai dans de l'eau tiède légèrement saturée d'eau-de-vie, j'enlevai le sang et les corps étrangers qui étaient attachés au péritoine, je fis ensuite rentrer les intestins dans l'abdomen, puis m'occupai de recoudre la peau. Tandis que je travaillais, je jetais de temps en temps les yeux sur la figure du moribond, craignant qu'il ne vînt à passer dans mes mains. Le pauvre diable ne perdait aucun de mes mouvemens et sembla lire dans mes regards la pensée qui m'occupait au milieu de cette douloureuse opération.

« Le médecin me regarde, dit-il en s'adressant à sa mère et à ceux qui l'entouraient; il croit que je vais mourir; mais qu'il ne craigne rien, je ne mourrai pas, puisqu'il a bien voulu me soulager. »

L'opération terminée, il me demanda si je voulais lui permettre de manger quelque chose : je lui dis qu'il ne fallait pas y penser pour le soir et la nuit, mais que je verrais cela le lendemain lorsque je reviendrais le visiter; il me tendit aussitôt la main, pressa la mienne avec force en me priant de ne point l'abandonner. Je me retirai. Lorsque je quittai sa chambre, ses parens se précipitèrent sur moi en me baisant les mains et en me demandant avec larmes si j'espérais le sauver. Je ne voulus point leur dire nettement que tout était perdu; je m'exprimai seulement de manière à leur faire entrevoir comme possible l'issue fatale que je prévoyais pour le jour suivant. Le médecin aux ventouses avait été aussi appelé; je lui recommandai de venir le lendemain de très-bonne heure me donner des nouvelles.

Il était sept heures du matin lorsque l'exact barbier s'empressa de m'apprendre que le malade était au mieux; qu'il avait parfaitement passé la nuit, et qu'il demandait instamment à me voir. Je me rendis aussitôt près de lui;

dès qu'il m'aperçut il me dit qu'il n'avait point souffert de toute la nuit, mais qu'elle s'était entièrement passée sans sommeil : il ajouta qu'il avait faim, et me pria de lui permettre de manger un peu de poule. Je lui pris le bras, touchai son pouls et examinai toutes les autres parties : le pouls était complètement nul ; les extrémités se trouvaient déjà froides, et je m'aperçus qu'il était sorti de la plaie, par une ouverture que j'avais ménagée exprès, une grande quantité de sang putréfié. Je le quittai en lui disant qu'on lui donnerait sur les midi les alimens qu'il m'avait demandés. Je ne craignis plus alors de découvrir à ses parens la triste vérité que je leur avais cachée la veille, et leur conseillai de lui faire faire au plus vite ses dispositions dernières. Cette recommandation venait à temps, car il expira dans la matinée même, vers les dix heures.

Son assassin fut arrêté et conduit devant le cadi ; mais lorsque ce dignitaire apprit que la victime était un chrétien, il renvoya le meurtrier, ne voulant pas, disait-il, verser le sang d'un vrai croyant pour venger celui d'un *chien*.

Notre séjour à Lattaqiè ne fut pas seulement utile à ma santé ; il fut également favorable à nos chevaux. Ainsi *Abou Arkoub*, s'étant déferré dans la montagne et ayant été obligé de marcher long-temps le pied nu, s'était par suite trouvé fourbu et n'avait pu continuer sa route. Je profitai de notre séjour chez M. Lanusse pour lui donner les soins nécessaires et le ferrer convenablement, et, grâce au repos qu'il y trouva, il put suivre la caravane lorsque vint enfin le moment de continuer notre voyage.

CHAPITRE IX.

Départ de Lattaqié. — Djébélé. — Banias. — Tartousse. — Tripoli de Syrie. — Bâtroûn. — Djebel. — Route de Bayruth ; séjour. — Le mouhassil de Bayruth. — Capharnaüm. — Arrivée à Sidon (Saïd). — M. Giraudin, médecin ; son histoire. — Je vais à Saint-Jean-d'Acre. — Tyr. — Puits de Salomon. — Arrivée à Saint-Jean-d'Acre. — Soliman-Pacha ; ses écuries. — Le Malhem-Hahim. — Détails.

Nous partîmes de Lattaqiè le 26 août. M. Lanusse nous reconduisit à quelque distance de la ville. Lorsqu'il nous eut quittés, nous entrâmes dans une route qui court le long des bords de la mer, et que nous suivîmes pendant huit heures entières, au bout desquelles nous trouvâmes Djébélé ou Gabala, petit village turk, que nous laissâmes sur notre droite pour planter nos tentes dans un jardin.

Le lendemain 27 nous nous remîmes à suivre les sinuosités de la côte, puis, après six heures de marche, nous arrivâmes à Banias, village situé à une heure environ de la mer, et près d'une tribu d'Ansariès idolâtres. Les environs de Banias sont couverts de ruines dont l'étendue et la beauté annoncent l'existence d'une ville qui ne fut pas sans importance. De nombreuses colonnes de granit gisent encore couchées sur le sol, et l'on aperçoit sur la montagne qui se trouve à l'est les restes d'un vieux château fortifié.

Le 28 nous partîmes à cinq heures du matin pour nous rendre à Tartousse, ancienne cité jadis très-forte, si l'on en juge par les murailles et les fossés qui l'entouraient. De ses anciens édifices il ne reste guère que plusieurs grandes églises, qui tombent en ruines, et servent d'écurie à ceux de ses principaux habitans qui appartiennent à la religion musulmane. Je ne dois pas toutefois oublier de citer parmi ses vieux monumens un phare placé sur une pointe qui avance dans la Méditerranée, et qui se trouve encore assez bien conservé. Sa population ne monte aujourd'hui qu'à quatre ou cinq cents âmes environ ; mais plusieurs maisons nouvellement bâties annoncent chez eux une aisance qui contraste avec ces symptômes de misère que l'on rencontre dans presque toutes les habitations de ces contrées. A deux lieues environ en mer, on aperçoit une petite île, appelée El Rouad, qui sert de lieu d'exil à plusieurs dignitaires en disgrâce. On la dit très-fertile en légumes et en excellens fruits.

Nous bivouaquâmes sur la place principale. A peine étions-nous assis que nous fûmes aussitôt visités par un assez grand nombre de Turks, qui examinèrent avec soin tous nos chevaux et nous proposèrent ensuite de venir voir les leurs. Nous les suivîmes. Ces animaux étaient enfermés, comme je l'ai dit plus haut, dans de vieilles églises dont la toiture et les murailles offraient partout l'empreinte de la dévastation et de la vétusté. Le sol était défoncé et couvert de débris; aussi la plupart des chevaux que nous y trouvâmes avaient-ils les jambes et les genoux déchirés par des cicatrices ou des plaies encore saignantes, produites, soit par des trous assez profonds, soit par le tranchant des pierres ou par les autres aspérités dont le terrain sur lequel ils couchaient se trouvait rempli.

Le lendemain, à six heures du matin, nous levâmes notre bivouac. Après avoir marché pendant huit heures à travers une plaine assez belle, nous finîmes par nous arrêter sur le bord d'une petite rivière où nous dressâmes nos tentes avec dessein d'y passer la nuit. Notre route avait été marquée par un grand nombre de ruines, qui surgissaient pour ainsi dire à chaque pas : bon nombre se montraient dans un état de conservation qui ne laissait pas de leur donner de loin un aspect assez imposant, et souvent l'œil découvrait au milieu d'elles des rangées de belles co-

10.

lonnes encore debout, et sur le fût desquelles se faisaient fréquemment distinguer des inscriptions et des caractères romains. Non loin du lieu où nous campâmes se trouvait une tribu de Turkomans, riche en nombreux troupeaux de buffles, de chèvres, de moutons à large queue et de vaches de très petite taille portant une bosse sur le garrot.

Le 30, à quatre heures du matin, nous partîmes pour Tripoli, de Syrie. Il était midi lorsque nous arrivâmes dans cette ville. M. Regnault, consul de France, se trouvant dans un village de la montagne connu sous le nom d'Eden, et situé précisément au-dessus des ruines de Balbec, ce furent ses drogmans qui eurent l'obligeance de s'occuper de nous procurer tout ce qui était nécessaire et pour nous et pour nos chevaux. N'ayant pu parvenir à trouver une écurie, ils nous conduisirent sur un vaste plateau qui domine la ville, et sur lequel nous dressâmes nos tentes.

Le lendemain, dans la matinée, une dispute qui s'éleva entre nos saïs et quelques jeunes Turks faillit avoir une issue désagréable pour nous; elle durait depuis quelque temps, et nous nous perdions en vains efforts pour la terminer, lorsqu'un des drogmans du consulat vint heureusement interposer ses bons offices et son autorité. Il était midi lorsque nous nous remîmes en marche. Nous devions aller coucher à Bâtroûn, village habité par des chrétiens maronites. La distance qui le sépare de Tripoli n'est pas très-grande; mais la route dans la partie de la montagne qu'il nous fallut traverser se trouva si mauvaise, que ce ne fut qu'à huit heures du soir que nous arrivâmes à destination. Nous assîmes nos tentes dans les jardins qui entourent cette bourgade. La fatigue que nous avions éprouvée donnait à toute la caravane un grand besoin de repos; mais les avis que nous avions reçus sur le caractère rapace des habitans de Bâtroûn nous forcèrent de nous tenir toute la nuit sur nos gardes; un très-petit nombre d'entre nous put dormir. Je ferai observer à ce sujet que, contrairement à ce que l'on devait attendre de la différence des habitudes et des maximes religieuses, les chrétiens de ce pays sont loin de valoir, sous le rapport moral et hospitalier, les tribus idolâtres que l'on y rencontre, comme on l'a vu, en assez grand nombre.

Il était six heures du matin lorsque, le 1er septembre, nous levâmes nos tentes pour aller coucher à Djebel, village situé sur les bords du Nahr-el-Hdbraïm (fleuve d'Abraham). Djebel est renommé en Turquie pour la qualité supérieure du tabac qu'on y récolte. La route qu'il nous fallut parcourir pour y arriver fut moins fatigante que celle de la veille. Nous y parvînmes à deux heures après midi, et nous dressâmes notre camp hors du village sur la rive même du fleuve.

Le 2, à cinq heures du matin, nous nous remîmes en marche. Bayruth était le but de notre journée. Après avoir traversé le fleuve, qui se trouvait alors presqu'à sec, nous entrâmes dans la montagne. Le chemin n'y était pas très-mauvais; il courait sur une couche de sable assez solide. Au bout de quelques heures, nous arrivâmes au Nahr-el-Kerb (fleuve du chien). J'avoue que je ne fus pas peu surpris de voir que nous aurions à le traverser à son embouchure; je croyais que nous n'en viendrions jamais à bout; mais, contre mon attente, nos chevaux le passèrent à gué et sans avoir de l'eau au-dessus de la pointe des épaules. A peine étions-nous sur l'autre rive qu'il nous fallut songer à gravir une montagne très-blanche et tellement rapide que l'on avait été forcé de tailler sur son versant des espèces d'escaliers destinés à en faciliter l'accès. Le lieu où passe la route a sa base si profondément minée par les vagues, que la montagne forme de ce côté une espèce de lèvre dont le rebord avance assez loin au-dessus des flots. Le sommet de cette montagne est revêtu d'un beau tapis de verdure et planté de gros arbres : j'ai remarqué que le chêne-vert y dominait. Nous y vîmes un nombreux troupeau de chèvres d'une espèce que je crois assez rare; elles étaient sans cornes et avaient de longues oreilles marbrées qui tombaient presqu'à terre. Arrivés sur le revers opposé, nous aperçûmes assez loin devant nous les minarets de Bayruth. Après être descendus jusqu'au bord de la mer, et avoir long-temps marché sur un sable assez ferme et cependant fort doux, nous entrâmes enfin dans la ville. Il était midi lorsque nous dressâmes nos tentes sur une grande place qui se trouve près de la boucherie, un peu avant les portes. Dès que nos chevaux furent placés, nous entrâmes en ville pour aller rendre visite à M. Aubin, ancien médecin à Chypre, qui avait quitté cette île pour venir s'établir à Bayruth, où il avait été nommé agent consulaire de France. Malheureusement il se trouvait dans la montagne. Nous ne vîmes donc que madame Aubin, que nous quittâmes après une conversation de quelques minutes pour aller voir M. Laurella, négociant italien, qui remplissait les fonctions de consul pour plusieurs puissances. Nous n'eûmes qu'à nous féliciter de son bienveillant accueil. Après un dîner qu'il nous força d'accepter, il nous conduisit chez le mouhassil, dont nous étions bien aises de connaître les chevaux. Ce fonctionnaire nous reçut également à merveille : ses écuries nous furent ouvertes, et nous passâmes en revue tous les animaux qu'elles renfermaient. Il en fut un, appelé *Cheleby*, que nous distinguâmes entre tous les autres; il nous parut très-beau, possédait une très-grande force, et se trouvait doué d'une haute taille. M. de Portes offrit aussitôt au mouhassil de le lui acheter; mais il s'y refusa, en disant qu'il y tenait trop pour vouloir s'en défaire à aucun prix. Il nous invita ensuite à monter à son kiosque, nous y fit présenter des rafraîchissemens, et mit la conversation sur l'Egypte et sur Napoléon, dont le nom n'était jamais prononcé par lui qu'avec tous les signes du respect et de l'admiration les plus profonds. Ancien mameluck, le mouhassil avait long-temps servi dans cette milice fameuse, et se trouvait avoir pris part à la plupart des batailles dans lesquelles elle s'était vue décimée par le feu et par l'inébrantable courage de nos carrés d'infanterie. Ce culte pour des souvenirs déjà bien lointains augmenta l'intérêt que m'inspiraient pour lui la franchise et la cordialité de ses manières. Je ne fus donc nullement surpris lorsque l'on m'apprit que son caractère répondait parfaitement à l'idée que je m'en étais faite, et qu'il était aussi bon que généreux. Parmi une foule de traits que l'on me cita de lui, et qui tous font honneur à son caractère, il en est un que je ne crois pas devoir passer sous silence, parce que ce fut un de nos compatriotes qui s'en trouva le héros. Voici le fait tel qu'il m'a été raconté sur les lieux mêmes.

Quelque temps après les événemens de 1814, le consul de France à Bayruth fut dénoncé par un capitaine de navire qui se trouvait alors dans la rade de cette ville, comme ayant refusé d'abattre le pavillon tricolore qui surmontait la maison consulaire, lorsque lui, capitaine, avait à plusieurs reprises hissé le pavillon blanc. Aucune dépêche n'était arrivée au consul, qui lui fît connaître le changement de gouvernement; il déclara donc ne vouloir abandonner les trois couleurs que lorsque l'ordre officiel lui en aurait été transmis par le ministère. Cette conduite était celle d'un fonctionnaire qui connaissait ses devoirs; il n'en fut pas moins destitué, avec injonction de se rendre immédiatement en France. Ce pauvre diable était sans fortune; chaque année ses appointemens se trouvaient absorbés par les bienfaits qu'il répandait sur les malheureux dont il était entouré, et surtout sur une classe de Francs pauvres qui, nés de parens établis à Sidon, y vivent dans une assez grande misère : aussi sa révocation le trouva-t-elle sans argent; elle fut à peine connue, qu'il se vit aussitôt délaissé par les amis opulens dont chaque jour auparavant il se voyait entouré; le mouhassil était un de ceux qui lui avaient le plus constamment témoigné de l'intérêt. Quelque temps avant l'époque de son départ, le consul fut lui faire ses adieux, et lui demander s'il n'aurait point à le charger de quelques commissions pour la France. Le Turk le reçut à bras ouverts, le plaignit sur l'injustice dont il était victime, et, après avoir épuisé toutes les formules de consolation, finit par lui dire d'espérer en la bonté de Dieu.

Le chrétien voulut mettre un terme à sa visite et se retirer; mais lorsqu'il se leva pour sortir, le mouhassil se hasarda à lui demander s'il avait l'argent nécessaire pour faire le long voyage qu'il allait entreprendre. Cette question embarrassa le consul; il hésita devant une confidence entière, et se borna à répondre qu'il en possédait fort peu. Le mouhassil revint à la charge, et se montra si affectueux, si pressant, qu'il obtint enfin un aveu qui lui découvrit tout le dénûment où se trouvait son ancien ami.

« Combien te faudrait-il ? » lui demanda-t-il aussitôt.

« Je crois que trois cents piastres (225 fr.) me suffiraient, » lui dit le Français.

L'honnête musulman se mit à rire.

« Trois cents piastres ! s'écria-t-il; et que pourras-tu faire avec une aussi faible somme ? Tiens, ajouta-t-il en lui présentant une bourse, en voilà 1500 (1125 fr.) que tu me rendras lorsque tu seras plus heureux. »

Le consul, ému jusqu'aux larmes, refusa d'abord cette offre généreuse; mais le mouhassil mit une instance si obstinée dans sa proposition, que force fut au chrétien d'accepter; il voulut lui en faire une reconnaissance écrite.

« Eh ! qu'ai-je besoin de ton billet ? lui dit le Turk; crois-tu que je t'eusse offert un seul para si je ne t'avais pas cru honnête homme ? Va donc; un titre est toujours chose inutile. Quand on a affaire à un homme probe, sa promesse suffit; à un fripon, que peuvent tous les papiers du monde ? »

Ces réflexions n'ébranlaient pas le consul; il fit de la souscription du billet la condition absolue de son acceptation. Le mouhassil vaincu y consentit. Deux jours après, son débiteur s'était mis en route pour Jérusalem qu'il voulait visiter avant de quitter la Syrie. Ce voyage lui fut fatal;

un accident dont je ne me rappelle plus les circonstances y causa sa mort. Quelques chrétiens de Bayruth, ses amis les plus chauds au temps où ses fonctions le mettaient à même de les recevoir chez lui, en apprirent les premiers la nouvelle; ils connaissaient la touchante action du mouhassil; un d'eux courut aussitôt lui annoncer la mort de son malheureux débiteur. Le Turk en parut vivement touché, et témoigna les regrets les plus sincères. Quand son visiteur le vit un peu calmé, il lui proposa de se charger de recouvrer des parens du consul les 1500 piastres prêtées.

« Qu'oses-tu me dire là ? s'écria le Turk avec un accent de colère. Je vois que tu n'as jamais été son ami. Quoi ! j'irais tourmenter sa famille pour me faire rembourser, quand le malheur que tu m'annonces vient de la frapper ! Mais n'est-ce donc déjà pas assez pour elle de l'avoir perdu ? Loin de songer à ajouter cette réclamation à ses chagrins, je serais prêt à donner dix fois autant si ce sacrifice pouvait racheter la vie de celui qu'elle va pleurer. » En achevant ces mots le brave mouhassil va chercher le billet du consul, et le déchire en disant : « Il est payé. » Le chrétien se retira confus.

Je me suis beaucoup étendu sur ce trait de la vie du mouhassil de Bayruth; mais j'espère qu'on me pardonnera cette digression en faveur du motif qui m'y a entraîné. Les Turks sont imparfaitement connus en Europe. Il est à peu près convenu de les regarder tous comme des hommes hors l'humanité, ne connaissant que leurs passions et obéissant exclusivement à un amour désordonné pour l'or : on voit qu'il n'en est précisément pas ainsi, et que chez eux, comme parmi les Européens, on rencontre des hommes doués des plus belles qualités du cœur. Je reviens au récit de notre voyage.

Ce fut le 3, à midi, que nous quittâmes Bayruth; nous marchâmes tout le reste de la journée, et il était six heures du soir lorsque, arrivés à Capharnaüm, nous nous arrêtames à un petit caravenserail qui se trouve près du rivage, et où nous passâmes la nuit.

Le 4, à cinq heures du matin, nous nous mîmes en route. Cette journée était la dernière, et devait nous conduire à Sidon, terme de notre voyage. Nous y arrivâmes par un chemin très-doux, et après avoir traversé un fleuve connu dans le pays sous le nom de Nahr-el-Damour. Il était midi lorsque nous franchîmes les portes de cette ville, autrefois si importante et si belle. Nous fûmes obligés d'en traverser une partie pour arriver au khan du consulat français. M. Martin, qui remplissait alors les fonctions de consul, nous accueillit avec l'obligeance la plus empressée, et nous offrit sa maison et sa table. Nous acceptâmes avec la pensée, bien entendu, de ne profiter de cette bienveillante hospitalité que jusqu'au moment où l'appartement que M. l'évêque Gondolphy avait eu la bonté d'offrir à M. de Portes, lors de son voyage à Alep, serait en état de nous recevoir.

Le premier acte de M. de Portes fut de congédier les saïs que nous avait donnés Kourchid-Pacha, en leur délivrant un certificat constatant que nous n'avions eu qu'à nous louer de leurs bons services pendant toute la durée du voyage qu'ils venaient de faire avec nous. Nous les remplaçâmes immédiatement par un saïs-bachi égyptien, et trois autres saïs de la même nation qui se trouvaient alors sans emploi dans la ville.

Avant de passer à une nouvelle série d'événemens, je ne dois pas oublier de consacrer quelques lignes aux hôtes que nous rencontrâmes dans le khan du consulat; j'en citerai trois : M. Polany, médecin piémontais; le père Modeste, capucin, faisant les fonctions d'aumônier et desservant la chapelle du consulat; puis, M. Giraudin, médecin, dont l'histoire m'a semblé assez curieuse pour être racontée.

M. Giraudin était français et se trouvait négociant à Saint-Jean-d'Acre à l'époque où quelques divisions de l'armée d'Égypte firent l'expédition de Syrie sous les ordres de Napoléon, et vinrent attaquer cette place. Tant que dura le siége, il n'est sortes de menaces et d'avanies que Djezzar, alors pacha d'Acre, ne fît à nos malheureux compatriotes : plusieurs fois il voulut leur faire trancher la tête; mais toujours le commodore anglais sir Sydney-Smith réussit à suspendre ces sanglantes exécutions. La position de cet amiral près du pacha commandait à ce dernier des ménagemens qui pesaient trop à ses habitudes féroces pour ne pas chercher à s'y soustraire. Un beau matin il fit donc saisir tous les Français établis dans la ville, s'empara de tout ce qu'ils possédaient, et les jeta au fond de la cale d'un bâtiment turk en destination pour un point éloigné de la côte de Syrie.

Pendant la traversée un des principaux passagers turks se trouva attaqué de coliques violentes; le capitaine ne vit rien de mieux pour le guérir que d'arracher M. Giraudin de son cachot et de lui ordonner de faire disparaître les douleurs qui déchiraient le musulman. Il était impossible de se trouver plus étranger à l'art médical que M. Giraudin; il connaissait à peine le nom d'un remède : aussi s'excusa-t-il fortement de son ignorance radicale. Le malade paraissait d'ailleurs en danger, et M. Giraudin n'était pas assez étranger aux mœurs des Orientaux pour ignorer que si les coliques du Turk venaient à l'emporter, une corde ou un coup de kandjar le rendraient probablement compagnon de ce dernier voyage. Sa résistance en acquit donc plus de tenacité.

Le capitaine, ne voyant dans ce refus si obstiné que le résultat d'un mauvais vouloir, mit en œuvre des argumens auxquels il était difficile de résister. Quelques hommes armés de bâtons furent chargés de persuader à M. Giraudin qu'il possédait une science médicale profonde. Ces instrumens produisirent le résultat désiré; quelques coups vigoureusement appliqués firent avouer au négociant qu'il possédait en effet la faculté de guérir les coliques. Malheureusement cet aveu ne suffisait pas, il fallait opérer. Médecin malgré lui, M. Giraudin agit au hasard. Il attendait avec anxiété l'issue de cette dangereuse expérimentation, lorsqu'une crise bienfaisante vint changer l'état du malade et faire instantanément cesser ses douleurs. Dieu sait alors les remercimens qu'il prodigua à son innocent sauveur! Tout l'équipage proclama M. Giraudin le premier médecin de la chrétienté. Ce succès fit naître en lui la pensée de chercher dans l'art médical les ressources que pouvait difficilement lui fournir la triste situation de la Syrie à cette époque de guerre et de dévastation : il resta médecin. Il jouit dans le pays d'une considération méritée; sa réputation s'est étendue; et à l'époque où je me trouvais à Sidon sa porte était assiégée chaque matin par un grand nombre de Bédouins et de Bédouines qui se disputaient ses consultations, et qui, faute d'argent, ne le payaient souvent qu'en poules, en œufs et en denrées du pays.

Trois jours après notre arrivée, M. de Portes partit pour Saint-Jean-d'Acre dans le double but de voir le négociant français sur la maison duquel notre crédit avait été transporté et de rendre ses devoirs à Soliman, alors pacha de cette ville. Son absence fut de peu de durée. Au retour, il m'engagea à entreprendre le même voyage afin d'examiner certains chevaux qu'il avait remarqués et qu'il me désigna. Je me mis donc en route le 22, en compagnie de l'Arnaute qui nous avait suivis depuis Alep et qui voulait entrer au service de Soliman.

Je montais une jument arabe que j'avais louée exprès pour ce voyage, et l'Arnaute marchait à pied près de moi. Le chemin que nous suivîmes à notre sortie de la ville courut long-temps sur les ruines de l'ancienne Sidon. Le sol est parsemé de débris au milieu desquels l'œil découvre encore souvent des restes de mosaïques assez bien conservés, un grand nombre de chapiteaux et de fûts de colonnes à moitié ensevelis sous la terre et le sable, et portant encore les caractères non effacés d'inscriptions romaines. Sortis de ces immenses ruines, nous prîmes la route de Sour (l'ancienne Tyr); mais comme j'étais extrêmement désireux de visiter les puits de Salomon (1), qui se trouvent à une demi-lieue environ à l'est de cette ville et sur le chemin même de Saint-Jean-d'Acre, nous laissâmes Tyr sur notre droite et dirigeâmes nos pas de ce côté. Après avoir atteint les magnifiques aquéducs qui jadis conduisaient les eaux des puits de Salomon à Tyr, et dont grand nombre d'arcades sont encore dans un état de conservation parfait, nous suivîmes la direction dans laquelle ils couraient, et à six heures du soir nous arrivâmes enfin aux sources pour l'exploitation desquelles ils avaient été construits.

Le pied des puits est occupé par un petit jardin qui se trouve entourer la cabane d'un Turk, dont l'unique métier est de fournir aux visiteurs la nourriture et les nattes dont ils ont besoin pour la journée et la nuit. Il nous prévint que son gîte n'était pas très-sûr, et que souvent des troupes d'Arabes Motoualis, mettant à profit les ténèbres de la nuit, descendaient des montagnes voisines et venaient dévaliser les voyageurs. Cet avis n'avait rien de bien rassurant; mais rentrer dans Tyr était chose impossible; les portes se fermaient de bonne heure, et la journée était trop avancée pour pouvoir espérer de les trouver encore ouvertes : force me fut donc de rester. Ce parti une fois pris, j'attachai ma jument par un pied dans le jardin, et je me mis en devoir, en attendant que mon repas fût préparé, de visiter ces puits merveilleux. Leur ouverture est défendue par une plate-forme élevée de plus de quinze pieds au-dessus du sol; j'y montai par un chemin à pente très-douce, qui tourne autour du massif : arrivé sur le plan supérieur, je vis trois sources, dont une très-grande de forme à peu près octogone, et deux autres plus petites : ces sources communiquent entr'elles à l'aide d'échancrures pratiquées dans

(1) Les Arabes appellent ces puits *Ras-el-Ain* (tête de la source). (*Note de l'auteur.*)

les parois de séparation; ces échancrures servent à faire écouler le trop plein des sources. L'eau, dans chaque bassin, sort en bouillons aussi volumineux et aussi constans que ceux que pourrait produire un puits artésien à large embouchure. Le volume d'eau que laisse échapper l'échancrure du dernier bassin sert à faire tourner un moulin. Il paraît qu'à une époque assez reculée cette espèce de chute entretenait plusieurs usines du même genre qui ont disparu devant les ravages des différentes armées qui ont parcouru ces contrées et devant le dépérissement de la population. La force avec laquelle l'eau s'échappe des sources est telle, que les couches de ciment qui entourent les différentes bouches se trouvent, malgré leur extrême dureté, minées au point de former voûte; chaque colonne d'eau s'élève à trois pieds à peu près au-dessus du massif en ciment dont elles sont entourées, et se trouve former ainsi un jet de plus de dix-huit pieds au-dessus du niveau du sol : telle est leur force d'ascension, que si l'on y jette un corps lourd, une pièce de billon par exemple, loin de se précipiter au fond, il flottera quelque temps à la surface et ne descendra ensuite que fort lentement. Les habitans prétendent que jamais on n'a pu parvenir à en sonder encore la profondeur.

Il est une époque de l'année (au mois de septembre) où l'eau se présente trouble et colorée en rouge. Les habitans de Tyr et des environs s'assemblent alors autour des puits, et, après certaines cérémonies religieuses, vont chercher en grande pompe une cruche remplie d'eau de mer qu'ils versent ensuite sur les bassins. Le lendemain l'eau devient limpide, et tout le pays de crier au miracle et de bénir et les cérémonies et l'eau de la Méditerranée. Je ne suis ici que narrateur; je ne garantis donc pas l'exactitude de ces faits : peu s'en est fallu, au reste, que je ne pusse les apprécier à leur véritable valeur, car j'appris, à mon grand regret, que le matin même du jour où je m'y présentai la cérémonie et transmutation des eaux avaient précisément eu lieu.

Tandis que je me livrais à mes explorations, l'Arnaute s'occupait à faire préparer mon dîner; il se composa d'un pilaw et d'œufs sur le plat. Ce frugal repas terminé, je fis monter ma jument sur la plate-forme; je l'y attachai par les pieds, et m'étendis ensuite auprès d'elle ayant sa chabraque pour lit et la selle pour oreiller. L'Arnaute veilla pendant la première partie de la nuit; je pris sa place jusqu'au jour, que je vis arriver sans avoir eu le moindre sujet d'alarmes.

Le lendemain 23, nous quittâmes de bonne heure les puits de Salomon pour nous rendre à Saint-Jean-d'Acre en traversant Skandaroon, ville construite par Alexandre, dont elle a long-temps porté le nom, et dont il ne reste plus en quelque sorte qu'une fontaine monumentale encore assez bien entretenue, et qui fournit une eau douce et limpide. Cette fontaine a conservé le nom du vainqueur de Darius; ses eaux se jettent dans un bassin qui sert à abreuver les chevaux des caravanes, et dont le fond est rempli de sangsues extrêmement petites et fort dangereuses pour les animaux qui viennent s'y désaltérer. J'en ai fait une triste expérience que je raconterai en son lieu. Les environs se trouvent sillonnés de vastes excavations, qui sont le produit des fouilles qu'y a fait faire l'ancien pacha Djezzar. C'est du sein de ces ruines que Djezzar a, dit-on, tiré la plus grande partie de ces magnifiques colonnes qui font le principal ornement de la mosquée construite à Saint-Jean-d'Acre, et dans laquelle on voit aujourd'hui son tombeau.

En sortant de Skandaroon il nous fallut gravir le cap Blanc (Ras-el-Abiad). Ce cap forme une pointe qui se projette assez avant au-dessus des eaux de la mer. De son sommet l'on aperçoit la ville d'Acre (l'ancienne Ptolémaïs), à laquelle on arrive après avoir traversé une espèce de taillis qui, occupant la plus grande partie du versant de la montagne, se prolonge à travers une plaine vaste et très-fertile jusqu'auprès des murailles de la ville. La route que nous suivîmes nous fit passer près d'anciens aquéducs derrière lesquels l'armée française assit son camp lorsque Napoléon chercha vainement à emporter cette place.

Saint-Jean-d'Acre est situé dans une espèce de presqu'île dont elle occupe toute la surface; aussi ne peut-on y entrer que par une seule porte. Lorsque je l'eus franchie, je me rendis chez M. Ruffin, consul de France, dont je reçus l'accueil le plus bienveillant. J'y rencontrai son premier drogman, M. Duchenoux, bon et obligeant jeune homme, auquel j'ai des obligations particulières, car il s'offrit à m'accompagner dans toutes mes courses et mes explorations, et me servit, pendant tout le temps que je passai dans cette ville, de guide et d'interprète.

Le lendemain matin il me conduisit au palais du pacha, et me présenta à ce vice-roi. Nous n'eûmes qu'à nous féliciter de la réception et des manières de Soliman. Il donna ordre de m'ouvrir toutes ses écuries, et, bien qu'il n'eût pas l'intention de vendre un seul de ses chevaux, il permit que tous me fussent présentés. Ces animaux étaient en grand nombre. Je remarquai parmi eux plusieurs forts chevaux turkomans provenant des tribus Tchoukour-Ova. Cette race est la plus estimée de toutes celles que possèdent ces nomades. Quand nous eûmes examiné tous les chevaux que renfermait le palais de Soliman, nous fûmes visiter ceux de ses principaux officiers. Tous s'empressèrent de les faire passer sous nos yeux : quelques-uns de ces dignitaires s'offrirent à se défaire en ma faveur de plusieurs de ces animaux ; mais presque tous ceux dont certaines qualités m'auraient fait désirer l'acquisition ne pouvaient me convenir sous d'autres rapports. Il en est deux pourtant que je convoitai assez vivement : c'étaient précisément ceux que m'avait signalés M. de Portes. L'un était un superbe cheval arabe bai-cerise, d'une haute taille, très-fort, et qui appartenait à l'aga des eunuques du sérail de Soliman ; malheureusement ce magnifique animal avait au jarret droit un énorme jardon qui paralysait en quelque sorte tous ses mouvemens.

Ce défaut, comme on sait, est souvent transmissible. Je dus donc renoncer à en faire l'acquisition. Le second était un étalon arabe très-renommé chez les Turks, et qui se trouvait appartenir à un autre aga du palais du pacha. Son propriétaire le mettait à un très-haut prix. Peu de temps avant mon arrivée il était décidé à le vendre; mais sa position étant devenue tout-à-coup très-brillante, il avait changé de projet et ne voulait plus s'en séparer. Ce cheval, dont la robe était gris-perle légèrement truitée, avait six ans. Il était d'une taille et d'une force extraordinaires pour sa race; on lui accordait en outre beaucoup de fonds, une extrême vitesse, et toutes les autres qualités qui font le cheval parfait. Pareil assemblage est rare. Comme je ne l'ai jamais vu monter, je ne saurais affirmer la vérité de tous ces éloges; je ne peux que répéter tout ce que l'on m'a dit. Ce précieux animal avait nom *Chynaan*.

Mes visites hippiques se terminèrent par l'examen de tous les chevaux de troupe du pacha. Ils me parurent généralement bons, et appartenaient indistinctement à toutes les espèces que l'on rencontre en Syrie.

Je ne fis dans ce voyage aucune acquisition; seulement, lors de mon retour à Sidon, je désignai à M. de Portes un cheval turkoman sous poil gris, qu'il acheta plus tard, et que nous appelâmes *Divan-Effendi*, titre que portait l'officier qui nous le céda.

M. Duchenoux ne s'en tint pas à me faire connaître tous les chevaux de distinction que pouvait renfermer Saint-Jean-d'Acre, il eut l'obligeance de me présenter aux principaux personnages de cette petite capitale. Il me mit, entre autres, en rapport de bienveillance et d'amitié avec le *malhem-hakim* (ministre des finances) de Soliman-Pacha. Ce haut fonctionnaire appartenait à la religion juive. Malgré cette défavorable recommandation, il avait cependant été pourvu du même emploi sous Djezzar-Pacha, précisément à l'époque où les Français tentèrent leur expédition de Syrie. Malgré ses richesses, que l'on disait très-grandes, sa réputation de probité paraissait bien établie. Lorsque je le vis pour la première fois, je remarquai que son nez était coupé et qu'il lui manquait un œil. Ces parties du visage étaient l'une et l'autre recouvertes d'une bande de taffetas noir qui ne masquait qu'imparfaitement cette double mutilation. Dès que nous fûmes sortis, je m'enquis auprès de M. Duchenoux des causes de difformités aussi marquées. Il me répondit qu'elles étaient le résultat des excès de férocité auxquels Djezzar se portait si souvent, férocité qui ne s'était pas seulement exercée sur le nez et l'un des yeux du juif-ministre, mais encore sur une oreille qu'il lui avait abattue, et dont j'aurais remarqué la disparition, n'était le turban dont sa tête était couverte.

« Il n'est pas le seul, ajouta-t-il, que Djezzar ait ainsi mutilé ; il vous suffira de parcourir la ville pendant quelques heures pour rencontrer un nombre considérable de victimes des fureurs de ce pacha. Et cependant, croiriez-vous qu'on le vénère aujourd'hui comme un saint, et que ses cendres, qui auraient dû être jetées au vent, placées dans une grande mosquée qu'il a fait bâtir, reposent paisiblement sous un magnifique mausolée qui est l'objet constant des prières de nos crédules musulmans? Voyez plutôt! »

Il me conduisit, en effet, dans une superbe mosquée, au centre de laquelle s'élevait un tombeau entouré de plusieurs dévôts tous diversement mutilés, et priant avec une ferveur et un recueillement exemplaires. L'un d'eux, assis sur ses talons, avait devant lui une sebille de bois qui contenait quelques paras; il était aveugle, et avait une oreille et le nez coupés. J'ajoutai mon aumône à celles qu'il avait déjà reçues, et lui fis demander par M. Duchenoux quel était l'accident qui lui avait fait perdre la vue.

« Il y avait long-temps que je ne possédais plus qu'un œil, répondit-il, lorsqu'il plut à mon maître Djezzar (auquel Dieu fasse miséricorde!) de m'arracher celui qui me restait, et de me faire couper en même temps le nez et une oreille.

—Et pourquoi te fit-il ainsi mutiler? reprit M. Duchenoux.

— Probablement pour le salut de mon âme, répondit le résigné musulman. D'ailleurs il fallait bien que cela m'arrivât, puisque c'était écrit.»

J'étais depuis long-temps habitué à ce fatalisme qui fait accepter aux Turks, sans leur arracher la moindre plainte ni le plus léger murmure, les maux les plus accablans; et cependant je dois avouer que jamais encore cette inerte et morne résignation ne m'avait autant frappé que chez ce misérable aveugle. Je sortis. En parcourant les bazars qui se trouvèrent sur ma route, je rencontrai, comme me l'avait annoncé M. Duchenoux, force figures auxquelles manquaient un nez et des yeux.

Le lendemain j'eus occasion d'assister à une messe qui réunit la plus grande partie des chrétiens de la ville. L'auditoire m'offrit un grand nombre d'individus mutilés comme ceux que j'avais vus la veille. Dans la journée, M. Duchenoux me présenta chez M. Catalphago, riche négociant qui remplissait les fonctions de consul d'Angleterre et d'Autriche. J'en fus parfaitement accueilli, et il nous retint à dîner. Ce fut en rentrant de chez lui au consulat que mon jeune guide me donna sur Djezzar les détails qui vont suivre. Ils sont, à la vérité, étrangers à la matière qui doit faire l'objet exclusif de cette narration; mais Djezzar a joué un rôle trop important dans l'histoire de notre armée d'Orient, pour que les particularités qui le concernent soient sans intérêt. C'est sous les murs de Saint-Jean-d'Acre que sont venues s'échouer, en effet, les destinées de l'expédition d'Égypte; si cette place était tombée dans nos mains, l'Orient et l'Europe changeaient peut-être de face. Je sais que sa résistance inattendue n'est peut-être pas tant l'œuvre de Djezzar que celle du Français Phelippeaux, officier d'artillerie sorti de l'école de Brienne en même temps que Napoléon, et du commodore anglais sir Sidney-Smith, qui, peu de mois auparavant, se trouvait partager dans la tour du Temple le cachot de M. Hyde de Neuville. Mais je doute, toutefois, qu'avec un autre pacha que Djezzar leurs efforts eussent complètement réussi. J'espère donc que mes lecteurs me pardonneront facilement le petit nombre de lignes que je vais consacrer à la peinture des mœurs et du caractère de ce pacha.

CHAPITRE X.

Histoire de Djezzar-Pacha; détails sur sa vie. — Départ de Saint-Jean-d'Acre. — Je vais à Tyr; visite à l'archevêque; détails. — Retour à Sidon.

Djezzar-Pacha, dont le véritable nom était Ahmad, naquit dans la province de Bosnie. Il avait seize ans lorsqu'il fut obligé de s'expatrier pour échapper aux suites d'un viol qu'il voulut commettre sur sa belle-sœur. Constantinople fut le lieu où il dirigea ses pas; il réussit à gagner cette ville, et à y vivre inconnu. Mais, dépourvu de tous moyens d'existence, la misère ne tarda pas à le contraindre à se vendre à un marchand d'esclaves qui le transporta en Égypte. Arrivé au Caire, Ali-Bey en fit l'acquisition et le plaça parmi ses mamelucks. Ahmad se distingua bientôt par un courage à toute épreuve et une adresse peu commune. Ces qualités lui valurent la confiance de son nouveau maître. S'agissait-il de l'assassinat de quelque bey ou de quelque cachéf suspect? Ahmad était aussitôt mis en campagne, et toujours la tête du proscrit venait au retour témoigner de son audace et de sa dextérité. Tant de succès ne pouvaient rester sans récompenses; ils lui valurent de la part de ses compagnons le nom redoutable et respecté de Djezzar (*égorgeur*, *bourreau*), et lui acquirent la confiance et la faveur de son maître Ali. Sa position était assez brillante, lorsqu'un incident vint arrêter le cours de sa fortune en Égypte. Ali avait le caractère ombrageux; il crut avoir à se plaindre de Saléh-Bey, l'un de ses bienfaiteurs. Concevoir une crainte ou un soupçon, c'était, pour lui, prononcer un arrêt de mort; il chargea donc Djezzar de lui apporter la tête de Salêh-Bey; mais, soit intérêt pour la victime, soit remords, Djezzar refusa et se permit même quelques observations. S'étant aperçu le lendemain qu'Ali le faisait garder à vue, et ayant appris qu'un bey nommé Mohammed avait accepté la mission de meurtre et l'avait remplie, Djezzar craignit à son tour pour sa tête, s'échappa des mains de ses gardes, et parvint, après des peines inouies, à se réfugier de nouveau à Constantinople. Il voulut y solliciter un emploi en rapport avec le rang qu'il avait occupé en Égypte; mais n'ayant à présenter aux portes de tous les palais des grands que des mains vides, il fut constamment écarté par cette foule de solliciteurs avides et expérimentés qui encombrent toutes les avenues des capitales. Force lui fut encore une fois de prendre un parti désespéré; il se jeta dans un bâtiment en destination pour la Syrie, bien décidé à entrer comme simple soldat au service du premier pacha dans le gouvernement duquel il se trouverait aborder.

Le hasard l'ayant conduit chez les Druzes, il reçut l'hospitalité dans la maison du kyaya de l'émir Yousef. Peu de temps après, il se rendit à Damas, où le crédit de son hôte lui fit bientôt obtenir le titre d'aga, avec le commandement de cinq drapeaux, c'est-à-dire de 50 hommes.

A quelque temps de là, l'émir des Druzes lui confia le commandement de Bayruth; mais à peine était-il entré en possession de cette charge, que, trahissant son nouveau maître, Djezzar arbora sur les murailles de la place les étendards du Sultan.

L'émir Yousef, furieux de ce manque de foi, demanda justice au pacha de Damas; mais, las de recevoir chaque jour des promesses que l'on oubliait aussitôt, il fit alliance avec Dahers, scheick d'une des principales tribus arabes de la côte. Un traité offensif et défensif fut conclu entre eux aux puits de Salomon (*Ras-al-Aïn*), et tous deux se mirent immédiatement en devoir d'assiéger Bayruth. La place fut attaquée du côté de terre par les troupes confédérées, tandis que deux frégates russes, dont le scheick et l'émir avaient acheté les services pour six cents bourses (225,000 fr.), la canonnèrent par mer. Djezzar se défendit avec vigueur; sa résistance fut plus longue que ne le croyaient ses ennemis; aussi lorsque, hors d'état de prolonger sa défense, il consentit à se rendre à Dahers, ce dernier, enchanté de son courage, et désireux sans doute d'attacher à sa fortune un homme aussi brave, s'empressa-t-il d'emmener Djezzar à Saint-Jean-d'Acre, place qui lui appartenait et dont il avait fait la capitale de son petit gouvernement. Ses bontés pour son prisonnier se convertirent bientôt en la plus confiante amitié; il l'admit au nombre de ses principaux officiers, et lui confia la conduite d'une expédition qu'il dirigeait contre la Palestine. Djezzar ne démentit point le caractère qu'il avait montré jusque là; à peine se vit-il libre que, désertant les intérêts de son nouveau bienfaiteur, il repassa chez les Turks, et vint se mettre au service du pacha de Damas.

Peu de temps après, une guerre entre la Porte et les pachas de Syrie fournit à Djezzar l'occasion de se faire connaître du capitan-pacha de la flotte ottomane. Étant parvenu à se faire employer près de cet amiral, il obtint sa confiance et l'accompagna dans une expédition contre Saint-Jean-d'Acre. Djezzar, profitant de la connaissance qu'il avait des hommes et des lieux, pratiqua de nombreuses intelligences dans la place. Son plan fut si bien conduit, que le malheureux Dahers, surpris par la révolte de quelques-uns de ses principaux officiers et du plus grand nombre de ses soldats, n'eut que le temps de monter à cheval et de s'échapper par la porte de terre. Une partie de ses femmes l'accompagna dans sa fuite; mais soit que leurs montures fussent moins rapides, soit que leur inhabitude à de pareilles fatigues embarrassât leur marche, elles ne tardèrent pas à se voir près de tomber dans les mains des Turks qui s'étaient mis à leur poursuite. Djezzar se trouvait au premier rang des assaillans; Dahers le reconnut; voulant tenter un dernier effort pour lui arracher au moins ces objets de son affection, il accourut suivi seulement d'une petite troupe de ses Arabes les plus fidèles. La lutte ne fut pas longue; Djezzar la termina en jetant son ancien maître à ses pieds d'un seul coup de poignard. Le cadavre du malheureux scheick resta quelque temps sur les bords de la mer sans que personne osât lui donner une sépulture ; ce ne fut qu'au bout d'un jour ou deux que quelques habitans s'enhardirent à l'enterrer. Le lieu où reposent ses restes est recouvert d'une simple pierre, sans autre inscription que son nom tracé en caractères arabes.

La part qu'il avait eue à la prise d'Acre fit nommer Djezzar pacha de cette ville et de Saïd (Sidon). Sa fortune alla dès-lors en augmentant. Le gouvernement de Damas ne tarda pas à lui être confié; cette addition de pouvoir le rendit le chef le plus considérable de la côte de Syrie; mais une circonstance surtout ajoutait à sa force et à son influence : c'était le titre d'émir-adji (*prince des pèlerins*), qui se trouve affecté à la dignité de pacha de Damas. Cette dignité n'est point seulement nominale; elle oblige de conduire jusqu'à La Mecque les nombreuses caravanes de pèlerins qui, chaque année, se rendent à la cité sainte. Cette charge n'impose pas à l'émir-adji la seule obligation de protéger les pieux voyageurs dans leur route; il doit en outre pourvoir, moyennant indemnité, à tous les besoins de la caravane, et faire avec les Arabes du Désert les marchés nécessaires au transport des hommes et des marchandises ; toutes opérations qui, pour un homme comme Djezzar, étaient, comme on le pense bien, la source de bénéfices énormes.

Une fois affermi dans le pouvoir, Djezzar put se livrer sans contrainte à ses goûts effrénés pour le sang et le pillage. Les deux pachaliks qui se trouvaient réunis dans ses mains en faisaient une espèce de souverain indépendant, maître absolu de la vie et des biens de ses sujets, et craint de la Porte elle-même. Aussi chaque jour voyait-il augmenter ses fureurs et sa rapacité. Mon projet n'est pas d'énumérer tous les crimes qui ont souillé sa vie : je prendrai seulement au hasard quelques traits susceptibles de donner une idée de l'excès de féroce démence qui fit de Djezzar un monstre tel, heureusement, qu'on en voit peu dans l'histoire.

Des deux capitales de ses pachaliks, Djezzar avait choisi Saint-Jean-d'Acre pour sa résidence. Cette préférence lui fut sans doute dictée par la position de cette ville, qui, assise, ainsi que je l'ai dit, sur une presqu'île dont elle occupait toute la surface, se trouve à l'abri de toute surprise et d'une défense assez facile. Le lieu où il se tenait le plus habituellement était un kiosque dépendant de son palais, et dont les fenêtres donnaient sur la rue principale de la ville. Chaque matin il venait s'y asseoir sur un divan qui se trouvait placé de manière à ce que le pacha pût examiner à l'aise tous les individus qui venaient à traverser ou à suivre la rue. Apercevait-il un passant dont les vêtemens, la tournure ou les manières ne lui plaisaient point, il envoyait ses officiers le prier de monter vers lui; cette invitation redoutable n'était pas toujours acceptée; lorsqu'il y avait refus persistant, la violence était aussitôt mise en usage, et le malheureux ne tardait pas à se trouver en face du terrible pacha. Il demandait en tremblant ce que lui voulait Son Altesse.

« Ta figure me déplaît, » lui répondait Djezzar d'un ton irrité; ou bien : « Tu as un mauvais œil. » Puis il commandait à un de ses officiers de couper à l'étranger le nez, une des oreilles, et de lui arracher celui des yeux qu'il désignait. Souvent, en outre, lui-même faisait l'office de bourreau. C'est ainsi qu'un jour où, assis sur le fatal divan, et occupé à se faire faire la barbe, il aperçoit dans la rue un Turk dont la démarche lui parut désagréable; il le fait monter et ordonne au berber-bachi (chef des barbiers), qui le tasait, de lui arracher un œil. Le pauvre diable de barbier, saisi d'épouvante, montre quelque hésitation. « Ho ! ho ! dit Djezzar, tu fais le difficile, je crois ; serait-ce faute de savoir comment t'y prendre ? hé bien ! approche, je vais te l'enseigner. »

Le barbier s'avance ; Djezzar lui enfonce l'index de sa main droite dans l'orbite, en fait sortir le globe, et, le saisissant entre ses deux premiers doigts, achève de l'arracher et le lui jette à la figure.

Une autre fois la fantaisie lui prit de placer des sentinelles à tous les coins de l'une des principales rues de Saint-Jean-d'Acre, avec ordre d'arrêter tous les hommes qui se présenteraient, de les amener au sérail, et de les déposer dans une grande salle basse qu'il désigna. Ses officiers ne furent point long-temps sans venir l'avertir que la pièce indiquée était pleine à ne pouvoir plus contenir un seul prisonnier. « Où mettrons-nous ceux que nous arrêterons encore ? lui demandèrent-ils.

— Il y en a assez comme cela, répond Djezzar ; qu'on les fasse monter. »

Tous ces malheureux furent amenés. A mesure qu'ils entraient dans la salle où se trouvait le pacha mollement étendu sur son divan, il les faisait successivement placer à sa droite et à sa gauche, sans obéir à d'autre règle qu'à son caprice. Quand tous furent ainsi rangés, sur deux lignes, Djezzar se leva à demi, et fit signe qu'il voulait parler. Le plus profond silence régna, comme on le pense bien, dans toute l'assemblée ; une morne stupeur était empreinte sur les traits de tous les prisonniers ; tous attendaient en tremblant les paroles qu'allait faire entendre cette voix si terrible et si redoutée. Pendant ce court instant de silence suprême, les yeux du pacha erraient incertains sur le visage de chacun de ses hôtes ; plusieurs fois il fut sur le point de prononcer quelques mots ; mais toujours ses regards, un instant arrêtés, recommençaient leur cruelle investigation. Enfin Djezzar, paraissant fatigué d'une aussi longue exploration, se laisse tomber sur son divan en laissant échapper ces mots :

« Qu'on pende les prisonniers de la gauche, et qu'on donne largement à déjeûner à ceux de la droite ! »

Les premiers se retirèrent lentement et en silence pour subir leur arrêt ; les seconds se précipitèrent joyeusement vers la salle du festin. La sentence de mort que venait de prononcer Djezzar frappait un trop grand nombre d'habitans de la ville pour ne pas être promptement connue. Les femmes, les enfans et les parens de ces pauvres diables ne tardèrent pas à venir assiéger le sérail de leurs prières et de leurs cris : ils demandaient grâce. Mais la pendaison n'en fut pas un instant arrêtée ; et lorsque le dernier Turk eut fait sentir le poids de son corps à la dernière corde, Djezzar se montra à une des fenêtres de son kiosque, et lança ces mots sur la foule des supplians :

« Que me voulez-vous ? je ne suis que l'exécuteur indigne des décrets de Dieu. Tout est écrit !

— C'était écrit ! » répondirent religieusement tous les parens des victimes ; et ils se retirèrent.

Si un boucher, un boulanger ou quelque autre marchand était accusé de vendre à faux poids ou à fausse mesure, il arrivait souvent à Djezzar de se déguiser en Turc ou en Arabe de la classe la plus misérable, et d'aller vérifier lui-même le mérite de la plainte. Le délit une fois constaté, le marchand était saisi, et on lui alongeait la langue jusqu'à ce qu'elle sortît assez pour qu'on pût la clouer à la porte même du condamné et l'y tenir ainsi attaché. D'autres fois c'était par l'oreille que le délinquant adhérait à la paroi extérieure de sa boutique. Mais ces deux modes de punition n'étaient pas tellement exclusifs, que le fertile génie de Djezzar n'en vînt à varier parfois la peine d'une manière encore plus cruelle : ainsi, il lui est souvent arrivé de faire accrocher des bouchers trouvés en faute à l'une de ces pointes de fer recourbé destinées à suspendre à l'extérieur les morceaux de viande que l'on offre à l'appétit des passans; on les y suspendait en faisant entrer le crochet entre les os qui se trouvent au-dessous du menton, et on les tenait ainsi exposés à la vue du public pendant une journée tout entière.

Absolu, riche, cruel et défiant comme il l'était, Djezzar ne pouvait manquer d'avoir des espions adroits et fidèles; tous savaient combien il était difficile de le tromper, et ils n'ignoraient point que jamais il ne leur aurait donné le temps de commettre deux fautes; aussi connaissait-il parfaitement tout ce qui se passait dans la ville. Il n'était conversation qu'il n'entendît et projet qu'il ne pénétrât. Un jour, donc, on l'avertit que ses saïs venaient de former le projet de poignarder son médecin, qui était français, et de lui voler ensuite tous les objets de prix qu'il pouvait posséder. Voulant s'assurer par lui-même de la réalité d'un aussi atroce projet, il se déguise en saïs et va coucher dans ses écuries au milieu même des auteurs du projet d'assassinat. La métamorphose opérée chez lui était si complète, que ses palefreniers le prirent dans l'obscurité pour un de leurs compagnons et s'entretinrent avec lui du complot. Il y applaudit, rectifia dans le projet d'exécution quelques circonstances de détail, fit entendre à ses nouveaux camarades qu'il avait contre le médecin des motifs de haine particuliers, et finit par les prier de lui accorder comme une grâce le droit de porter les premiers coups. Son langage témoignait de tant d'audace et d'une si grande expérience dans le crime, que les saïs, enchantés de voir leur besogne ainsi facilitée, lui accordèrent la faveur de monter le premier à l'assaut. Une seule difficulté restait : il fallait une échelle, et ils n'en avaient pas. Djezzar s'étant chargé de lever cet obstacle, la partie fut définitivement liée pour la nuit suivante.

Djezzar fut exact au rendez-vous; il s'y rendit muni de ses armes et de l'indispensable échelle, qu'il plaça en silence contre le mur d'une terrasse qu'il lui fallait d'abord escalader. Ce premier pas fait, il dut attendre que la lumière du docteur fût éteinte, et qu'il eût ensuite eu le temps d'être profondément endormi. Lorsque toutes ces conditions de succès lui parurent remplies, le faux saïs dit à ses camarades qu'il allait monter le premier; mais il leur fit en même temps observer que la réussite de l'entreprise exigeait que celui qui devait le suivre ne montât qu'à un signal donné, signal qui appellerait ensuite chacun des autres complices. Toutes ces observations furent trouvées d'une extraordinaire sagacité, et chacun promit de s'y conformer avec la fidélité la plus scrupuleuse.

Les choses ainsi convenues, Djezzar s'élance sur l'échelle et pénètre sur la terrasse. Au signal convenu, un saïs se présente; mais il a fait à peine quelques pas du côté où se trouvait le pacha, que ce dernier lui tranche la tête d'un seul coup de sabre; le signal recommence : un second saïs paraît; sa tête roule également aux pieds de Djezzar; un troisième arrive, même acte de vigueur de la part du pacha, qui, en moins d'un quart d'heure, expédia de cette manière tous ses nouveaux compagnons : leur nombre s'élevait à huit ou dix. Lorsque le dernier eut été étendu sans vie, et que Djezzar se fut bien assuré que pas un n'avait échappé à sa justice, il redescend l'échelle, l'emporte sans bruit, et rentre passer tranquillement le reste de la nuit dans son kiosque favori.

Lorsque le lendemain notre compatriote, voulant respirer l'air frais et pur du matin, se rendit sur la terrasse, Dieu sait la terreur qui s'empara de tout son être à la vue de toutes ces têtes et de tous ces troncs épars et noyés dans le sang! Il lui fallut quelque temps pour retrouver toute sa liberté d'esprit. Dans l'embarras où il était, il crut ne pouvoir faire mieux que de courir chez le pacha, et de lui raconter ce qu'il avait vu. Cette confidence fit froncer plus d'une fois les sourcils de Djezzar. L'irritation qu'elle semblait exciter en lui épouvanta le médecin; il se crut perdu. Mais, après s'être un instant amusé de sa frayeur, le pacha se mit enfin à sourire et à lui raconter tout ce qui s'était passé.

Djezzar était extrêmement jaloux. Cette passion, comme l'on sait, est endémique en Orient; aussi tout ce qui l'entourait était il l'objet de sa méfiance et de ses soupçons. Il n'était pas jusqu'à son médecin dont il ne suspectât les soins et l'attention pour ses femmes. S'étant imaginé que le docteur entretenait une intrigue avec son esclave favorite, il le fit venir un matin, et lui dit qu'ayant remarqué quelques symptômes maladifs chez cette esclave, il conviendrait de lui pratiquer une saignée au pied. Le docteur s'en défendit, lui dit que rien n'était plus inutile; mais Djezzar insistant, il lui fallut se taire et obéir. Tandis qu'un des noirs du sérail l'introduisait dans l'intérieur du harem, Djezzar, se glissant par une issue secrète, pénétra dans la pièce où l'entrevue devait avoir lieu, et s'y cacha de manière à tout entendre et à tout voir sans être vu. Quelques minutes après, l'esclave et le médecin entrèrent. Ce dernier expliqua le motif de sa visite et se mit en devoir d'opérer. Le pacha cherchait dans tous les mouvemens du docteur un signe, un geste qui dénotât entre l'esclave et lui l'intelligence amoureuse qu'il soupçonnait; mais, en le voyant prendre paisiblement sa lancette et se disposer, sans plus d'émotion, à piquer la veine qu'on lui présentait, ses craintes commencèrent à se dissiper. Cela toutefois ne lui suffit point; profitant du moment où le sang jaillissait, il s'élance vers le docteur, porte la main sur lui, le palpe sur toutes les parties du corps, pour s'assurer que nul désir n'existait, et lui dit qu'il devait s'estimer fort heureux de la tranquille indifférence qu'il montrait, car il aurait suffi d'un geste ou d'un indice d'émotion amoureuse pour faire tomber sa tête. Cette confidence épouvanta notre compatriote; Djezzar, s'apercevant de son trouble, n'épargna rien pour le calmer. Il alla même jusqu'à lui témoigner un intérêt et une confiance qu'il n'avait jamais manifestés jusque là, et, pour effacer jusqu'à la dernière trace de ce qui venait de se passer, lui fit sur-le-champ un très-riche cadeau.

Malgré ces motifs de sécurité, notre compatriote fut tellement effrayé des dangers que lui faisaient courir et sa position et le caractère de Djezzar, qu'à quelque temps de là il crut ne pouvoir mieux mettre sa tête à l'abri des caprices de ce terrible malade, qu'en s'échappant de la ville, sans rien laisser soupçonner du lieu où il se retirait.

Djezzar, comme je l'ai dit, était chargé, en sa qualité d'émir-adji, de conduire jusqu'à La Mecke les nombreuses troupes de pélerins qui s'y rendent chaque année. Ses préparatifs pour l'un de ces voyages annuels se trouvaient terminés, lorsque, faisant appeler son kyaya (intendant), auquel le gouvernement du pachalick restait confié pendant son absence, il lui donna une série d'instructions parmi lesquelles se trouvait l'ordre d'arracher un œil à son kasnedar-aga (trésorier), et de lui couper en outre le nez et une oreille. Le malheureux kasnedar n'était autre que Malhem-Hahim, ce juif si riche, si probe et si bienfaisant, dont j'ai parlé au précédent chapitre. Djezzar partit. Le kyaya ne se trouva pas peu embarrassé; Malhem-Hahim était son ami; personne mieux que lui n'appréciait son caractère et ses vertus; mais il savait en même temps que l'inexécution de l'ordre du pacha n'allait rien moins qu'à l'exposer au pal ou au tranchant du sabre. Dans sa perplexité, il ne vit rien de mieux que de chercher à gagner du temps. Il fut le trouver.

« Malhem-Hahim, lui dit-il, tu devrais profiter de l'absence du pacha pour rétablir ta santé. Tu es malade, bien que tu ne veuilles pas en convenir; ainsi, crois-moi, va prendre les eaux de Tibériade, et restes-y jusqu'au retour de Djezzar. »

Le kasnedar parut surpris : « Je suis malade! lui répondit-il; mais jamais je ne me suis aussi bien porté! Que veux-tu donc que me fassent les eaux? »

Le kyaya insista : « Tu t'abuses, Malhem, reprit-il;

tu as tort de repousser les conseils de ton ami; le jour n'est pas loin où tu t'en repentiras. »

La conversation en resta là; les deux amis se séparèrent.

Quelques jours après, ceux des mamelucks de la garde du pacha qui ne l'avaient point accompagné forcèrent les portes du harem, et n'en sortirent qu'après plusieurs heures de prise de possession. La manière dont ce temps fut employé, il n'est pas besoin de le dire.

Cependant l'absence de Djezzar touchait à sa fin; des nouvelles arrivèrent qui apprirent que la caravane avait heureusement atteint Damas, et que sous peu de jours le pacha se trouverait de retour de son pieux voyage. Dès que tous ces bruits furent répandus dans la ville, les mamelucks prirent la fuite, et furent se réfugier, les uns en Égypte, et les autres (ce fut le plus petit nombre) dans l'intérieur des terres, où ils se réunirent aux Bédouins. Le kyaya se ressouvint alors des ordres de Djezzar; il savait que leur inexécution entraînait sa perte; force lui fut donc de mander près de lui son ami le kasnedar-aga. Il lui mit sous les yeux l'arrêt fatal.

« Tu n'as pas voulu écouter mes conseils, lui dit-il : vois si j'avais raison de t'engager à t'éloigner. »

Ce serait vainement que j'essaierais de peindre la terreur qui s'empara de Malhem; ce malheureux resta sans mouvement et sans voix; mais l'ordre du pacha était formel : le sentiment de la conservation l'emporta chez le kyaya sur l'amitié; il donna ses ordres. Quelques instans après, Malhem-Hahim fut emporté chez lui mutilé. Rien ne fut épargné pour aider et hâter sa guérison.

Enfin Djezzar arriva. A peine avait-il mis le pied sur le seuil de son palais, que tous ses officiers et les gens de sa maison s'empressèrent de venir se prosterner devant lui et le féliciter de son heureux retour. Ses yeux exercés cherchèrent vainement Malhem-Hahim; il le demanda.

« Il est encore malade des suites de l'opération que je

lui ai fait subir d'après tes ordres, » répondit en tremblant le kyaya.

Le pacha parut surpris.

« Mais il devrait être guéri depuis long-temps, répondit-il presque aussitôt.

—Seigneur, reprit le kyaya, Malhem était souffrant lors de ton départ; j'ai craint, en obéissant de suite à tes ordres, de compromettre sa vie; j'ai donc attendu son rétablissement; et ce n'est que depuis quelques jours seulement qu'il s'est trouvé en état de supporter le châtiment que tu as cru devoir lui infliger.

—Tu as eu tort de te presser ainsi, répliqua vivement Djezzar; il fallait attendre mon retour; je me serais fait un plaisir de l'opérer moi-même. Qu'on le fasse venir, s'écria-t-il, en s'adressant à un de ses officiers; je veux le voir. »

Le pauvre kasnedar fut amené. Sa faiblesse était extrême; tout son corps tremblait. Djezzar le regarda en souriant.

« En vérité, s'écria-t-il en se laissant aller à un grand éclat de rire, je n'aurais jamais cru que tu deviendrais aussi laid; si j'avais pu m'en douter, je t'aurais laissé ton nez. »

Puis s'approchant de lui et lui mettant la main sur l'épaule : « Heureux Malhem, lui dit-il, tu es mon ami; je ne peux me passer de toi; rends-en grâces à Dieu! car, n'était l'affection que je te porte, je te ferais sauter la tête! »

Il paraît que Malhem était réellement de l'utilité la plus grande au pacha; car, par suite de la tendresse qu'il ressentait pour lui, souvent il le retenait, pendant une semaine entière, enfermé pendant la nuit dans un cachot d'où il le retirait pendant le jour pour venir travailler avec lui.

Les espions de Djezzar ne tardèrent pas à l'instruire de la scène de violence dont son harem avait été témoin. Cette nouvelle le jeta dans un nouveau paroxysme de fureur. La fuite avait dérobé les mameluck à sa vengeance;

il la fit éclater sur ses femmes. Cinq à six de ces infortunées ayant été amenées devant lui, il leur ouvrit lui-même le ventre; deux ou trois se trouvèrent enceintes. Vingt autres furent saisies, jetées dans des sacs de cuir auxquels on attacha de grosses pierres, et lancées ensuite au fond de la mer. Cette expédition faite, il songea au parti qu'il prendrait vis-à-vis de celles qui restaient et qui pouvaient être en nombre à peu près égal à celles dont je viens de dire la fin tragique. Il mit son esprit à la torture pour leur chercher un supplice nouveau; mais, las sans doute de se creuser le cerveau sans pouvoir trouver un genre de tourmens qui répondit à sa soif de vengeance, il dit à ses officiers :

« Ces misérables ne sont pas dignes de ma colère; qu'on les jette nues au fond de la cale du premier vaisseau venu, et qu'on aille les vendre à Constantinople ! »

Un brick de commerce français se trouvait précisément en rade; Djezzar le nolisa, et elles y furent immédiatement embarquées sous la surveillance de deux eunuques, puis conduites à Constantinople, où leurs conducteurs les vendirent. Dans le trajet, les matelots du bâtiment enivrèrent les eunuques et répétèrent la scène à laquelle s'étaient livrés les mamelucks.

Ce dernier fait m'a été raconté par le capitaine même du navire qui servit à ce singulier transport, et qui fut précisément celui sur lequel je revins de Sidon à Marseille.

Il y avait deux ans que la sanglante tragédie que je viens de raconter avait eu lieu, lorsqu'un des mamelucks qui l'avaient fait naître, et qui s'était réfugié chez les Bédouins de l'intérieur, conçut le hardi projet de venir se présenter devant Djezzar. Il partit; arrivé à Saint-Jean-d'Acre, il se rend au palais, entre hardiment dans la salle où le pacha tenait alors un divan, fend la foule des officiers dont Djezzar se trouvait entouré, et se prosterne aux genoux de son ancien maître. Djezzar le reconnut sur-le-champ; ses traits prirent alors une telle expression de rage, que tous ses officiers pâlirent et baissèrent les yeux ; pour lui, il se lève avec vivacité, et saisissant sa hache d'armes, il dit au mameluck, qui s'appelait Soliman :

« Misérable! que viens-tu faire ici ?

— Mourir à tes pieds, répondit le mameluck; car je préfère ce destin à celui de vivre loin de toi. »

La hache fut levée sur sa tête; chacun s'attendait à la voir rouler sur le plancher, lorsque Djezzar, abaissant tout-à-coup l'instrument de mort, dit encore au mameluck :

« Quel mauvais génie a donc pu t'amener ici? tu sais bien pourtant que jamais Djezzar n'a pardonné. »

Soliman répéta sa première réponse. La hache fut levée une seconde fois, et le pacha ne fit entendre que ces mots :

« Tu mourras! »

Une seconde fois la hache s'abaissa. Ce mouvement fut suivi d'une troisième demande pareille aux deux premières : même réponse y fut faite. Le pacha, jetant aussitôt l'arme redoutable loin de lui, s'écria enfin :

« Djezzar aura pardonné pour la première fois de sa vie! »

Dieu sait les cris de joie que provoquèrent ces mots, en effet si nouveaux dans les fastes du palais de Saint-Jean-d'Acre! Soliman fut entouré et comblé de félicitations; il rentra en grâce, et finit par obtenir l'amitié particulière de Djezzar, qui lui confia ensuite une des premières charges du pachalick.

J'ai raconté plus haut une partie des tourmens qu'à l'époque du siége de Saint-Jean-d'Acre, Djezzar fit souffrir aux Français établis dans cette ville. Tous furent jetés en prison et plus ou moins mutilés; il n'était point d'heure où l'on ne vînt leur annoncer que celle qui venait de s'écouler était la dernière. Je crois avoir dit qu'ils ne dûrent la vie qu'aux généreux efforts du commodore anglais sir Sidney Smith, et que le pacha, impatient de ses réclamations en leur faveur, finit par les faire jeter au fond de la cale d'un mauvais bâtiment turk, auquel mission fut donnée de les abandonner ensuite sur un point éloigné de la côte.

Tous les détails que l'on vient de lire n'offrent qu'un imparfait tableau des atrocités de tout genre qui ont souillé la longue vie de Djezzar. On devait croire que le poignard d'un parent ou d'un ami de l'une de ses innombrables victimes viendrait arrêter cette effrayante série de crimes ; mais pas un bras ne s'est rencontré pour abréger une aussi épouvantable existence. Djezzar est mort paisiblement dans son lit en 1808, à l'âge de plus de 88 ans.

Par un de ces jeux bizarres que la fortune se plaît à opposer à la fatalité qui semble poursuivre certains hommes, le successeur de Djezzar fut ce même mameluck Soliman, qui se trouva l'objet inespéré du seul acte de clémence que le féroce pacha ait fait dans sa vie. Pour compléter le contraste, autant Djezzar se montra cruel, autant Soliman déploya de douceur et de bonté. Humain, généreux autant qu'homme puisse l'être, jamais souverain ne fut plus aimé. Il avait pour conseil et pour guide le kasnedar Malhem-Hahim ; la Syrie respira sous lui et se releva de l'état d'atonie et de misère où l'avait placée le caractère rapace et sanguinaire de son prédécesseur. Un seul fait suffira pour faire apprécier la bonté de son gouvernement : sous lui, les voleurs avaient disparu, et l'on pouvait voyager avec sécurité dans toute l'étendue de son pachalick.

Soliman mourut au commencement de 1820. Comme je suis retourné depuis cette époque à Saint-Jean-d'Acre, je réserve pour cette seconde excursion à parler de ses derniers momens, ainsi que de son successeur le mameluck Habd-Allah. Je quitte enfin des digressions, et je reviens à mon voyage.

Ce fut le 27 septembre, à huit heures du matin, que je quittai Saint-Jean-d'Acre pour revenir à Sidon. Je passai par Tyr, que je voulais visiter. Il était six heures du soir lorsque j'entrai dans cette ville; mon premier soin fut d'aller présenter mes respects à l'archevêque. Le luxe et la magnificence qui entourent habituellement la brillante demeure de nos prélats m'avaient familiarisé d'avance avec la pensée de trouver le prélat grec occupant un palais somptueux. Quelle ne fut donc pas ma surprise lorsqu'au lieu d'un riche hôtel je vis une petite maison des plus modestes, dont l'archevêque vint m'ouvrir lui-même la porte, et qu'il habitait seul avec une de ses sœurs! Ce vénérable vieillard, après avoir fait placer ma jument dans l'écurie d'une maison voisine, m'invita à monter chez lui. La pièce dans laquelle il m'introduisit avait pour tous meubles un petit divan, un Christ et une table sur laquelle une Bible se trouvait ouverte.

« Mon frère, me dit-il, regardez-vous ici comme aussi libre que chez vous. » Puis m'ayant présenté une pipe et du tabac de la Montagne, il ajouta :

« Je ne pourrai vous traiter comme je le désirerais, car je ne vis que d'aumônes que je partage avec les pauvres et avec les voyageurs qui veulent bien se déranger pour venir me visiter ; mais vous pouvez du moins être assuré de trouver ici le sel et le pain. »

Je lui répondis de manière à lui prouver que je sentais tout le prix de sa modestie et de sa bonté ; puis je sortis dans la cour. J'eus tout lieu de m'en applaudir, car y ayant rencontré la sœur du bon prélat, il ne me fut pas difficile de m'apercevoir de l'embarras où la mettait la difficulté de pourvoir convenablement à l'appétit que ma qualité de voyageur me faisait supposer. Je me hâtai de lui glisser dans la main deux piastres d'Espagne (12 francs 50 c.), qu'elle accepta après quelque hésitation, et sortit aussitôt pour aller aux provisions. Lorsque vint l'heure du dîner, la sœur de l'archevêque plaça sur la table une poule au riz et quelques autres mets particuliers au pays. Une telle abondance étonna le prélat. Sa sœur lui apprit en arabe la source de ce luxe inaccoutumé ; ses remercîmens ne se firent pas attendre ; mais j'y coupai court en lui disant qu'en acceptant de lui l'hospitalité, je n'avais nullement entendu lever sur la fortune de ses pauvres la contribution même la plus légère.

Le repas fini, il me fit conduire dans une petite chambre très-propre où je trouvai un matelas étendu sur une espèce de table. Ce lit n'avait rien d'effrayant pour moi; je m'y couchai et dormis jusqu'au lendemain matin. Mon hôte devait partir dans la journée pour aller visiter les couvens de la Montagne qui se trouvent placés sous sa juridiction épiscopale; il se trouva donc levé long-temps avant moi. Nous déjeunâmes, puis nous sortîmes tous deux de la ville, lui sur l'antique et modeste monture qu'avait Jésus en entrant à Jérusalem, et moi sur ma jument. Une fois hors des murs, nous nous séparâmes; il prit la route de la Montagne, et je dirigeai ma course vers Sidon.

Tyr n'a plus rien de son ancienne splendeur. La vieille ville a complètement disparu sous les sables de la mer; le seul monument encore subsistant que l'on croit lui avoir appartenu, est un puits dont la source correspond sans doute avec celles des puits de Salomon (*Ras-el-Aïn*), car son eau se colore en rouge en même temps que celle de ces derniers. Tous les habitans s'y fournissent d'eau, qu'ils viennent y puiser avec des cruches.

La ville nouvelle est bâtie sur une langue de terre qui s'avance en pointe assez loin dans la mer; on y compte environ 1000 habitans; elle n'offre rien de remarquable. On y voit peu de ruines; encore ne consistent-elles guère qu'en un certain nombre de colonnes de granit couchées sur le sol et en partie recouvertes de sable.

J'arrivai dans le courant de la journée à Sidon.

CHAPITRE XI.

Invitation de lady Stanhope à l'auteur. — Voyage pour faire visite à cette femme célèbre. — Aspect des montagnes. — Vin d'or des Maronites. — Rencontres bizarres. — Arrivée au monastère du Liban ; réception ; conversation ; examen de chevaux ; projets sur quelques-uns. — Histoire de lady Stanhope. — Le colonel français Boutin. — Soliman, pacha d'Acre, et son successeur.

Avant notre départ de Marseille, nous avions, M. de Portes et moi, souvent entendu parler de lady Stanhope. Cette femme, déjà célèbre par la naissance, la fortune, la beauté, et surtout par le genre d'existence qu'elle s'était choisi, m'inspirait le plus impatient désir de la connaître et de m'assurer par moi-même à quel degré les versions faites sur elle se rapprochaient de la vérité. Il m'était difficile d'imaginer comment j'obtiendrais accueil au monastère du Liban, qu'habitait alors Milady : pour les Européens, et surtout pour les Anglais, les portes restaient constamment fermées. M. l'abbé Desmazures lui-même, lors de son premier voyage à Jérusalem, supposant que la gravité de son caractère public lui donnerait un accès facile près de la belle étrangère, l'avait fait prier, d'une manière qui témoignait sa confiance, de le recevoir lorsqu'il se présenterait ; mais il n'en fut pas ainsi qu'il se l'était persuadé. Milady le laissa venir et lui fit répondre alors qu'elle ne voulait pas exposer un aussi saint homme aux regards d'une pécheresse comme elle ; que ce serait le mettre dans l'obligation de gravir plus tard le mont Carmel, tête et pieds nus, pour expier cette souillure. Le pauvre abbé se retira fort désappointé, mais non sans avoir fait honneur cependant au dîner qu'on lui servit dans un appartement séparé.

Peu de temps après mon retour de Saint-Jean-d'Acre, me fatiguant la tête à chercher l'occasion de satisfaire ma curiosité, et ne trouvant rien de praticable, on concevra quelles dûrent être ma surprise et ma joie en recevant une invitation de Milady. Plus cette faveur était inespérée, plus elle me fit éprouver de plaisir. Mes préparatifs de voyage ne furent pas longs. Monté sur une jument arabe, et précédé d'un jeune Turk qui servait habituellement de guide aux Européens dans cette contrée, je m'acheminai vers le monastère.

Quelque préoccupé que je fusse de l'étonnante personne avec laquelle j'allais enfin me trouver en relation, je ne pus m'empêcher de remarquer la prodigieuse agilité de mon guide, qui me laissait toujours fort en arrière, bien qu'il fût à pied et que ma monture eût un pas assez alongé. S'agissait-il de tourner un rocher, il m'indiquait la voie et se trouvait presque aussitôt au sommet de l'obstacle. Jamais chasseur de chamois ne signala tant d'adresse et de vigueur. La chaleur était cependant accablante. Sachant combien j'en devais souffrir, le jeune Turk m'attendait souvent avec de l'eau très-fraîche et très-limpide qu'il recueillait à des sources où lui seul pouvait atteindre. Une montagne moins escarpée se présenta; des chemins y étaient tracés, nous les suivîmes. Arrivé sur le plateau, j'examinai quantité d'incrustations de coquillages dans les blocs de pierre qui ressortaient du sol. Là, nous fîmes aussi rencontre de huit ou dix chameaux de grande taille, qui portaient sur l'épaule une marque imprimée en chiffres romains. Je sus de leurs maîtres qu'ils avaient jadis appartenu à l'armée française, et l'énigme s'expliqua.

Si la réception que devait me faire lady Stanhope était capable de me flatter, d'un autre côté les périls auxquels m'exposa mon voyage pour me rendre à son ordre me firent bien acheter l'honneur de cette entrevue. Des précipices d'une profondeur effrayante, et sur les bords desquels j'étais obligé de conduire mon cheval, menaçaient à chaque instant de nous engloutir tous deux : le moindre faux pas, et c'en était fait; la plus horrible chute nous livrait à la mort. La pensée ne peut créer la représentation de cette nature majestueuse et sauvage dont le tableau se déroulait à mes regards. Elle me pénétrait de respect, de terreur et d'admiration, et je ne prétendrai pas la décrire; les richesses du style le plus énergique et le plus mâle seraient froides et décolorées pour donner une image de telles merveilles.

Après avoir bravé tantôt ces gouffres ouverts sous nos pas, tantôt ces masses de rochers suspendues sur ma tête, je parvins dans une assez riante vallée et sur le bord d'un ruisseau dont l'eau claire et tranquille faisait mouvoir la roue d'un moulin à farine. Ce spectacle était bien nouveau pour moi dans la Syrie. J'en attribuai l'idée à quelques habitans étrangers. Je frappai, dans cette espérance, à la porte du bâtiment; mais personne ne m e répondit, et je fus contraint d'aller plus loin chercher le repos et les rafraîchissemens qui m'étaient nécessaires.

Mon infatigable guide, dont les dispositions obligeantes se décelaient en toutes choses, encouragea ma patience en me montrant une colline dont le faîte était couvert de vignes magnifiques et d'arbres touffus sous lesquels nous pourrions trouver de l'ombre et de bons fruits. Mon attente ne fut point trompée. Des bosquets gracieux et d'excellens raisins s'offrirent à ma vue. Un moment de bien-être succéda aux fatigues inouïes de la route. Les Maronites qui peuplent ce pays tirent des raisins dont il est ici question, et qui viennent d'une grosseur prodigieuse, un vin précieux qu'ils nomment *vin d'or*. Ils en font aussi, par dessication, un commerce assez important.

Dès que nous fûmes en état de continuer, je me remis en selle et mon guide reprit les devans. A peine avions-nous fait un quart de mille que nous vîmes s'avancer une troupe de vingt-cinq à trente individus montés la plupart sur des ânes. On distinguait au milieu de cette procession un superbe cheval blanc conduit à la longe par deux Druzes à pied. Ce cheval portait une espèce de spectre coiffé d'un bonnet très-haut et pointu, à l'extrémité duquel étaient attachés de longs voiles couvrant tout le corps du mystérieux personnage. On m'apprit que c'était une nouvelle mariée Druze, de distinction, qui allait joindre son époux, et qu'un pareil cérémonial était toujours de coutume en ces occasions.

J'arrivai enfin en vue du couvent qu'habitait la souveraine de Palmyre. Placée dans un pavillon, elle m'avait aperçu et reconnu de loin pour un Européen, malgré mon costume turk. J'approche; je sonne: un Arabe vient m'ouvrir, m'introduit sous un vestibule, referme avec soin sur nous la porte par laquelle j'étais entré, me fait signe d'attendre, et me laisse comme pour aller annoncer ma visite. Je restai seul pendant près d'une demi-heure, tenant mon cheval par la bride et trouvant au moins fort extraordinaire ce peu d'empressement à me recevoir après une invitation. Enfin parut une jeune et très-jolie fille, vêtue à la grecque et parlant fort bien français. Elle m'interrogea dans cette langue pour savoir si j'étais attendu de sa maîtresse. Je me nommai; aussitôt frappant dans ses mains elle témoigna beaucoup de joie et s'écria : « Milady! Milady! c'est le Français! venez! venez!... » Ces exclamations furent entendues, et je vis s'avancer une personne habillée en scheick de Bédouins, mais costumée d'une manière bien plus riche que ne le sont ordinairement ces princes du Désert : c'était lady Stanhope; elle vint à moi, me prit amicalement la main et s'excusa de m'avoir fait si longtemps attendre. Je vous ai pris pour un Anglais, ajouta-t-elle, et comme je ne les reçois pas volontiers, si vous aviez été mon compatriote, un dîner dans ce vestibule est tout ce que j'aurais pu vous offrir. Je la remerciai de la préférence qu'elle daignait accorder aux gens de ma nation, et me félicitai beaucoup d'un titre qui m'aidait à satisfaire le désir si vif que j'avais de connaître cette femme singulière.

Après cet échange de politesses, elle me fit entrer dans un petit appartement qui ne contenait pour tous meubles que des coussins sur lesquels nous nous assîmes. On apporta des pipes; Milady en prit une, m'en offrit une autre, et tout en fumant la conversation s'engagea : Napoléon en fut le sujet principal ; il captivait toute l'admiration de Milady, il excitait en elle un enthousiasme qu'on ne peut décrire.

On nous servit ensuite un repas à l'arabe; j'y fis honneur avec l'appétit que m'avait donné la route. Milady, quoiqu'elle n'en bût pas, me fit servir du vin de Chypre et du vin d'or de la montagne. Tous deux me parurent excellens. Enfin, après de nouvelles causeries fort longues sur divers sujets, la nuit se trouvant avancée, je me retirai dans l'appartement qui m'était destiné.

Le lendemain, je me levai de bonne heure; Milady n'était pas encore visible. En l'attendant, j'allai jeter un coup d'œil sur ses chevaux.

Vers dix heures du matin elle sortit de sa tente, dressée sur la terrasse du bâtiment, et vint me rejoindre pour me consulter sur l'état de son cheval favori, qui se trouvait boiteux. Il était d'une beauté parfaite. Le mal dont il souffrait pouvait guérir promptement. J'en donnai la certitude en indiquant les moyens à prendre, ce qui parut causer beaucoup de joie à sa maîtresse. Elle tenait ce cheval d'un scheick de plusieurs tribus qui campent du côté de Damas et de Palmyre, nommé Nassr. Après cet examen, Milady me fit voir plusieurs jumens parmi lesquelles se distinguait une superbe pouliche, objet de soins spéciaux, et que plusieurs santons turks disaient ne pouvoir être montée que par le premier guerrier du monde. Ils avaient reconnu la destination de cette pouliche à des signes particuliers. Milady, les croyant sur parole, se promettait d'offrir un tel présent à Napoléon. Mais la naissance d'une pouliche qui promettait d'être plus belle encore fit changer ce projet. La dernière venue obtint la préférence, et la première fut donnée à M. de Portes lorsque nous fûmes prêts à revenir en France. En arrivant à Paris, elle fut achetée par la duchesse d'Angoulême, et fait aujourd'hui, sous le nom de *Nichab*, une des richesses du haras du Pin.

Je remarquai particulièrement aussi une autre pouliche d'environ deux ans, dont le dos était aussi creux qu'une selle turque, et les reins voûtés en contre-bas. Ces défauts semblaient une perfection aux yeux de Milady; elle m'apprit que cette pouliche était issue d'une famille dont la branche remontait aux chevaux des haras de Salomon; que cette espèce était extrêmement rare et précieuse; enfin qu'une telle monture ne pouvait être dignement possédée que par un des plus grands souverains de la terre. « C'est pour cela, poursuivit-elle, que j'ai l'intention de l'envoyer au *roi de Rome*. Celle-ci a, comme *Nichab*, des caractères qui annoncent l'honneur que je lui réserve. » Je vis encore un grand nombre de chevaux plus ou moins capables d'arrêter mon attention. Dans ces derniers se trouvait une petite jument alezan brûlé que je reconnus plus tard à Paris : c'était un présent fait par Milady à M. Houay, ministre protestant anglais.

Je passai toute cette journée dans le palais de lady Stanhope, dont l'esprit bizarre offrait à mes observations le plus étonnant mélange de grandeur et de superstition dont il soit possible de se représenter l'image. Elle me fit promettre de revenir chaque fois qu'elle m'en adresserait l'invitation, soit pour me consulter, soit pour lui faire compagnie. Je lui promis d'être toujours prêt à ses ordres et repartis fort satisfait de son accueil. Le lecteur à qui des traditions inexactes et romanesques ont parlé de la reine de Palmyre, ne sera peut-être pas fâché de connaître plus positivement son histoire. La voici :

Lady Esther Stanhope est fille de lord Chatam et nièce du célèbre Pitt. Elle tient de cette famille la dignité et l'énergie qui caractérisent certains êtres faits pour dominer le vulgaire. Un extérieur imposant et plein de noblesse, une instruction vaste, une pénétration peu commune, des regards que rien n'intimide, inspirent toujours une sorte de respect et de crainte à ceux qui approchent cette femme extraordinaire. Quoique douée d'une beauté remarquable, les sentimens tendres n'ont rien d'analogue à ce qu'on éprouve à sa vue. C'est une créature à part qui étonne, mais ne peut charmer; elle subjugue et n'attache pas.

Fatiguée de sa patrie où nul grand spectacle de la nature ne se développait à ses yeux, elle chercha dans les voyages le genre d'émotions que désirait son âme rêveuse. Possédant une fortune immense et qui lui donnait les moyens de paraître en tous lieux avec magnificence, un bâtiment anglais chargé d'aller explorer les diverses contrées du Levant et de la Palestine, la reçut avec une suite nombreuse. Elle se fit débarquer à Smyrne, où bientôt la peste apporta ses ravages. Lady Stanhope en fut attaquée d'une manière si violente, qu'on ne songeait plus qu'à lui creuser un tombeau, lorsque, contre toute espérance, un miracle sembla lui rendre la vie. Elle guérit comme par enchantement et se rendit à Constantinople.

Le Grand-Seigneur, alors si froid, si fier envers les étrangers, fit à notre héroïne la réception la plus brillante et la plus gracieuse. Il la pria d'accepter son palais pour demeure et lui prodigua les fêtes. Les sultanes paraissaient autant d'esclaves dont on offrait la soumission à la nouvelle arrivée : on eût dit qu'elle partageait le trône. Cependant ces honneurs, ces hommages ne l'arrêtèrent pas long-temps. Elle quitta le sérail, et, munie de firmans qui enjoignaient à tous les pachas de l'empire de respecter ses démarches et de la protéger de toute leur puissance, elle se remit en route pour aller visiter les provinces du Liban.

Arrivée dans cette contrée de l'Asie, les princes des

Druzes et toutes les autorités locales, prévenus à l'avance de quel rang et dans quelle faveur était la noble voyageuse, vinrent en foule se courber devant elle et l'assurer de leur dévoûment. Le scheick Béchir mit à sa disposition le couvent d'Abra, près de l'ancienne Sidon, qui lui appartenait, et par suite une seconde habitation heureusement située dans la montagne, au sud, et à deux heures environ de marche de Mouktara, lieu de résidence du scheick. Milady se fixa dans ce pays dont l'aspect sauvage et grandiose alimentait ses besoins de merveilles. Exerçant un pouvoir de souveraine sur tout ce qui l'entourait, elle se fit une espèce de cour que ses libéralités rendirent chaque jour plus somptueuse.

Ne pouvant encore se servir que très-imparfaitement de la langue arabe, elle admit près de sa personne, en qualité de drogman, un certain M. Baudin, français d'origine, qu'un long séjour chez son oncle, négociant d'Alep, avait rendu familier aux dialectes d'Orient. Le caractère estimable de ce Français, la probité, l'élévation de penchans dont il fit preuve, lui avaient captivé l'estime générale, et contribuèrent puissamment à la bonne opinion que lady Stanhope prit de la nation d'un tel homme. Elle en fit son premier ministre, et le chargea de traiter toutes les affaires qui la concernaient, soit avec les sommités indigènes, soit avec les Européens.

Pendant l'hiver, lady Stanhope faisait sa résidence au couvent d'Abra; pendant l'été elle habitait la montagne. Toutefois, pour rompre la monotonie d'une stagnation trop longue, elle entreprenait de temps en temps des voyages autour du Liban. Elle visita même Jérusalem et Palmyre, dernier lieu qui la surnomma sa reine. Voulant se montrer partout avec éclat, et peut-être redoutant les attaques de peuplades vagabondes, elle offrit quelques avantages d'argent au scheick Nassr dont nous avons parlé, pour lui fournir une escorte nombreuse et respectable. Dans l'une de ces excursions, marché conclu et somme payée, Nassr ne se montra pas fidèle exécuteur de sa promesse; il vint avec beaucoup moins de cavaliers qu'on n'en attendait, et s'attira de justes reproches. Sans excuser son manque de foi par aucun motif, il répondit seulement que la sûreté de Milady n'avait rien à craindre, et qu'il en donnait sa tête pour garant. Celle-ci le renvoya en lui signifiant qu'elle ne partirait qu'avec l'escorte complète, et qu'elle saurait bien le contraindre à remplir ses engagemens. Le lendemain un bel esclave noir fut envoyé par le chef en présent à Milady. Sans doute il croyait par une telle galanterie la rendre moins exigeante sur l'objet de leur discussion, ne supposant pas dans une femme une fermeté de résolution que rien ne peut fléchir. Il se trompait : Milady garda l'esclave et députa vers le scheick son chargé d'affaires Baudin, avec injonction d'ordonner de sa part à ce déloyal de comparaître immédiatement devant elle. M. Baudin, fidèle interprète de son énergique patronne, ne craignit pas d'exprimer au scheick toute l'indignation que méritait sa conduite, et voulut le forcer par des menaces à se rendre dans l'instant au couvent d'Abra. Nassr, loin de témoigner du repentir, rougissant plutôt d'avoir eu jusque là des égards pour une chrétienne, se mit à sourire de mépris : « Va dire à celle qui t'envoie, répondit-il à M. Baudin, qu'elle me verra bientôt, non comme elle le désire, soumis et suppliant, mais pour lui montrer ce que peut mon sabre, en tranchant à ses yeux, pour commencer, la tête de l'esclave dont ma bonté voulut bien lui faire cadeau. Que cette infidèle apprenne à redouter ceux qu'elle outrage, lorsqu'ils sont de mon rang et qu'elle a reçu chez eux l'hospitalité. Va, je te suis et ne me ferai pas attendre. » Le pauvre esclave, devant qui M. Baudin rapporta le discours du scheick, se croyait déjà mort et tremblait de tous ses membres; mais sa terreur fut vaine : la fureur de Nassr fit place au respect le plus humble à l'aspect de Milady, dont le visage s'était animé d'une expression presque divine. Jamais sa beauté n'avait eu plus de puissance que dans ce moment. Le courroux que ses traits et ses paroles savaient peindre semblait venir d'un oracle foudroyant. Le scheick demanda grâce et promit tout ce qu'on voulut en attestant le Prophète. « O femme, s'écria-t-il, quelle est donc ta magie ! Je ne puis soutenir tes regards, je tremble au son de ta voix ! Mon front, malgré moi, s'abaisse à tes pieds ! tu commandes et j'obéis, tu menaces et j'ai peur ! Ton âme est surnaturelle; n'en fais plus mystère, car je le sens à l'empire que tu sais exercer. » Milady, soit politique soit vanité, ne détruisit point son erreur. Elle obtint pour l'accompagner une troupe de cavaliers plus nombreuse qu'il n'était convenu, et partit fière de sa victoire.

Depuis cette époque, le scheick, subjugué, chercha par tous les moyens à se rendre favorable celle dont l'influence lui semblait un privilége du ciel ou de l'enfer. Chaque jour il venait la supplier d'accepter des présens nouveaux. Les étoffes les plus riches, les schalls de cachemire les plus précieux, les chevaux choisis parmi ceux qu'on cite comme les plus nobles, tout ce luxe dont le scheick se dépouille pour faire hommage à lady Stanhope, lui paraît encore indigne de lui être offert. De son côté, la reine de Palmyre ne se montre pas moins libérale; ce sont de continuels échanges que font, d'une part la crainte, et de l'autre la générosité.

Milady, accompagnée de son médecin, de M. Baudin, de ses domestiques, de Nassr et de ses Arabes, traversa le Désert sans accident, et parvint aux ruines de Palmyre : elle y fut reçue comme une nouvelle Zénobie. Le scheick avait eu l'attention d'envoyer à son insu quelques-uns de ses cavaliers pour annoncer la venue d'un si grand personnage. La population entière des ruines vint au-devant de la caravane, et salua Milady du titre sous lequel elle est maintenant connue. Bientôt des danses joyeuses se formèrent; c'était une fête à laquelle jeunes et vieux prenaient part. L'objet d'un si flatteur enthousiasme n'y fut point insensible ; par ses ordres, l'argent fut à profusion distribué : on dota des fiancées, on solennisa leurs mariages ; enfin le séjour de lady Stanhope dans ces ruines ne fut qu'un tèmps d'ivresse et de bonheur. La tribu qui l'a proclamée reine conserve encore avec beaucoup de soin, et comme choses vénérables, les piastres d'Espagne qu'une main si bienfaisante et si noble a répandues ; et quand un voyageur européen, curieux de voir les restes de Palmyre, s'y présente, il ne faut pas qu'il oublie de se munir de piastres et d'en faire largesses, s'il veut être bien accueilli.

Au retour de Milady dans sa résidence, le colonel Boutin, qui en était connu, vint lui demander une hospitalité de quelques jours. Elle estimait infiniment le caractère et le savoir de ce Français ; aussi l'accueillit-elle avec toutes les démonstrations de l'intérêt et de l'attachement. Il avait long-temps vécu au sein des tribus du Désert, afin d'en étudier les mœurs et de gagner leur confiance. Parlant facilement l'arabe, imposant la vénération par ses lumières et son intrépidité, il explorait tous les points de la Syrie parmi les barbares dont il s'était fait des amis ou des admirateurs ; enfin, chargé des documens précieux qu'il avait recueillis pour enrichir la science, heureux d'avoir triomphé de tous les obstacles, il s'apprêtait à revoir sa patrie, quand des assassins vinrent le frapper.

Ayant fait au monastère le dépôt des objets d'antiquité qu'il possédait et de ses manuscrits sur tout ce qui avait mérité ses observations, le colonel, après s'être un peu reposé de tant de fatigues, poussé je ne sais par quel destin fatal à revoir certains lieux dont il voulait garder le souvenir, prit momentanément congé de Milady, et, suivi du domestique brave et fidèle qui l'avait partout accompagné, se mit en route pour les ruines de Balbec. Son absence ne devait pas être de longue durée, mais elle se prolongea tellement que lady Stanhope en conçut des alarmes. Elle envoya des émissaires à sa recherche. Ils revinrent avec la triste nouvelle que les cadavres mutilés des deux voyageurs étaient gisans et abandonnés non loin d'un village qu'ils désignèrent aux environs de Nar-el-Kelb.

L'indignation et la douleur de Milady, en apprenant cette catastrophe, éclatèrent dans une lettre qu'elle écrivit aussitôt à Soliman, pacha d'Acre, pour lui demander vengeance du crime; mais ne recevant pas une réponse assez prompte, et voulant, par tous les moyens, obtenir le châtiment des coupables, elle fit préparer ses meilleurs chevaux, s'arma de toutes pièces, et prenant pour la suivre une troupe nombreuse de gens dévoués, quitta le monastère pour aller demander elle-même au pacha la justice qu'il tardait à rendre.

Pour donner à la marche de sa caravane un air plus imposant, lady Stanhope déploya, dans cette circonstance, tout le luxe que ses richesses lui permettaient. Son entrée dans Acre, à la tête de tant de serviteurs couverts d'armures éblouissantes et de vêtemens précieux, excitait l'étonnement général. Arrivée devant le palais de Soliman, elle s'en fait ouvrir les portes et pénètre jusqu'à l'appartement où le pacha tenait conseil avec ses principaux officiers. Elle perce la foule, réclame le silence, et par un discours animé fait connaître publiquement le sujet qui l'amène. Cette fois l'éloquence de lady Stanhope n'eut pas tout le succès qu'on pouvait en espérer. Le pacha lui prodigua les marques d'une considération flatteuse, mais ne voulut rien lui promettre sans réflexion. Il offrit des présens, ils furent méprisés. Milady le menaça de la colère du Sultan, et se retira, laissant plongés dans la stupéfaction tous ceux qui venaient d'être témoins de cette scène.

Le consul d'Autriche ayant offert sa maison à lady Stanhope pour tout le temps qu'elle séjournerait à Saint-Jean-d'Acre, celle-ci, le lendemain de son arrivée et de son audience, y reçut un message du pacha, dans lequel il la priait de l'admettre à lui faire visite et de ne pas lui garder rancune pour avoir craint de se prononcer inconsidérément. On ne voulut ni le voir ni l'entendre; sa résistance était une déloyauté qui devait être punie, et le Grand-Seigneur ne tarderait pas à la connaître. Soliman n'insista pas davantage : il ne s'émut ni de l'offense ni des menaces; mais plus tard, quand Milady fut de retour au couvent d'Abra, il lui fit apprendre que ses vœux étaient satisfaits. Le village voisin du crime avait été détruit par les flammes et ses habitans massacrés : forme de justice à la turque, dont Soliman ne donna pas souvent d'exemple, car personne plus que lui, dans sa position, ne fit preuve d'humanité. Peut-être craignit-il, à la cour du Grand-Seigneur, l'influence qu'y pouvait exercer Milady pour le perdre. Une semblable cause était seule capable de le faire agir avec tant de brutale cruauté.

Lady Stanhope plaignit beaucoup moins les innocentes victimes qui se trouvèrent englobées dans cette boucherie qu'elle ne s'applaudit d'avoir triomphé dans sa vengeance. Elle écrivit au pacha une lettre pleine de choses gracieuses et d'éloges sur la rigueur nécessaire qu'il avait déployée. Le lecteur, en ceci, lui supposerait à tort des inclinations barbares; c'était au contraire par de bons sentimens qu'elle tenait cette conduite. Quoique se privant souvent de rapports avec les voyageurs européens, elle songeait à leur sûreté et les protégeait de tout son crédit.

L'avarice, comme on l'a vu plus haut, n'était pas un vice que l'on pût reprocher à lady Stanhope; tous ceux qui lui furent attachés, et même quantité d'autres personnes, en reçurent des présens et des bienfaits avec générosité. Elle dépensait noblement son immense fortune; toutefois un mouvement de cupidité, qui fit ensuite sa confusion, la rendit bien coupable aux yeux du monde savant. Dans les fouilles qui eurent lieu par ses ordres et à ses frais dans les environs de Jaffa, un beau lion colossal de marbre fut découvert. Lady Stanhope imagina que ce lion devait renfermer un trésor; on le mit en morceaux, il n'en tomba pas une obole, et la terre qui l'avait caché pendant tant de siècles le recouvrit à tout jamais.

Depuis que lady Stanhope habite la Syrie, d'heureux changemens se sont opérés par ses soins dans la situation des Druzes et des Maronites qui vivent autour d'elle; mais il n'est pas toujours facile de leur faire comprendre l'état meilleur, le mieux-être que la philanthropie s'efforce de leur procurer. Exposés souvent aux privations les plus absolues par imprévoyance, long-temps en vain Milady fit cultiver pour eux des pommes-de-terre; ils refusaient opiniâtrement cette nourriture, et supportaient plutôt la faim la plus aiguë que d'y toucher. Un moyen infaillible fut alors mis en usage pour vaincre leur répugnance. Des gardes placés en sentinelles autour des champs ensemencés de ce tubercule, ne tardèrent pas à voir arriver des voleurs; c'était à qui de ces derniers goûterait du fruit défendu. Ils ravagèrent tout ce qu'ils purent, et depuis cette époque la culture des pommes-de-terre leur est d'un grand secours.

Lady Stanhope, félicitée par Soliman du bien qu'elle faisait et cherchait à faire aux malheureux, entretenait, depuis la satisfaction qu'elle en avait obtenue, les relations d'une amitié plus vive avec ce pacha, quand la nouvelle de sa mort vint la plonger dans une douloureuse affliction. Soliman, attaqué d'une fistule dont il voulait se délivrer par l'opération, se mit entre les mains de charlatans qui le tuèrent. Il vit venir la mort sans effroi, sans faiblesse, et comme un homme sage l'attend. Dès qu'il crut ses jours près de leur terme, il rassembla les autorités sous ses ordres, et leur montrant un jeune officier nommé Abd-Allah qu'il affectionnait particulièrement: « Voici, leur dit-il, celui que le ciel appelle à me succéder; qu'il obtienne votre obéissance! ma dernière volonté vous le prescrit. Et toi, que je revêts du pouvoir, toi qui vas gouverner des hommes, tes pareils, n'oublie jamais, poursuivit-il, les devoirs que ta mission t'impose! sois juste, tu seras grand; notre saint Prophète bénira ton règne. Mais si tu trahissais l'espoir que je mets en ta probité, le bonheur fuira de ton âme, tu seras châtié tôt ou tard par le Dieu du ciel; car il est puissant! » Abd-Allah, ayant écouté ces avis dans un respectueux silence, fit serment de ne point s'en écarter, en portant la main sur sa poitrine, sur sa bouche et sur sa tête. Malheim Haïm était présent; Soliman lui tendit la main avec tendresse, la remercia de ses généreux services, lui recommanda surtout de ne point épargner ses vertueux conseils au nouveau dignitaire, et mourut pleuré de tous ceux qui pouvaient sentir la grandeur d'une telle perte.

Lady Stanhope devint plus solitaire encore après cet événement, qui la jeta dans une tristesse profonde. Elle ne voulut point reconnaître le nouveau pacha, dont l'abominable caractère confirma bientôt l'idée qu'elle s'en était faite. La Sublime Porte ratifia le choix de Soliman. Mais ce vieillard mourant ne se doutait guère à quel misérable il transmettait sa puissance!

La religion de lady Stanhope paraît être maintenant l'islamisme; elle vit à l'orientale, entourée d'esclaves druzes et maronites qui professent pour elle une sorte de culte. Ses domestiques européens n'en sont pas moins nombreux; elle entretient sa maison de la manière la plus splendide, et dépêche souvent des personnes de confiance à Paris et à Londres, pour y faire acquisition d'objets qu'elle destine en cadeaux aux scheicks du Désert. Jouissant d'une santé robuste, le médecin qu'elle s'est attaché n'est d'utilité que pour ses inférieurs; cependant elle s'en fait suivre dans toutes ses excursions. Il est à supposer que de longs jours sont encore destinés à cette femme célèbre par son existence bizarre, et précieuse par l'emploi qu'elle fait de ses richesses. L'avenir de son histoire présentera sans doute encore des incidens curieux, mais je dois laisser à d'autres le soin de les raconter.

CHAPITRE XII.

Visite au scheick-béchir. — Saut extraordinaire du cheval *Massoud*. — Voyage pour acheter un autre cheval célèbre. — Superstition et terreurs d'un guide français d'origine. — Voyage à Tripoli. — Maison de la Lune. — Miracles d'une Madone. — Acquisition d'*Adgy*. — Le prophète Loustonneau et son fils. — Deux magiciens. — Voyage à Damas. — Partie de chasse. — Le marché aux chevaux de Damas; visite au pacha de ce gouvernement.

De retour à Seyde, j'y trouvai M. de Portes en disposition de faire lui-même un tour dans la Montagne; il me proposa de l'accompagner chez le scheick-béchir, qui depuis long-temps nous avait l'un et l'autre priés de venir voir ses chevaux. Quelques-uns d'entre eux alors se trouvaient malades, et notre visite à ce prince des Druzes lui devenait fort nécessaire : je ne balançai point, et nous partîmes.

Une petite journée de marche nous suffit pour nous rendre à Mouktara, village dans lequel le scheick a fait construire ce qu'il nomme son palais. Son accueil fut plein d'empressement; il nous témoigna toutes sortes d'égards, nous donna le plus bel appartement dont il pouvait disposer, et fit faire les apprêts de notre dîner avec un luxe qui témoignait une considération particulière pour ses hôtes : peut-être les services qu'il en attendait stimulèrent-ils un peu ses démonstrations gracieuses; quoi qu'il en fût, je me hâtai de mettre le temps à profit, et de porter à ses chevaux souffrans les secours qu'ils réclamaient.

Le premier que me présenta l'*émir-akhor* était boiteux d'un effort de jarret, et sa rare beauté devait en faire vivement désirer la guérison. Le seul remède qu'on pût appliquer était le feu; je le mis avec certitude de succès, et à la grande satisfaction du fils du scheick, à qui ce cheval servait de monture habituelle et favorite. C'est lui qui avait produit *Nichab*, cette belle pouliche que lady Stanhope se promettait d'offrir à Napoléon. Sa robe, du plus brillant reflet, était complètement blanche, et de précieuses qualités le distinguaient encore de tous les autres qui furent offerts à mon examen; enfin il eût été déplorable de perdre, faute de soins, un animal si noble. Je sus depuis qu'il s'était parfaitement rétabli. J'indiquai des traitemens convenables pour les autres malades, qui guérirent en peu de temps.

Le scheick Béchir nous remercia beaucoup; ses assurances de gratitude épuisaient toutes les belles paroles de son langage; mais, loin de nous offrir des marques plus réelles de satisfaction, ce fut M. de Portes qui devint son tributaire. Une belle paire de pistolets que ce dernier avait apportée de Marseille excita les désirs du fils de notre hôte; il ne se lassait pas de les admirer, et ses regards, ses gestes, ses soupirs, faisaient assez comprendre combien il eût été chagrin de ne pas obtenir en présent les objets qui l'avaient charmé. M. de Portes le laissa quelque temps dans ces agitations d'espérance et de crainte; mais au moment de retourner à Seyde, moment où l'anxiété du jeune homme était plus que jamais évidente, M. de Portes combla ses vœux et l'anima d'une joie difficile à retracer.

De concert avec l'émir-béchir, le scheick-béchir gouverne tous les Druzes de la Montagne. Ces deux princes observent secrètement, le premier, la religion maronite chrétienne, l'autre l'idolâtrie, et n'affectent les dehors musulmans que par calculs politiques. Le village où réside le second renferme une mosquée bâtie par ses ordres, et dans laquelle il se rend avec une exactitude qui sait en imposer au vulgaire : il conserve par ce moyen la paix avec ses voisins qui professent l'islamisme de conviction.

Pendant notre séjour à Seyde nous ne manquions pas, M. de Portes et moi, de faire faire à nos chevaux une promenade dans les jardins qui entourent la ville, pour les exercer par nous-mêmes et par nos saïs. L'air embaumé par les fleurs d'orangers et mille autres plantes odorantes et suaves dont abonde ce beau climat, augmentait le plaisir de ces excursions journalières qui nous devenaient un besoin. Notre saïs-bachi montait d'ordinaire *Massoud*, dont les Turks admiraient toujours la grâce et la beauté. Un jour que nous passions à gué un ruisseau qui parfois avait le volume et l'impétuosité d'un torrent, mais alors ne coulait qu'une eau tranquille et peu profonde, *Massoud*, dédaignant un pareil obstacle, montra toute son énergie en le franchissant sans hésiter et sans prendre d'élan. Le saïs-bachi, qui ne s'attendait pas à cette impulsion, fut enlevé si haut que son turban s'accrocha et demeura suspendu aux branches d'un énorme sycomore qui se trouvait de l'autre côté du ruisseau, où le cheval s'arrêta court. La largeur franchie était d'au moins quinze pieds ; *Massoud* semblait dire qu'il pouvait encore faire davantage, et le cavalier, d'abord étourdi, puis émerveillé de tant de force, mit pied à terre, baisa les pieds de sa monture et lui prodigua toutes les louanges que son enthousiasme lui put fournir. Depuis ce temps, le saïs-bachi ne prononçait le nom de *Massoud* qu'avec une vénération profonde, et tous les Turks qui connaissaient ce cheval ne le citaient qu'en s'écriant *Mach Allah!* grand mot dans leur bouche, pour exprimer le superlatif de l'admiration.

On nous avait aussi beaucoup vanté un cheval de très-grande taille dont était possesseur le scheick d'un village situé à trois journées de marche de Seyde ; tant d'éloges éveillaient notre curiosité. M. de Portes m'engagea à voir ce cheval pour nous assurer s'il méritait en effet le bien qu'on disait de lui, et pour l'acheter, dans le cas où son maître consentirait à s'en défaire. Je partis ayant pour guide un chrétien nommé Ginousse, né dans le pays, mais d'origine française et parlant français ; il montait un âne, moi je pris un mulet, et nous cheminions vers notre but ; quand mon compagnon me fit remarquer un lieu qui renfermait d'abondantes mines de charbon de terre, de plomb et d'autres métaux précieux, auxquelles on ne touchait point : je demandai la raison de cette insouciance : « Dieu garde les hommes, répondit Ginousse, d'arracher à cette terre les richesses qu'elle contient! le diable y veille, et malheur à quiconque tenterait de braver sa puissance! d'ailleurs, pour désarmer la colère de ce mauvais esprit, les habitans de la contrée assommeraient sur l'heure celui d'entre eux ou même l'étranger que la cupidité pousserait à vouloir exploiter de telles possessions. » Ce préjugé est réellement fort en crédit, et laisse dans la misère des hommes qui pourraient beaucoup améliorer leur situation en comprenant mieux leurs intérêts et le langage de la raison. Plus loin, des chemins qui se croisaient embarrassèrent Ginousse, il ne savait lequel prendre; je lui conseillai d'aller s'informer à des femmes que nous apercevions à quelque distance. « Dieu m'en préserve! répondit encore le poltron, ce sont des femmes druzes ; il ne m'est point permis de leur adresser la parole, je risquerais trop de me faire un mauvais parti par cette infraction aux lois de leur culte. » Il fallut me contenter de ce motif; nous prîmes au hasard, il nous servit et nous arrivâmes le soir dans un village où des Druzes nous donnèrent l'hospitalité ; plus généreux en cela que les Maronites qui professent la religion chrétienne, nous n'eûmes qu'à nous louer de leur accueil. Cependant mon guide, que rien ne pouvait rassurer, se tint les yeux ouverts pendant toute la nuit et fit sentinelle, dans la crainte que la surprise et la trahison ne nous missent en péril. Au moindre bruit il me réveillait, et ses transes continuelles me laissaient à peine un instant de repos.

Au point du jour nous repartîmes. La route devenait de plus en plus agréable, les terres offraient l'aspect de la plus heureuse fertilité; couvertes d'oliviers, de mûriers, d'une foule d'autres arbres chargés de fruits ou de fleurs, le parfum qui s'en exhalait donnait du charme à notre voyage.

De distance en distance nous remarquions aussi des huttes couvertes de mousse et de roseaux, dans lesquelles on cultive avec soin l'éducation des vers à soie, principale industrie et source importante de prospérité du pays. Ayant marché long-temps et bon train, à la fin de la deuxième journée nous arrivâmes au village où résidait le scheick propriétaire du cheval qui faisait l'objet de ma démarche ; on concevra mon désappointement et ma tristesse quand j'appris que ce cheval si vanté était vendu depuis quelques jours aux agens d'un bâtimens nolisé par la maison Thésée de Marseille, qui devaient l'embarquer à Tripoli. Le scheick, en voyant la mauvaise humeur que je ne pouvais m'empêcher de faire paraître, voulut me consoler. « Afflige-toi moins, me dit-il, je puis t'offrir en dédommagement un coursier bien supérieur à celui que tu regrettes. Commence par examiner les produits de l'un et de l'autre, on va te les montrer ; tu pourras comparer la différence du mérite. » Je voulus d'abord voir le cheval restant ; il me fut présenté : c'était un gros turkoman, élevé dans la Montagne, et qui ne possédait aucune distinction ; il était brassicourt, avait les jarrets empâtés et beaucoup d'autres défauts encore. J'en fis cependant compliment à son maître, car, dans ce pays comme ailleurs, la politique est nécessaire, et l'on ne peut toujours appeler les choses par leur nom. C'est pourquoi je me gardai bien d'avouer que je ne voyais qu'une rosse dans le prétendu phénix qu'on désirait me faire acquérir. Quant aux poulains, ceux qui me furent désignés comme provenant du cheval vendu me parurent en effet moins bons que ceux de l'autre ; mais je ne me laissai point séduire, et, ne faisant aucune offre, dès le lendemain je repris le chemin de notre résidence habituelle.

M. de Portes fut, ainsi que moi, très-fâché de l'aventure ; il encouragea mon désir d'aller jusqu'à Tripoli chercher à voir, au moins pour notre propre satisfaction, le cheval acquis par les agens du navire. Sans me donner aucun relâche, je m'embarquai sur un mauvais bateau turk qui se rendait à ma destination. Un mameluk nommé Louis, que M. de Portes s'était attaché comme drogman et qui lors de leur retour d'Égypte avait suivi nos troupes, m'accompagnait cette fois : c'était un homme sur lequel on pouvait mieux compter.

Obligés de nous tenir toujours très-près de la côte pour éviter les accidens, nous ne marchions que de jour, et la première nuit nous allâmes coucher à Bairuth. M. Aubin me reçut chez lui; il logeait dans un couvent dédié à saint Antoine, qu'habitait également un révérend père dont le bon *vin d'or* fut fêté. Je crus aussi devoir faire une visite au Mohassil qui nous avait si bien accueillis à notre passage. Ce brave homme était en disgrâce auprès du nouveau pacha d'Acre, et s'en consolait par l'étrange idée que Napoléon devait bientôt reparaître en Syrie pour s'en élire le sultan, et que lui, mohassil, ne pouvait manquer d'être nommé pacha. Je le quittai en lui laissant sa rêverie et ses espérances de dignités.

Le lendemain nous ne pûmes aller plus loin que Djebel; cette lenteur de marche me fit prendre le parti de louer des ânes et de faire route par terre. Un Moukre nous servit de guide. Nous soupâmes et couchâmes le soir dans une grotte habitée par un Turk qui fit tous ses efforts pour nous bien traiter; mais la vermine qui pullulait dans son hôtellerie m'obligea d'en sortir et de chercher un lit sur le sable. Le jour suivant nous parvînmes à Tripoli, où notre consul, M. Regnault, m'offrit un asile et du repos. Toutes mes peines étaient perdues : le cheval que je cherchais, ainsi que d'autres pareillement achetés, avaient pris la mer huit heures avant mon arrivée. M. Regnault, pour me distraire un peu de cette mortification, me fit voir en détail les bazars et les jardins de la ville ; je remarquai dans les derniers des orangers d'une grosseur prodigieuse et chargés de fleurs et de fruits d'une rare beauté. Je fus ensuite conduit chez Berber, pacha à deux queues gouvernant Tripoli sous l'autorité d'Abd-Allah; je visitai ses écuries, mais rien qui méritât spécialement mon attention ne s'y rencontra.

En retournant à Seyde, après deux jours seulement de station à Tripoli, je passai par une petite ville nommée Dar-el-Kamar (maison de la lune), fort célèbre par une Madone à laquelle on attribue de grands miracles. Le peuple maronite lui donne toute confiance, et le fait suivant en sera la preuve : l'un des hommes de cette secte, débiteur d'une somme d'argent assez considérable envers un Druze, prit le parti de niersa dette pour ne point l'acquitter. Le créancier, quoique de religion différente, demanda le serment du fripon devant la Madone; ce dernier fut contraint de souscrire à cette condition, et de nombreux assistans accompagnèrent les deux parties, bien convaincus qu'un parjure ferait punir à l'instant le coupable. Le serment fut prononcé, et la mauvaise foi allait en imposer à toutes les opinions quand d'affreuses coliques suivies de vomissemens de sang prirent le Maronite, qui mourut quelques heures après en faisant l'aveu de son crime. On imagine aisément combien un pareil événement dut accroître la réputation de l'idole! dans le pays chacun ne jure que par elle, pour attester ce qui pourrait d'abord n'être pas cru malgré d'autres sermens.

De Dar-el-Kamar je continuai ma route vers Seyde, mais en faisant un détour pour aller visiter l'émir-béchir à Ptédin. Ce prince me reçut avec une cordialité parfaite, me fit même, par faveur singulière, asseoir près de lui sur son divan pour causer de la France et surtout de Napoléon, qu'il avait vu plusieurs fois pendant la campagne d'Égypte. « Si ce grand capitaine, me dit l'émir, avait pu s'emparer de Saint-Jean-d'Acre, j'aurais mis à sa disposition toutes les troupes du Liban; mais le non-succès de cette entreprise nous faisait trop redouter les vengeances du terrible Djezzar, et nous nous bornâmes à fournir aux Français quelques provisions; pour cela seulement je faillis perdre la tête; je ne sais comment elle est encore sur mes épaules, tant Djezzar fut irrité de ma sympathie pour les tiens. De longues années qu'il m'a fait passer dans ses cachots ont à peine satisfait sa colère, et je n'ai pu sauver ma vie que par le sacrifice de sommes énormes que mes amis parvinrent à rassembler pour venir à mon aide. »

L'émir-béchir, après cette conversation, me proposa de voir ses chevaux et me fit conduire aux écuries par son émir-akhor, nommé Bertrand, lequel était fils d'un Français depuis long-temps établi dans la contrée, et frère d'un médecin résidant à Seyde, avec qui j'avais formé liaison. Les chevaux que j'examinai étaient pour la plupart très-forts, et ressemblant beaucoup aux arabes baraks. Je vis aussi de belles poulinières et plusieurs étalons du Désert choisis avec soin et dont l'émir Béchir faisait avec raison grande estime.

Le lendemain je me rendis de nouveau à Mouktara, chez le scheick-béchir, pour voir le cheval auquel j'avais fait l'application du feu. Le scheick me fit mille amitiés et me témoigna le regret de ne pouvoir admettre, sans violer sa loi religieuse, un homme aussi savant que moi à sa table. Il m'entoura d'égards, ordonna que tout ce dont je pouvais avoir besoin me fût offert; et lorsque je fus près de le quitter, une marque nouvelle de sa reconnaissance me parvint encore : c'était une superbe pièce d'étoffe brodée d'argent, dont les Turks font leur robe de cérémonie. A mon tour je m'épuisai en démonstrations de gratitude; mais elles étaient un peu différentes des autres, je n'avais en ce moment que des paroles à ma disposition.

Quelques jours après mon retour à Seyde, M. de Portes partit lui-même pour Safad, où ses affaires l'appelaient. Il passa par Tibériade, où le mutzelim disgracié lui vendit un magnifique cheval gris nommé *Adgy*. Ce mutzelim avait fait avec ce cheval le pélerinage de La Mecque, et la mort de Soliman l'avait dépossédé de ses honneurs. C'est à sa déchéance de fortune que nous dûmes l'acquisition précieuse d'*Adgy*, dont le nom signifie *pélerin*.

Lady Stanhope m'invitait fréquemment à lui faire visite au couvent d'Abra, qu'elle habitait alors. Elle avait recueilli, je ne sais par quel sentiment, une espèce de visionnaire, ancien général au service de Tippo-Saïb, négociant ensuite, ruiné par un tour de roue de la fortune, et faisant le prophète faute de mieux. Il se nommait Loustonneau; des méditations sur la Bible et l'Apocalypse remplissaient toutes ses journées; il donnait pour certain son avénement prochain au trône de Jérusalem, puis son ascension au ciel, dont il ne descendrait qu'avec une armée d'archanges pour exterminer Bonaparte, dans l'esprit duquel il avait découvert le dessein de s'échapper de Sainte-Hélène pour conquérir la Palestine. Milady écoutait parfois sérieusement les rêveries de cet homme. « Purifiez-vous, lui répétait-il à chaque instant, arrachez-vous à la dépendance du Démon; en obéissant à la loi du vrai Dieu, vous serez comblée de gloire et de puissance, et l'empire de la cité sainte sera votre partage. » Comme les fous obtiennent beaucoup de respect chez les Turks, on ne méprisait point les extravagances de celui-ci, on ne contrariait jamais ses assertions.

Un beau jour nous vîmes arriver à Seyde, sur un bâtiment français, un jeune homme qui, semblable au héros de Fénelon, parcourait le monde en tous sens pour chercher son père: il paraissait avoir environ vingt-cinq ans: nous l'accueillîmes de notre mieux, en compatriote; et comme son premier soin était de s'informer de l'objet de son voyage interrompu: « Ne connaissez-vous pas, nous dit-il, un vieillard nommé Loustonneau? Je suis son fils; depuis bien long-temps ses traces m'ont échappé, et je ne prendrai de repos qu'après l'avoir trouvé, vivant ou mort. » Une pareille tendresse filiale nous aurait paru bien digne d'éloges, si le caractère de celui qui en faisait preuve n'avait offert quelques symptômes de bizarrerie plutôt que de sensibilité véritable. Toutefois je ne voulus point tarder à réunir ces deux étonnans personnages. « Vous allez voir votre père, m'écriai-je au jeune homme; bientôt il sera dans vos bras, je vais vous l'amener. » Sans attendre sa réponse, je montai de suite à cheval et courus au couvent d'Abra, où le prophète Loustonneau marmottait alors des commentaires sur sa Bible. Sans lui dire positivement quel motif m'amenait, je le pressai de me suivre à Seyde pour affaire importante. « A quoi sert de feindre? répliqua-t-il sans s'émouvoir : je sais fort bien que mon fils est arrivé. *Tout est écrit.* Je vais te suivre; mais ne nous hâtons pas : il peut m'attendre, son heure mortelle n'est pas près de sonner. » Stupéfait d'un tel flegme et perdant patience, je tournai bride et laissai venir à son aise l'impassible et fastidieux original.

J'étais de retour fort long-temps avant lui; quand il parut aux regards de son fils, celui-ci voulut lui témoigner sa joie en s'élançant pour l'embrasser; mais le vieux l'arrêta froidement. « Que fais-tu? lui dit-il. Pourquoi cet étonnement, ces exclamations? ne sais-tu pas que *tout est écrit?* Je t'attendais, moi; j'étais certain de te revoir aujourd'hui même. Lis ta Bible, jeune homme; elle t'éclairera sur toute science; elle te retracera le passé et te dévoilera l'avenir. Après avoir prononcé, d'un ton grave et solennel, ces paroles, le vieillard prit son fils par la main, et tous deux s'acheminèrent vers la demeure de lady Stanhope, qui fit pour l'un ce qu'elle avait fait pour l'autre.

Mais les fatigues d'une vie toujours errante et misérable, et le goût violent que le jeune Loustonneau prit pour les épices, dont il faisait une consommation prodigieuse, ne tardèrent pas à mettre ses jours en danger; il fut atteint d'une gastrite aiguë qui força de le transporter à la ville pour lui donner de meilleurs soins. Son père venait l'y voir et le rassurer, en lui jurant que son existence devait être aussi longue que celle des patriarches; mais cette fois l'oracle ne s'accomplit pas : le jeune homme, malgré les eaux de Tibériade et les secours que l'art put lui prodiguer, sentait chaque jour son mal s'accroître, et finit par succomber.

Cet événement fit perdre au prophète un peu de son crédit; mais il ne se déconcertait point devant ceux qui cherchaient à l'embarrasser: « J'avais deux fils, leur répondait-il; je savais que l'un devait mourir et l'autre traverser les siècles pour faire exécuter les décrets du ciel : qu'importe le choix dans ma famille, pourvu que l'un de ses membres confirme la prédiction ? Ne vous efforcez pas de pénétrer des secrets que votre esprit ne saurait comprendre. Les étoiles descendent chaque nuit de leurs hautes régions pour me dévoiler des mystères que le commun des hommes doit respecter. Que peut me faire leur opinion ? Un fils me reste ; il vous apprendra quelque jour, à vous, ainsi qu'à vos enfans, des merveilles qu'il n'est pas temps d'annoncer. » C'était avec ce pathos boursoufflé que l'honnête Loustonneau se tirait d'affaire. Si le lecteur veut connaître son histoire d'un peu plus loin, la voici :

Amené dans l'Inde, et formé dès son plus jeune âge au commandement d'une foule d'esclaves, quoique issu de parens français, il se mit au service de Tippo-Saïb, et la dignité de général avait récompensé sa bravoure, quand la mort du prince auquel il devait cette élévation, et l'occupation des Anglais, le forcèrent de chercher un refuge dans la patrie de ses aïeux. Les environs de Pau le fixèrent ; des débris de ses richesses, il fit construire une vaste manufacture, que notre première révolution vint encore le contraindre d'abandonner. Sa ruine était complète s'il ne pouvait rentrer dans quelques possessions qui lui restaient au Mogol. Il s'embarqua dans la Méditerranée pour le golfe Persique ; mais un corsaire algérien captura le navire qu'il montait, et lui-même, avec un moine également fugitif, fut conduit en esclavage. Tous deux eurent longtemps à souffrir, mais parvinrent enfin à s'échapper, et se dirigèrent vers la Syrie. Soit ignorance, soit générosité des Algériens, on avait laissé à l'ex-général Loustonneau une main d'argent qu'il s'était fait faire en remplacement d'une de chair et d'os que le sort des combats lui avait fait perdre. Il la vendit à Saint-Jean-d'Acre, vécut un peu mieux de ce produit pendant quelques jours ; mais la misère l'accabla de nouveau quand cette faible ressource fut épuisée. Ne sachant que devenir et ne voulant pas implorer la charité publique, le malheureux, dont la raison commençait à décliner, se retira dans une grotte creusée par la nature, du côté de Nazareth, et s'y nourrit de racines jusqu'au moment où M. Cataphalgo, consul d'Autriche à Acre, le rencontra par hasard, l'interrogea, en prit pitié et lui fit obtenir la garde du jardin de Kaïpha. Milady, ayant entendu parler des tristes aventures de ce pauvre homme, lui donna près d'elle un asile, et subvint à tous ses besoins.

Revenons à d'autres matières. L'avénement d'Abd-Allah au pachalik d'Acre me força de faire plusieurs voyages vers cette ville pour examiner les chevaux qu'on envoyait de toutes parts en présent au nouveau maître dont on voulait obtenir la faveur. Le nombre de ces animaux devint si considérable que toute l'orge et toute la paille des environs furent mises pour eux en réquisition. Les particuliers étaient sur le point de payer cette nourriture un prix énorme, et les chrétiens couraient même risque de ne plus pouvoir s'en procurer. L'idée nous prit d'essayer sur nos propres chevaux l'usage des carottes (1) et de la canne à sucre, dont l'abondance était extrême et la valeur numéraire presque nulle. Cette tentative nous réussit parfaitement; les chevaux ne montraient jamais de satiété pour les alimens qui remplaçaient ceux dont ils avaient l'habitude; ils prenaient un embonpoint remarquable, et les Turks, d'abord étonnés d'une pareille méthode, l'imitèrent aussitôt qu'ils en virent le succès. A cette époque cependant nous faillîmes perdre *Tadmor*. L'histoire de sa maladie est assez curieuse pour que je la rapporte ici.

Un jour notre saïs-bachi vint me trouver, tout ému et fort en colère, pour m'apprendre que *Tadmor* avait une fièvre violente causée par les maléfices d'un certain Agoub-Aga, dont les regards possédaient la vertu funeste de

(1) M. de Portes en envoyait chercher à Tyr, où la culture de cette racine est assez considérable: le transport avait lieu par mer, à l'aide d'un petit bateau de la côte.

donner la mort aux chevaux. « Que ne l'ai-je reconnu plus tôt! continua-t-il; certes, il n'aurait pas mis le pied dans votre écurie! Aucun des Turks, qui le connaissent bien, ne lui permet d'entrer dans la sienne, à moins qu'il n'ait auparavant prononcé les paroles sacrées : *Mach-Allah!* Il n'y a ici qu'un seul homme qui puisse délivrer *Tadmor* du charme dont il est victime; c'est un sorcier fameux que tout le monde appelle en pareil cas : voulez-vous que je coure chez lui et que je vous l'amène? » Je ne répondis que par un sourire à la foi du saïs-bachi dans la science de son magicien, et m'apprêtai à porter au malade des secours plus simples et plus certains. Un rapide examen me fit connaître que son affection avait tous les caractères d'une pneumonie aiguë. Je me disposais en conséquence à le saigner, quand le saïs-bachi, arrêtant mon bras, s'écria : « Si vous y touchez, il est mort. Croyez-en mes conseils, l'homme dont je vous parle est plus expert que vous pour détruire les *sorts;* il vous arrivera malheur de dédaigner sa science! » Je repoussai, en souriant de nouveau, mon interlocuteur; mais l'obstination que je mettais à ne pas adopter ses avis le fit devenir pourpre de dépit. « Faites comme vous voudrez maintenant, me dit-il, et ne m'adressez pas de reproches si votre cheval périt, ce sera bien votre faute. » Sa persistance me fit céder. Aussitôt qu'il me vit consentir à ce qu'on appelât le magicien, il courut à toutes jambes à sa demeure et me le ramena bientôt.

L'homme aux cures surnaturelles traça d'abord un cercle au centre duquel il plaça *Tadmor*, que tenaient deux saïs; il fit ensuite en dehors de ce cercle plusieurs tours en prononçant, tantôt à voix basse, tantôt d'un ton sonore, des paroles mystérieuses; puis, tirant une lourde bague de son doigt, il en appliqua plusieurs fois le chaton sur les salières et sur le front du cheval. Pour dernier moyen de délivrance, il recula de quelques pas, se saisit d'un œuf couvert de lettres emblématiques, et le lançant de toute sa force vers le chanfrein en poussant une exclamation menaçante, en fit jaillir les éclaboussures au visage des saïs. En ce moment *Tadmor* fienta; on conclut que cette évacuation était de fort bon augure, et que rien de fâcheux n'arriverait plus. Cette assurance ne me donnait pas une conviction profonde; et demandant au magicien s'il avait achevé sa cérémonie, sur sa réponse affirmative, je commençai la mienne, à la grande indignation de tous les assistans. « C'est un cheval perdu! s'écriaient-ils en chœur. Quel entêtement obstiné! Sacrifier un si bel animal! Jamais il n'en reviendra! » Le magicien, outré de mon audace, s'était éloigné sans demander le salaire qu'en toute autre occasion il n'aurait pas manqué de réclamer. Pourtant *Tadmor* guérit; un régime convenable le rendit en peu de jours au meilleur état de santé, et malgré l'aversion du saïs-bachi, je continuai sans crainte à recevoir l'aga réprouvé, que j'appréciais pour un assez brave homme, malgré sa profession de marchand d'esclaves et de maquignon.

L'objet de notre mission m'appelant à Damas, je profitai d'une caravane qui se dirigeait vers cette ville pour m'y rendre. Nous étions alors à la fin de décembre, et le voyage à travers la montagne n'était ni sans dangers ni sans fatigues. Dans beaucoup d'endroits la neige masquait des précipices, et sans l'expérience de nos guides, nous nous y serions infailliblement engloutis. La violence des vents était si grande que nos mulets refusaient parfois d'avancer; et quand venait la nuit, aucun abri ne nous était offert; à moitié chemin seulement un misérable caravansérail inhabité nous reçut, et le froid s'y fit moins sentir. Nos provisions consistaient en œufs, miel, riz, figues et raisins secs; après en avoir soupé, nous nous couchâmes circulairement devant un bon feu, et le sommeil vint un peu réparer nos forces.

Quatre jours de marche nous suffirent cependant, malgré les obstacles de tout genre, pour arriver à Damas; nous découvrîmes de loin cette ville, qui, située au milieu d'un désert, paraît être un vaste et riant jardin. La rigueur de la saison n'empêchait pas les arbres qu'elle renfermait de montrer une verdure très-vive et très-vigoureuse. Grand nombre de petits villages, épars çà et là dans ses environs et dans lesquels on remarquait aussi une agréable végétation, offraient l'aspect de maisons de campagne et reposaient la vue du contraste qui l'avait attristée. Parvenus aux portes de la ville sainte, les douaniers nous arrêtèrent pour visiter nos bagages; les miens n'étaient pas sujets aux droits, et j'allais passer outre, quand ma qualité de chrétien me fit ordonner de mettre pied à terre, en signe d'humilité. Je rachetai par le don de quelques paras le privilége de poursuivre sur ma monture: l'argent, dans ce pays comme ailleurs, est un talisman précieux. M. Baudin, revenant de Marseille, où Milady l'avait envoyé faire des emplettes, et rapportant pour lui-même une pacotille, sur le débit avantageux de laquelle il comptait au bazar de Damas, se trouvait alors en cette ville; je m'informai de sa demeure et m'y fis conduire. Indépendamment du plaisir que j'eus à le revoir, sa présence, comme drogman dans mes relations avec les marchands turks ou bédouins dont je voulais examiner les chevaux, me devenait d'une grande utilité.

La maison où demeurait M. Baudin était tenue par une dame chrétienne qui logeait ordinairement les Européens nouvellement débarqués: ils se trouvaient alors assez nombreux chez elle, et pour se distraire un peu de l'ennui qui commençait à les atteindre, tous ensemble avaient arrêté une partie de chasse pour le lendemain du jour de mon arrivée. On m'invita d'y prendre part; j'acceptai, et retrouvai, dans cet exercice avec des hommes de mœurs conformes aux miennes, des émotions et des plaisirs qui depuis long-temps m'étaient ravis. Nous tuâmes un redoutable sanglier, et, tout fiers de cette victoire, nous nous promettions d'en faire un joyeux festin; mais un embarras auquel nous n'avions pas songé d'abord était d'introduire notre proie dans la ville. Les Turks, regardant la chair de ces animaux comme impure, n'en permettent pas l'entrée dans leurs murs, et nous fûmes obligés d'attendre que la nuit fût close, pour escalader les obstacles avec le gibier que nous n'avions abattu qu'à grand'peine et qu'il eût été fort triste d'abandonner. Nous fîmes participer les révérens pères capucins aux bénéfices de notre conquête; de leur côté, ces bons pères mirent tout leur zèle et tout leur empressement à nous traiter du mieux possible.

Le lendemain de cette expédition j'allai visiter le marché aux chevaux qui se tient à l'une des extrémités de la ville. Beaucoup de Bédouins y amènent les élèves mâles dont ils veulent se défaire. Rarement ils vendent les pouliches, car ils comptent sur elles pour le produit, qui leur fait un certain revenu. Le moment était favorable pour mon examen; il se trouvait alors à Damas l'émir-akhor de Méhemet-Ali, pacha d'Egypte, et ce grand-écuyer devait faire d'importantes acquisitions pour le compte de son maître. Quantité de chevaux passèrent sous mes yeux, mais la plupart n'étaient que de beauté commune, et ne se vendaient que de cinq à six cents piastres l'un (la piastre valait alors environ quinze sous de France); cependant j'en vis payer quelques-uns, destinés à monter le pacha lui-même, de trois à quatre mille piastres. Cette vente se faisait à l'encan; et pour mieux développer les qualités de chaque cheval, des courtiers maquignons les lançaient à toutes jambes devant les amateurs, en répétant le dernier prix d'enchère. Rien n'y étant plus ajouté, le courtier s'arrêtait et mettait dans la main de l'acquéreur la longe du cheval désigné, si le prix toutefois satisfaisait les prétentions du marchand.

J'allais tous les jours à cette espèce de foire qui avait pour moi beaucoup d'attrait; mais je n'aurais pas voulu quitter Damas sans voir les écuries du pacha de ce gouvernement. Il était difficile d'obtenir une pareille faveur; M. Baudin m'offrit encore son secours. Lié d'amitié avec le médecin du sérail, il le pria de m'aplanir les obstacles en sollicitant de Son Excellence une permission que ses gens dussent respecter. Le docteur, fort obligeant de son naturel, vint me trouver le soir même en m'apportant la nouvelle que ma demande était accueillie pour le lendemain sept heures du matin. Je ne manquai donc pas de me trouver au rendez-vous; mais un Franc qui m'accompagnait comme interprète, ayant eu l'air de vouloir entrer dans les écuries, en fut repoussé par les saïs à coups de bâton, et sa curiosité pensa lui devenir funeste. Fort à propos le docteur survint et mit un terme à la correction. Le pacha désirait me parler; on me conduisit vers lui. Je le trouvai couché sur un divan, ayant à l'entour ses officiers debout et en silence. « Bonjour, me dit-il dès qu'il m'aperçut; sais-tu des nouvelles de Napoléon? j'aime qu'on m'en parle; viens t'asseoir près de moi et causons de ce grand homme avant qu'il soit question de ton affaire.» Une longue conversation s'engagea sur ce sujet. Hamet, pacha de Damas, faisait à tout moment des exclamations d'enthousiasme et s'écriait: « Quelle faute, pour un semblable génie, d'avoir été se livrer aux mains de ses plus mortels ennemis! Que n'est-il venu dans cette contrée! la vénération que chacun lui porte en aurait fait ici le plus puissant monarque de la terre! Quelle faute! quelle faute!» puis il lâchait tristement, en baissant la tête, les bouffées de fumée qu'il tirait de sa pipe; et comme il m'en avait fait donner une, voulant lui plaire par le rapport de mes sentimens aux siens, j'exprimai l'affliction la plus profonde en produisant d'épais nuages dans l'appartement et en répétant: « Hélas oui! quelle faute! quelle faute! » Le pacha, me voyant penser comme lui, jugea que j'étais un brave homme. Quand il fut las de parler et peut-être de m'entendre: « Va-t-en maintenant, me dit-il, examiner mes chevaux, et reviens m'en dire ton opinion; tu dois être un homme instruit et capable, j'ai confiance en toi. » Je ne me fis pas deux fois intimer cet ordre, et, précédé et suivi des officiers du prince, qui montraient pour ma personne infiniment de considération depuis que leur maître m'en avait témoigné, je descendis aux écuries.

Les saïs, si prompts à châtier d'abord les curieux, se

prosternèrent cette fois à notre aspect, et se mirent entièrement à nos ordres. Je leur fis monter les chevaux dont je tenais à voir se développer les moyens. Il s'en trouvait de taille et de force extraordinaires, surtout parmi les turkomans tchoukour-ova; mais ceux que je vis avec le plus de plaisir étaient trois arabes de la tribu El-Rouellah. Jamais plus de perfections n'avaient frappé mes regards, et j'aurais voulu pour tout au monde qu'il fût en mon pouvoir d'acquérir de si nobles animaux. Après eux, quinze jumens d'une beauté non moins rare, amenées de la Mecque, furent sorties et montées par les saïs; les plus petites avaient environ quatre pieds neuf pouces, et toutes étaient extrêmement remarquables par la magnifique conformation de leurs jarrets. Je retournai près du pacha, portant encore sur mon visage les traces de mon admiration; il me demanda quels étaient ceux de ses chevaux que j'estimais le plus; je les lui nommai. « Ah! s'écria-t-il, je vois que tu es connaisseur; je regrette bien de ne pouvoir t'en offrir un comme gage de mon amitié, mais il faut que je quitte Damas pour marcher contre Ali, pacha de Janina. Tous mes chevaux me seront nécessaires; pardonne-moi donc, et reviens me voir en attendant mon départ, quand tu voudras. » Je remerciai beaucoup l'Excellence de ses gracieuses bontés; mais j'aurais vivement désiré qu'elles ne se bornassent point à de stériles témoignages, car le présent de l'un de ses chevaux m'eût transporté d'une joie sans égale.

J'obtins aussi l'autorisation de visiter les chevaux de troupe du pacha; ils me parurent tous excellens, en comparaison de ceux qui forment la cavalerie de nos puissances européennes. L'artillerie était également bien pourvue. Plusieurs officiers me conduisirent ensuite chez eux, et sans la guerre qui se préparait j'aurais pu leur acheter de précieux étalons pour la France; mais je dus me borner à proposer à M. de Portes l'acquisition d'un poulain de deux ans, robe bai brun. Le marché fut conclu, et nous le ramenâmes sous le nom de *Nassr*.

CHAPITRE XIII.

Manufactures d'armes de Damas. — Constructions de cette ville. — Vêtemens européens. — Filles publiques.—Fruits vénéneux.—Le cheïk Nassr; ses chevaux. — Retour à Seyde. —Achat de quelques chevaux par M. de Portes.—Abd-Allah. — Moustapha-Bey. —Le Mouhassil de Bayruth. — Sakal-Aga. — Le cheik Pchaara. — Le cheik Fœris; opération pratiquée sur sa fille par M. Polany. — Deux épisodes sur la jalousie musulmane.

J'étais curieux de voir les manufactures d'armes de Damas, si célèbres en Europe; mais, à ma grande surprise, on me dit qu'il n'en existait plus. Ce qui s'y fabrique encore en objets d'acier ne mérite pas la moindre attention et n'est d'aucun prix : il est impossible de voir quelque chose de plus grossier. Toutefois, voulant rapporter en France un souvenir des arts de cette ville, je m'y fis faire un boutoir et un rogne-pied arabes : c'est une curiosité de maladresse. Damas est bâtie en terre; toutes les rues en sont fort sales et non pavées. Il y existe des quartiers dont l'aspect révolte par le nombre des lépreux qui s'y traînent presque nus dans la fange. Les habitans aisés préfèrent ce dégoûtant spectacle à la vue des vêtemens européens; l'exemple m'en fut donné. Certain jour un Grec de Chypre se présenta au bazar de la douane sous le costume *franc;* des Turcs, indignés de ce mépris pour la loi locale qu'ils imposent, allaient le massacrer sans explication, quand M. Baudin, se trouvant par bonheur tout auprès du nouveau venu, s'empressa de lui jeter son *mechelas* (manteau arabe) sur le dos et de lui couvrir la tête d'un turban. Cette protection lui sauva la vie; la fureur des Turcs ne se tourna plus que contre le chapeau du Grec; ils le mirent en pièces et se contentèrent de cette vengeance.

J'ai déjà dit que la supériorité de connaissances dont il m'était facile de faire preuve sur les naturels du pays me donnait quelquefois la réputation de sorcier parmi eux ; j'acquis encore ce titre à Damas en opérant un cheval qui s'était luxé la rotule. Son maître, ne sachant à quelle cause attribuer le mal et n'en comprenant pas la nature, le croyait incurable et se désolait en voyant que des onctions de beurre n'amenaient point de soulagement. Le cheval demeurait paralysé, et semblait ne plus pouvoir marcher de sa vie. On me pria de le visiter, pourtant, dans l'espoir que ma science vétérinaire irait peut-être plus loin que celle des savans de la ville. Il ne me fallut point une bien longue observation pour me fixer sur le genre de remède qui convenait. Je fis apporter une corde que je passai dans le paturon du membre luxé, puis au-dessus de l'encolure, afin de porter le pied postérieur à la hauteur de l'épaule ; on soutint le cheval, et je forçai la rotule de rentrer dans sa gouttière. Aussitôt le membre, qui était droit et ne pouvait quitter le sol, se fléchit dans l'ordre naturel, au grand étonnement des spectateurs dont les yeux s'écarquillaient pour témoigner leur profonde admiration. Quelques frictions d'eau-de-vie camphrée et les soins que je prescrivis pour un laps de temps de vingt-quatre heures guérirent complètement ce cheval que l'on supposait d'abord perdu ; aussi les exclamations et les louanges sur la sublimité de mon savoir n'en finissaient plus.

A Damas, comme dans toute la Turquie, les femmes ne peuvent sortir sans être voilées, même celles qui font métier de leurs charmes et se vendent pour une heure au premier passant ; aussi les amateurs sont-ils souvent bien désappointés en découvrant, au lieu des jeunes et gracieux traits dont il s'étaient créé l'image, une laideur insupportable ou les flétrissures de la vieillesse. La profession de fille publique est donc assez peu lucrative, par la déception que craignent les étrangers. Quelques-unes de celles qui se croient jolies se hasardent parfois à lever leur voile afin de s'attirer la préférence; mais cette infraction à la loi n'est pas sans de grands dangers pour elles : j'eus le malheur d'en acquérir la triste preuve. Passant un jour dans le bazar de Damas, une de ces malheureuses, que la faim excitait sans doute à m'aborder, se découvrit dans l'espoir de me plaire. Sa figure était intéressante et pleine de douceur. J'oubliais sa condition pour ne considérer en elle qu'une belle et pauvre fille qui réclamait de moi quelques secours, et je m'apprêtais à les lui donner, quand un arnaute survint tout-à-coup, lui fit sauter la cervelle et passa froidement son chemin. Je voudrais vainement peindre ici les sentimens qui m'agitèrent alors. La pitié, l'effroi, le désir de sauver celle qui se débattait à mes pieds contre la mort et de la venger de son assassin, me rendirent un instant comme fou, et l'on comprendra mieux ces sensations que je ne les pourrais expliquer. Cependant l'arnaute ne fut point puni; loin de là, son action obtint l'approbation générale; j'appris même depuis que le pacha, pour se divertir, faisait de temps à autre trancher la tête à certain nombre de femmes destinées à l'*usage* des soldats, et que la crainte de ce supplice n'empêchait aucunement des femmes nouvelles de se présenter pour le même service.

Les environs de Damas sont très-fertiles en fruits de toute sorte ainsi qu'en excellens légumes; on y voit surtout des choux d'une grosseur prodigieuse et d'un fort bon goût. Mais il existe une espèce d'abricots que les naturels nomment *massa-frandj*, c'est-à-dire *tue-franc*, à cause de leur propriété malfaisante dont les Européens ne peuvent se défier. Ces abricots contiennent un véritable poison, caché sous une enveloppe séduisante; mais il est facile de les reconnaître à la figure parfaitement ronde du noyau.

Au moment où j'allais quitter Damas, M. Baudin apprit

que le cheik Nassr (par qui lady Stanhope s'était fait accompagner lors de son voyage à Palmyre) venait d'arriver pour régler ses comptes avec le pacha. J'étais impatient de connaître cet homme, et l'occasion ne pouvait mieux m'en être offerte, car il affectionnait beaucoup M. Baudin, et celui-ci, qui se proposait de lui faire visite, se chargea volontiers de ma présentation. Nassr était descendu dans une assez jolie maison de la ville; mais fidèle à ses habitudes, et préférant l'abri de sa tente à tout autre, il l'avait fait dresser dans la cour du bâtiment, où quatre Bédouins en sentinelle veillaient à sa sûreté. La réception qu'il nous fit me donna l'espoir d'entretenir avec lui d'utiles relations. Il était puissant dans le Désert, et sa protection suffisait pour m'y garantir de toutes vexations. Je priai donc M. Baudin de lui dire que j'étais *hachim bachi*, et que, voyageant pour acheter des chevaux, je désirais vivement l'accompagner afin qu'il pût me fournir les moyens de faire quelques acquisitions parmi les tribus dont il avait le commandement. Nassr accueillit avec empressement cette proposition par estime pour M. Baudin; mais tout ami qu'il en fût, quelque disposé qu'il parût également à m'être agréable, l'amour de l'argent ne perdit pas ses droits. « Je te mènerai, me dit-il, jusqu'à Palmyre; je te préserverai d'outrages et d'avanies; tu pourras être tranquille en te confiant à mon appui; mais quel présent me feras-tû pour reconnaître mes services? mille piastres ne sont pas trop, je pense?..... »

Cette condition me fit un peu réfléchir et diminua ma joie, car je n'avais pas alors avec moi de quoi satisfaire les exigences du cheik. Je le priai de m'accorder quelques jours pour en écrire à M. de Portes et prendre ses avis.

Nassr me parut avoir environ trente ans. C'était un homme plein d'esprit naturel et bien plus instruit qu'on ne l'aurait supposé d'un Bédouin. Son caractère ferme, décidé, et dans lequel se montrait souvent une assez juste appréciation de l'honneur, lui captivait l'estime générale.

Il était fort riche, et pouvait fournir au pacha de Damas jusqu'à dix mille chameaux pour la conduite des caravanes à La Mecque. Sa bravoure et ses connaissances lui donnaient un immense ascendant sur les autres cheiks du Désert; partout on l'aurait distingué comme un homme de mérite; cependant, malgré ces avantages, la force des mœurs de son pays le dominait encore; et voulant sans cesse augmenter des trésors qui surpassaient de beaucoup ses besoins, il rançonnait tous les voyageurs européens qui, sans acheter son patronage, s'aventuraient du côté de Palmyre. On aura peine à concevoir cette soif de l'or chez des gens qui ne savent qu'en faire quand ils le possèdent.

Avant de prendre congé du cheik, M. Baudin le pria de nous montrer les chevaux qu'il avait amenés; il y consentit de bonne grâce; mais aucun, excepté la jument qui lui servait de monture, ne me sembla remarquable. Cette jument était, il faut en convenir, admirablement belle, et surtout précieuse par ses qualités. Elle avait une physionomie particulière, comme les animaux dans lesquels on observe le plus d'intelligence. Son maître la disait infatigable, sobre et très-capable d'attachement; aussi rien au monde n'aurait pu le décider à s'en défaire. Il se plaisait à parler d'elle, à détailler ses perfections, à lui prodiguer tous les soins : il aurait déploré sa perte comme celle de l'ami le plus intime, et faisait consister une partie de son bonheur à la posséder. Son enthousiasme me parut légitime, car l'examen le plus attentif ne me fit découvrir aucun défaut dans ce brillant et majestueux produit de la nature.

Enfin je quittai Damas le 4 janvier 1820, car M. de Portes, au lieu de m'autoriser à suivre le cheik, me rappelait à Seyde, en me donnant la fâcheuse nouvelle que plusieurs de nos chevaux étaient malades. Je profitai d'une caravane pour m'y rendre. Il ne nous arriva d'accident pendant ce trajet que de passer au travers d'un grand nuage reposé sur la montagne, et dont l'humidité glaciale nous incommoda beaucoup; nos vêtemens étaient tellement pénétrés, que l'eau nous ruisselait de toutes parts. En quittant ce nuage nous nous trouvâmes par bonheur dans une température fort douce : la route continua d'être agréable, et nous arrivâmes le 7.

A cette époque nous perdîmes le beau poulain que Douhaï, cheik de la tribu Fœdan, avait donné dans le Désert à M. de Portes. Il mourut d'une indigestion dont je reconnus la cause dans la partie ligneuse des cannes à sucre que nous donnions depuis quelque temps pour nourriture à nos chevaux. Depuis, je la fis enlever, et nul accident de ce genre n'arriva plus; mais un autre bien plus funeste faillit survenir. M. de Portes, voulant un jour exercer *Abou-Phaar* à la longe avec un caveçon, s'aperçut que ce cheval, naturellement très-irritable, n'obéissait qu'avec impatience et cherchait à s'échapper. Pour s'en rendre maître, il secoua fortement la longe; mais au lieu de se calmer par la crainte et la douleur, *Abou-Phaar*, devenant furieux, s'élança pour se venger sur M. de Portes, qu'il aurait mis en pièces sans le secours de nos saïs et de plusieurs Turcs présens à cette scène. Jamais un tel exemple de colère ne s'était offert dans un cheval; celui-ci ne pardonnait pas les mauvais traitemens, et sa mémoire en conservait long-temps le souvenir. On ne pouvait obtenir sa soumission qu'en lui faisant comprendre doucement ce qu'on voulait en exiger. M. de Portes fut plusieurs jours malade des coups qu'il avait reçus d'*Abou-Phaar*, mais il dut s'estimer fort heureux d'en être quitte pour si peu. Aussitôt que ses forces le lui permirent, il partit lui-même pour Damas, afin d'en ramener le poulain dont je lui avais conseillé l'acquisition. Il y fit aussi l'achat d'*Achmet-Bey*, puis de *Medani*, très-joli cheval de la tribu Ouald-Ali; mais, en traversant le Liban, ce dernier se coupa, sur une pierre tranchante, l'un des paturons postérieurs, et sa blessure le rendit pinçard. A notre retour, il fut envoyé au dépôt de Saint-Lô. M. de Portes acheta aussi pour son compte, dans ce voyage, une jument alezan brûlé, nommée *Sada*, qu'il revendit plus tard à M. Chikler, à Paris.

Ce fut vers ce temps qu'Abd-Allah reçut du Grand-Seigneur le firman qui le confirmait pacha d'Acre. Il fit connaître officiellement cette nouvelle aux princes du Liban, qui s'empressèrent de lui porter leurs félicitations. Lady Stanhope, ainsi que je l'ai déjà dit, gardait pour cet homme une haine qu'il sut trop bien justifier, et dédaignait sa faveur autant qu'elle redoutait peu ses menaces. Elle accusa même de lâcheté l'émir et le cheik Béchir qui consentaient à la domination d'un tel misérable. « Rampez, leur écrivit-elle, une femme saura montrer du courage quand vous ne faites preuve que de bassesse. »

Abd-Allah, consolidé dans son pouvoir, ne chercha plus à dissimuler l'odieux caractère qu'il avait si bien su masquer pour obtenir la bienveillance et le choix de Soliman. Les plus injustes destitutions furent d'abord prononcées; il frappa d'avanies tous ceux dont la fortune tentait son avarice. Il ne s'entoura que des êtres les plus capables de servir en esclaves ses projets criminels. La noblesse des penchans, l'élévation des idées, la générosité de l'âme étaient à ses yeux des motifs d'anathème. Sombre, défiant, cruel, même dans ses plaisirs, il ne sut qu'inspirer la crainte, et jamais un sentiment plus doux. Si le sourire, parfois, venait errer sur sa bouche, c'était au spectacle du malheur et de la destruction. Il se serait fait honte d'un mouvement de pitié, et son existence ressemblait à celle d'un esprit infernal qui n'est jamais assez repu des souffrances qu'il peut causer. La nécessité nous réduisit cependant à rechercher sa protection. M. de Portes lui fit demander une audience dont le but était d'obtenir qu'il consentît à nous laisser acheter de l'orge et de la paille pour nos chevaux, ou plutôt qu'il nous en vendît lui-même, car il avait tout accaparé. M. Baudin, notre envoyé, dans l'espoir d'obtenir plus facilement ses bonnes grâces, se chargea de lui offrir, de la part de M. de Portes, une montre magnifique et de très-grand prix. Abd-Allah parut flatté de ce présent et voulut bien, par reconnaissance, obtempérer à nos vœux, moyennant quatre fois plus d'argent qu'il n'en fallait pour payer la valeur réelle des denrées dont nous avions besoin.

Quelques jours après, il arriva sous les murs de Seyde un mutzelim, nommé Moustapha-Bey, exilé de Jaffa par le nouveau pacha d'Acre. Sous peine de la vie, il lui était fait défense d'entrer dans aucune ville sur la route de l'île El-Rouad, qu'on lui avait assignée pour résidence. Il campa donc auprès de Seyde, du côté du chemin de Tyr, où nous allâmes le visiter. Il avait avec lui quelques beaux chevaux, entre autre *Schouëman*, coursier d'une grande réputation dans le Liban, et dont nous désirions vivement faire l'acquisition. Jamais le mutzelim n'aurait pu se déterminer à vendre ce bel animal, si sa fortune n'eût point changé; mais l'occasion nous servait, et des offres assez généreuses nous rendirent enfin possesseurs du célèbre étalon.

Compris dans les destitutions prononcées par Abd-Allah, le mouhassil de Bairuth se trouvait dans la même situation que Moustapha-Bey. Nous priâmes M. Baudin d'aller lui proposer de nous vendre *Chéliby*, cheval non moins précieux que *Schouëman;* mais toutes les instances, toutes les propositions furent vaines; le mouhassil estimait sa monture favorite autant qu'il vénérait le Prophète, et nous désespérions de le décider, quand un beau jour nous vîmes arriver à Seyde un saïs, monté sur *Chéliby* et porteur d'une lettre de son maître, dans laquelle il nous était dit que, depuis la visite de M. Baudin, le cheval qui nous faisait envie avait beaucoup dépéri, que probablement son mal secret était causé par un mauvais regard de notre émissaire, et qu'il nous l'accordait à tout prix. La superstition du pauvre mouhassil tourna fort à notre avantage; *Chéliby* se rétablit promptement par l'effet de soins convenables, et nous n'eûmes qu'à nous féliciter d'en être devenus propriétaires.

Dans le même temps nous achetâmes encore un très-beau cheval noir d'un riche aga de Seyde, puis un cheval gris truité, fort maigre et fatigué d'une longue route mais de race distinguée et précieuse; nous nommâmes le premier *Abjar*, le second *Dåher*.

Un soir, en me promenant sur *Arial*, je fis rencontre d'un aga monté sur un grand cheval très-brillant, et qui marchait avec infiniment de noblesse. Je voulus m'approcher pour examiner plus en détail ce coursier qui me paraissait si beau, mais l'aga s'éloigna rapidement pour m'éviter. Quelque contrarié que j'en fusse, je ne cherchai point à le suivre, me promettant de le rechercher dans la ville. Pendant quelques jours mes démarches n'eurent point de succès, et je renonçais à de nouvelles enquêtes, lorsqu'à ma grande surprise et satisfaction, je reconnus, dans une écurie où l'on voulait me montrer un cheval du Désert, celui que je désirais tant revoir. L'aga, son maître, était présent; s'apercevant de mon admiration pour sa monture, il en sourit de plaisir et me dit: « N'est-ce pas que tu voudrais bien que ce cheval fût à toi?—J'en conviens, lui répondis-je, et je te crois toi-même fort heureux de le posséder.—Je le suis en effet, ajouta l'aga, mais je le serais bien davantage si je pouvais ôter quelques années à ce brave coursier; vois combien il en compte! » J'ouvris la bouche du cheval, et je reconnus qu'il était très-vieux. Je lui supposais plus de vingt ans. « Il en a vingt-six, me dit l'aga. C'est un présent qui m'a jadis été fait par Djezzar-Pacha, en récompense de mes services; et ce n'était pas un faible témoignage de satisfaction, car Djezzar lui-même, pour se rendre maître d'un animal si parfait, ne pouvant l'obtenir à prix d'or de son premier possesseur, lui avait fait trancher la tête (1). Mon cheval est surtout fort célèbre à

(1) Ce premier possesseur était un nommé Sakal, aga de Damas: Djezzar le rencontra monté sur son magnifique cheval et lui dit: « Sakal-Aga, ton coursier est de la plus admirable beauté, que Dieu te le con-

Damas, où depuis long-temps il fait la monte; tu peux t'en informer. »

La crainte de perdre ce cheval dans la traversée en le ramenant en France m'empêcha de faire aucune offre à son égard, et M. de Portes approuva ma réserve; mais lady Stanhope, informée du motif qui nous retenait, traita secrètement avec l'aga, et pria, quelques jours après, M. de Portes d'accepter ce présent. Nous lui donnâmes pour nom *Sakal-Aga*.

Le cheik Pchaara, prince des Maronites, dont j'ai déjà parlé, avait un cheval de 5 ans, gris-pommelé, auquel il tenait beaucoup, mais que des crevasses très-profondes et très-douloureuses aux paturons postérieurs lui faisaient croire perdu. Confiant toutefois dans mon savoir, il me l'envoya pour le traiter, et, dans le cas de guérison, ce qu'il n'espérait point, nous le donner comme preuve d'estime. Ce cheval arriva dans un état déplorable, offrant tous les symptômes d'un marasme mortel; cependant je ne le crus pas incurable; mes soins assidus le rétablirent en très-peu de temps. Le cheik, apprenant cette nouvelle, en fut émerveillé; il vint m'en faire ses félicitations: ma science lui semblait n'appartenir qu'aux êtres surnaturels. « Oh! le savant homme que vous êtes! s'écriait-il; il

serve!—Merci, répondit l'aga, merci, seigneur; » et il continua son chemin. Djezzar, le trouvant encore une autre fois à la promenade, l'arrêta pour lui dire: « Sakal-Aga, jamais il ne fut sous le ciel de plus beau cheval que le tien; que Dieu veuille en prendre soin et te le conserver, mon fils!—Bien obligé, seigneur, » répondit l'aga; et, sans attendre plus d'éloges et de vœux, il s'éloigna rapidement. « Je crois que ce brave homme a l'entendement difficile, dit alors en souriant Djezzar aux officiers de sa suite; nous verrons demain. » Mais le cheval desiré par le pacha ne lui fut point envoyé comme il l'espérait; ses complimens n'étaient autre chose qu'un ordre auquel ne résista pas impunément le malheureux aga. Djezzar lui fit trancher la tête pour lever toutes difficultés, et confisqua tous ses biens pour se dédommager de l'attente.

n'appartient qu'à vous de faire de tels prodiges ! heureuse la nation qui vous compte parmi ses enfans ! » J'étais plus embarrassé que glorieux de tant d'éloges, et tout en en remerciant le cheik, je le priai de me les épargner.

Ce prince avait aussi connu M. Caussin de Perceval et se flattait de l'intimité qui s'était établie entre eux. Cette liaison, dont tout autre se serait honoré comme lui, tournait à mon avantage; la haute opinion que l'un avait si justement fait naître dans son esprit devenait une puissante recommandation pour l'autre.

M. Polany, médecin piémontais qui habitait notre khan et depuis long-temps exerçait avec succès son art dans la montagne, m'invita à l'accompagner chez le cheik Fœris, prince des Motoualis, peuplade guerrière des environs de Tyr, à laquelle Djezzar fit la guerre sans pouvoir la réduire, et que Soliman, par des moyens plus doux, sut mettre dans son alliance. Je consentis à ce voyage et nous partîmes. L'objet en était d'aller donner des soins à la fille du cheik, atteinte d'une hydropisie, maladie assez commune dans ce pays. Le docteur consulté avait déclaré qu'une ponction à l'abdomen était indispensable; la malade s'y était décidée, et, quand nous arrivâmes, les parens, amis et serviteurs du cheik se trouvaient réunis pour assister à l'opération. Elle fut pratiquée au grand effroi de toute l'assistance, dont chacun des membres avait le sabre ou le pistolet à la main pour nous immoler si la fille du cheik eût succombé sous la main de l'opérateur. On voit que dans ce pays les chirurgiens inhabiles doivent être fort circonspects; du succès dépendent la réputation, la gloire et la fortune. On n'y fait jamais de juste appréciation de la gravité du mal; s'il est sans remède, tant pis pour le médecin qui n'a pas refusé d'en essayer le traitement. Par bonheur M. Polany réussit complètement, et cette cure le mit en grande vénération parmi les Motoualis.

Le cheik Fœris était un homme d'environ 45 à 50 ans.

Sa figure portait tous les caractères de la férocité. Sa longue barbe, teinte en rouge vif, augmentait encore l'impression pénible qu'il aurait naturellement causée ; cependant, après quelques momens d'entretien avec lui, le sentiment de la confiance succédait à celui de l'aversion. Il se montra fort reconnaissant des peines du docteur, et dès qu'il fut tranquillisé sur les jours de sa fille il nous fit mille sortes d'amitiés et de politesses. Mais, quoique ses richesses lui permissent de vivre avec luxe, la malpropreté qui régnait dans sa demeure était si repoussante que ses prévenances nous devenaient fort à charge. De gros poux se voyaient par légions sur ses vêtemens et ses meubles ; on en trouvait jusque dans les alimens qui nous étaient présentés ; et l'affreux dégoût qu'une telle vermine pouvait nous inspirer se concevra facilement, quoiqu'elle ne nous fût pas étrangère depuis notre séjour en Syrie. En compensation, le cheik nous proposa le divertissement d'une partie de chasse au faucon. Il possédait un assez grand nombre de ces oiseaux parfaitement dressés, les uns à la poursuite de la gazelle, les autres à celle des perdrix. Nous montâmes à cheval, le cheik et ses officiers tenant des faucons sur le poing. Un homme à pied marchait en avant pour faire lever le gibier et donner le signal. Nous ne tardâmes pas à trouver une nombreuse compagnie de perdrix, sur laquelle deux faucons furent lâchés ; ces derniers partirent avec une rapidité prodigieuse et saisirent presque aussitôt leur proie ; plusieurs des autres perdrix se réfugièrent dans des broussailles où nous les prîmes à la main, tant elles étaient troublées par la frayeur que les faucons leur inspiraient.

Les terrains sur lesquels nous faisions cette chasse étaient très-difficiles, et j'y vis une nouvelle preuve de la force, de l'énergie et de la solidité des chevaux arabes. Leurs cavaliers les précipitaient à toutes jambes à travers tous les obstacles et même en descendant des pentes extrêmement rapides. Peu fait à c t exercice et craignant, malgré les qualités de ma monture, de me rompre le cou, je n'osai les suivre et me contentai de les admirer. On ne saurait trop le redire : il n'est point de pays au monde où de tels exemples viennent s'offrir à l'observation. Dans celui-ci, l'homme et le cheval ne paraissent qu'un être, et la fiction du centaure y prend le caractère de la réalité.

Le cheik Fœris, pour accroître l'intérêt et le plaisir qu'il me voyait éprouver en examinant l'extraordinaire puissance de ses chevaux, voulut m'étonner par un spectacle encore plus merveilleux. Quand nous fûmes sur le point de retourner chez lui, il fit retenir un faucon sur le sommet d'un rocher pour le faire venir à l'appât d'un morceau de chair de poule qui lui serait montré à plus d'une lieue de distance. L'expérience réussit comme le cheik l'avait annoncé. Nous vîmes le faucon arriver à tire d'aile et se percher sur le bras de son maître en lui arrachant la pâture promise. Une minute lui avait suffi pour franchir l'espace, et l'on m'assura que la vue de ces oiseaux était capable de distinguer des objets encore plus petits et beaucoup plus éloignés.

Le lendemain nous retournâmes à Seyde, où nous arrivâmes le soir, comblés des bénédictions du cheik. Si l'opération pratiquée sur sa fille eût eu moins de succès, peut-être n'aurions-nous jamais revu notre khan, et quelque désintéressé que je fusse dans cette affaire, l'invitation du docteur Polany me serait devenue funeste. Je me tins averti pour l'avenir, et me promis d'user en pareil cas d'une prudence et d'une circonspection plus convenables.

Abd-Allah-Pacha recevait, depuis son installation définitive, une foule de présens de toute nature, mais surtout en chevaux. Un jour son saïs-bachi vint lui dire qu'un fort beau poulain qu'il possédait de cette manière, et nouvellement arrivé, portait des signes évidens de malheur ; aussitôt le superstitieux pacha donna l'ordre de retirer le poulain de ses écuries et de le vendre au premier chrétien qui se présenterait : ce fut un Grec de notre khan ;

il amena son emplette à Seyde et la louait à vil prix. Mon cheval se trouvant boiteux, je me servis de ce poulain répudié pour aller faire visite au cheik Béchir; il fit le voyage beaucoup mieux que je ne l'attendais de sa grande jeunesse et du peu de soin dont il était l'objet. Les qualités que je lui reconnus engagèrent M. de Portes à l'acheter pour le charger de ses bagages dans le voyage qu'il fit de Seyde à Alep, pour aller offrir à Chourchid-Pacha six harnais de carrosse que nous avions reçus de France. Nous donnâmes à ce cheval le nom de *Kellé* (malheureux). Il est maintenant au haras de Pau. Les privations qu'il a souffertes l'ont empêché de prendre le développement que de meilleurs traitemens lui auraient donné; toutefois on n'a qu'à s'applaudir de ses productions, dont la taille s'élève toujours beaucoup au-dessus de la sienne.

Il ne sera pas sans intérêt de rapporter ici deux aventures qui peuvent servir à retracer le caractère des hommes au milieu desquels nous vivions. L'un d'eux vint un soir à notre khan dire froidement à M. Baudin qu'il venait de tuer sa femme pour la punir d'une infidélité, et qu'il en avait laissé le cadavre auprès du couvent d'Abra, résidence de lady Stanhope. M. de Portes, qui ne pouvait s'habituer à cette manière de faire justice, se mit fort en colère contre le jaloux, et l'aurait probablement assez maltraité si nous ne nous étions efforcés de calmer son indignation. On dépêcha de suite un courrier vers lady Stanhope, qui fit elle-même à l'instant des recherches, et trouva la pauvre femme étendue au pied d'un rocher, ayant sur la poitrine une énorme pierre qui l'étouffait, et par le poids de laquelle son mari croyait la faire périr dans un supplice digne de sa vengeance. Cette femme respirait encore : Milady la fit transporter au couvent, où des soins parvinrent à la rétablir au bout de quelque temps. Ses premières paroles furent pour protester de son innocence; elle en prenait le saint Prophète à témoin; et, malgré la barbarie de celui qui n'avait pas voulu l'entendre avant de la condamner, elle ne demandait qu'à le revoir pour le convaincre et rentrer dans ses affections. Un si généreux pardon ne s'offrirait pas fréquemment en exemple chez nos dames d'Europe; mais aussi, qui pourrait les accuser de manquer à la foi conjugale! Les époux dont il est ici question se réunirent avec de grandes démonstrations de tendresse, le mari jurant qu'il ne s'en rapporterait plus aux apparences, la femme promettant d'agir avec une telle circonspection qu'elle ne donnerait jamais lieu de la soupçonner : conventions fort sages que chacun devrait faire à l'avance, et surtout exécuter.

Le fait suivant eut une conclusion plus tragique :

Un marchand de Seyde, marié depuis peu de temps à une jeune et jolie femme dont il était fort jaloux, se trouvant contraint, par des affaires importantes, d'entreprendre un voyage assez long, confia le soin de sa maison et la garde de sa chère épouse à des esclaves sur la vigilance et la fidélité desquels il croyait pouvoir compter. Cela fait, il se mit en route, bien tranquille et louant le Prophète, par la bonté duquel il avait acquis les moyens de mettre son front à l'abri de tout outrage. Mais le génie fatal au repos des maris se fit un jeu cruel de montrer à celui-ci que toutes les précautions sont vaines contre ses attaques. A peine quelques jours s'étaient-ils écoulés que le pauvre Hymen se trouvait encore dupe de l'Amour. Un beau jeune homme, secrètement aimé et très-épris lui-même, trompa les Argus du Géronte, enleva la belle, et la conduisit dans sa retraite, où le bonheur semblait devoir toujours habiter avec eux. Quelle nouvelle pour le triste époux à son retour! Sa douleur et sa rage furent grandes; mais il sut feindre, et, prenant en patience un mal sans remède, il attendit sans éclat qu'une occasion de se venger lui vînt d'elle-même. Le temps, qui dévoile bien des mystères, et l'or qu'il répandit, aidant, parvinrent enfin à lui faire connaître le lieu où se cachait l'infidèle. Il s'offrit soudain à ses regards; mais, loin de l'accabler de reproches, de l'épouvanter par des menaces, il n'exprima ses chagrins qu'avec l'accent d'une tendresse plus profonde ; et protestant qu'il n'était venu que pour accorder un généreux pardon, il fit entrer le repentir au cœur de la coupable : celle-ci, se jetant à ses pieds, lui promit tout pour l'avenir, et se laissa ramener sous le toit conjugal.

Mais le fourbe mari n'avait fait paraître la clémence dans ses discours et dans ses traits que pour mieux assurer les coups de sa vengeance. Ayant appris toute l'histoire à la famille de sa femme, ce fut par la main inexorable du père même de cette infortunée qu'il voulut la faire assassiner. Pour célébrer en apparence la réconciliation des époux, un banquet, le plus somptueux possible, réunit tous les parens; d'affreux projets s'y cachèrent sous les dehors de la joie; la jeune femme, parée de ses vêtemens les plus riches, semblait heureuse des témoignages d'intérêt et d'attachement qu'on lui prodiguait ; elle s'animait de plaisir quand la mort planait sur sa tête. Tout-à-coup la scène change; les paroles bienveillantes cessent pour donner retentissement à d'horribles imprécations; les armes sont tirées, et la victime, pâle, tremblante, éperdue, ne sachant comment expliquer ce contraste, et demandant en vain miséricorde, tombe frappée au sein par le poignard de son père. Ses frères se plaisent à la déchirer, à mettre son corps en lambeaux, et jettent ses membres palpitans encore à la voracité des chiens.

Aussitôt après, tous ces forcenés se rendent chez le cadi, et prenant un air calme et doux : « Que faut-il faire, disent-ils, d'un arbre qui ne porte que de mauvais fruits et déshonore un verger? — Il faut l'abattre, répond le cadi. — Votre jugement est sage, reprennent les autres, nous venons de l'exécuter par avance. » Ils font alors le récit de leur action, *paient le sang* (1), obtiennent l'approbation du juge, et s'en retournent sans remords continuer la fête interrompue.

---

(1) Dans toute la Turquie, le mari et les parens d'une femme adultère ont le droit de la tuer, moyennant trois cents piastres versées dans la caisse du gouvernement local, comme *prix du sang*

CHAPITRE XIV.

Fêtes en Syrie à l'occasion de la naissance d'un fils du Grand-Seigneur. — Danger auquel s'expose un Turk atteint de folie. — Journée périlleuse du 15 mars, à l'occasion d'un chien. — Le mutzélim Abou-Seïf. — Arrivée de Berber-Pacha à Seyde. — Départ pour Jérusalem. — Combat avec des vautours. — Attente devant Saint-Jean-d'Acre. — Entrevue avec le pacha. — Rencontre singulière.

Dans les états du Grand-Seigneur, plus encore que chez les autres peuples d'Europe, la naissance d'un héritier du trône produit une vive sensation, ou du moins se célèbre par des réjouissances et des fêtes extraordinaires. Au mois de février 1820, nous apprîmes, en Syrie, que le Sultan, par la grâce du Prophète, venait d'avoir un fils; en même temps que cette nouvelle, des ordres apportés de Constantinople imposaient à tous les Musulmans l'obligation de paraître charmés de cet événement pendant trois jours et trois nuits. Cette circonstance arrivait à propos pour me fournir l'occasion d'examiner jusqu'à quel point des hommes qui s'abstiennent de liqueurs enivrantes pouvaient pousser la gaîté. Celle des habitans de Seyde fut assez calme, elle ne s'exprimait par aucune débauche ostensible; chacun, après avoir festiné chez soi, sortait pour assister à la représentation de pantomimes burlesques que des baladins jouaient sur un théâtre improvisé : des femmes étaient chargées des principaux rôles et les finissaient par des danses et des attitudes licencieuses dont elles offrent toujours le spectacle quand elles sont appelées à divertir le public. Dans un pays où les mœurs de ce sexe paraissent avoir tant de retenue et d'austérité, j'aurais été surpris d'une telle infraction aux habitudes communes, si je n'avais été prévenu que ces actrices et danseuses faisaient partie de la classe prostituée, laquelle peut se permettre, à cause du mépris qu'elle inspire, ce qu'on interdit si rigoureusement à toutes les autres femmes. Du reste, les fêtes se passèrent d'une manière si grave et si tranquille, qu'un Européen nouvellement transporté dans cette contrée aurait eu beaucoup de peine à croire qu'on s'y livrait *extraordinairement* à la joie. Quant à moi, je subis pendant ce temps une mortification qui faillit avoir des suites fâcheuses pour celui qui me la fit supporter et pour moi-même peut-être. Mêlé parmi les promeneurs de la ville pour me livrer aux observations dont je voulais enrichir mes notes, je fus abordé par un Turk qui, me faisant plusieurs saluts très-profonds sans articuler une parole, finit par me rire au nez et me cracher au visage. A cette insulte inattendue et que rien ne pouvait motiver, un mouvement spontané de colère me fit porter la main à mon sabre, et j'en allais vigoureusement châtier l'insolent provocateur, quand un autre Turk m'arrêta le bras fort à propos en me disant : « Que vas-tu faire?... C'est un fou! » J'ai déjà parlé de l'espèce de vénération que les Musulmans éprouvent pour les gens dont la raison est aliénée. Si je m'étais vengé de cet homme, *le prix du sang* n'aurait pas suffi pour m'arracher à la fureur populaire, et ma vie eût été en péril imminent.

Le moment où je devais retourner en France avec le premier convoi de chevaux approchait. M. de Portes avait écrit à Marseille pour qu'on nous en expédiât un bâtiment de transport, et je faisais déjà mes nouvelles dispositions de voyage. Le 15 mars, jour mémorable pour nous, je m'étais levé de grand matin pour veiller au ferrage de nos chevaux, qu'un maréchal du pays, auquel j'avais donné quelques bons principes, devait pratiquer sous mes yeux; beaucoup d'habitans de Seyde, admirant cette méthode nouvelle pour eux, se réunissaient dans notre khan pour voir travailler ce maréchal, chaque fois que je l'employais. Le jour dont il est ici question ils étaient en plus grand nombre encore que de coutume et fumaient leur pipe, rangés en silence autour de nous. Par malheur, un de mes lévriers, friand comme tous les chiens le sont de la corne du pied des chevaux, survint pour s'en régaler, et toucha, en voulant passer, la robe d'un jeune Turk qui se trouvait parmi les curieux. Le Turk, indigné de ce contact d'un animal immonde, lança au pauvre chien un si violent coup de pied que celui-ci en poussa des cris effroyables et très-prolongés. J'allais céder à la violence de l'humeur qui m'animait contre le brutal, lorsque M. de Portes, s'en trouvant plus rapproché que moi, lui fit subir à l'instant la loi du talion et l'atteignit dans un endroit que mon grand respect pour les bienséances m'empêche de nommer. En Turquie, comme en France, un coup de pied reçu là semble le plus terrible des outrages, et ce qui le rendait encore plus insupportable, c'est qu'il était le fait d'un vil chrétien, d'un abominable infidèle. Aussitôt une rumeur analogue aux roulemens du tonnerre s'éleva de la foule; le boutoir tomba des mains du maréchal, qui s'enfuit glacé d'épouvante; chacun levait les yeux et les mains au ciel en invoquant Allah, pour le prendre à témoin d'un tel scandale et lui demander quel supplice méritait le coupable d'un si noir forfait. Ne sachant à quoi se résoudre, ils désertèrent le khan pour aller dans la ville soulever tous les vrais croyans contre nous et les amener à la vengeance.

Deux heures environ se passèrent sans qu'aucune démonstration menaçante nous donnât lieu de penser que cette affaire dût avoir des suites; seulement le maréchal ne revenait pas, mais nous comptions sur son retour dès que son intérêt ferait place à la sainte indignation qu'il avait montrée d'abord. Pendant ce temps, un capitaine français, arrivant de Marseille, et dont le bâtiment venait de mouiller dans la rade, se présenta au khan; nous l'in vitâmes à déjeûner, ainsi que MM. Baudin et Polany, que le lecteur connaît déjà, et qui, dans ce moment, se trouvaient comme nous à Seyde. Tout, autour de nous, semblait parfaitement tranquille et ne nous inspirait aucune crainte. Nous imaginions si peu la tempête qui se préparait, qu'aussitôt le déjeûner fini, on proposa de faire une partie de chasse aux cailles, dont le pays est couvert en toutes saisons. Retenus par le soin de nos affaires, nous allions laisser, M. de Portes et moi, partir nos convives, quand un moukre, avec lequel M. Baudin avait fait marché pour lui ramener de Damas une certaine quantité de garance, et dont le transport était payé suivant le prix convenu, revint, je ne sais dans quel motif, réclamer une nouvelle rétribution. M. Baudin, ayant satisfait à sa parole, ne put s'empêcher d'adresser au moukre de vifs reproches sur sa mauvaise foi. Tous deux s'animèrent et s'exprimèrent en termes si vifs qu'un autre moukre, attendant à la porte d'entrée, croyant qu'on frappait son camarade, se précipita dans notre corridor pour lui porter secours, et, sans s'inquiéter de M. de Portes qui se trouvait sur son passage, heurta si rudement ce dernier qu'il faillit le renverser. M. de Portes, supposant que cet homme l'attaquait à dessein, riposta de toute sa vigueur et le terrassa. Les hurlemens du vaincu parvinrent jusqu'à moi; j'accourus et je le vis faisant tous les efforts de la rage pour blesser son adversaire; mais ses ruses étaient vaines, il avait affaire à plus habile et plus redoutable que lui. Pour mettre un terme à cette lutte, qui pouvait devenir sanglante, je saisis le moukre par les jambes, le traînai jusqu'au dehors, et le laissai, moulu, vociférer ses malédictions et ses menaces. Il se retira pour aller se joindre à ceux qui se disposaient à diriger contre nous une nouvelle attaque. L'autre moukre le suivit.

Nos chasseurs, ignorant ce qui se passait dans la ville, prirent leurs fusils et se mirent en campagne. Nous restâmes seuls, M. de Portes et moi, et, tous deux assis près de la fontaine du khan, nous y recevions l'impression de la fraîcheur de l'eau en fumant notre pipe, lorsqu'une foule de Turks et d'Arabes, tous armés, parurent en poussant des cris de vengeance. Les Grecs et les Juifs, nos voisins, rentrèrent alors pleins de terreur chez eux et s'y barricadèrent de leur mieux. Nous reconnûmes le danger, car la foule des furieux devenait de plus en plus considérable et menaçante, elle parlait d'égorger tous les infidèles et d'incendier le khan. Déjà nous étions entourés; le chemin qui menait à notre maison était intercepté par l'ennemi. M. de Portes voulut se faire jour dans la masse : il y donna tête baissée; j'imitai son exemple, et nous parvînmes à gagner nos logemens. Là, nous nous concertâmes quelques instans sur les mesures à prendre pour la défense; elle était difficile, nous n'avions guère d'espoir que dans l'intervention de l'autorité; mais comment la faire prévenir? M. de Portes ne voulait pas succomber dans l'inaction, il saisit son épée, et, risquant une sortie contre les assaillans, il en fit rétrograder les flots à la vue de cette arme pour laquelle les Turks éprouvent une sorte d'horreur et qu'ils craignent par-dessus tout. Leur retraite nous permit de reprendre notre ancienne position près de la fontaine; mais il n'était pas possible de s'y maintenir longtemps. M. Martin, consul de France, effrayé de notre situation, nous cria d'une galerie de rentrer au plus vite et de nous retrancher, comme nous le pourrions, en attendant du secours. La fuite n'était point praticable d'un autre côté; nous suivîmes ce conseil.

Un mauvais fusil sans munitions, une épée, un sabre, des lances arabes et un large couteau de cuisine étaient les seules armes que nous possédions; et, faute de meubles, l'entrée de notre maison n'était garantie que par une mauvaise porte fermant avec une plus mauvaise serrure. Cette porte fut bientôt enfoncée à coups de pierre; le moment devenait critique : l'ennemi pouvait se précipiter dans le corridor et nous assaillir en masse; nous l'attendîmes avec une résolution désespérée, avec le courage de gens qui, ne comptant sur aucune miséricorde généreuse, s'animent, pour se défendre, d'une exaspération fatale aux premiers qui les approchent. Sans nul doute, ceux qui voulaient nous égorger supposèrent que nos provisions étaient mieux faites en moyens de guerre. Quelques-uns crurent et répandirent qu'un baril de poudre les ferait sauter avec nous s'ils se hasardaient à pénétrer dans notre maison. Leur hésitation nous sauva en donnant le temps au fils d'un de nos compatriotes, nommé Bertrand, d'aller avertir le mutzelim (gouverneur) de notre cruelle position, afin qu'il vînt nous soustraire au péril, s'il en était temps encore. Ce mutzelim devait de la reconnaissance aux Français; il accourut en toute hâte; sa présence changea la face des choses : il tira le sabre, et les plus acharnés à notre perte se prosternèrent avec respect. Un silence profond succéda comme par enchantement aux clameurs effrayantes qui s'étaient fait entendre. Enfin, nous fûmes délivrés; un miracle semblait nous rendre à la vie.

On nous apprit alors que le jeune Turk châtié par M. de Portes était un personnage plus important que nous ne l'avions supposé. Fils du cadi de Seyde, sa naissance lui donnait un rang qui nous rendait plus coupables que si notre colère se fût adressée à quelque homme du commun. Ses plaintes lui avaient formé un parti puissant contre les chrétiens, et notre consul lui-même pensa devenir une des premières victimes du massacre projeté. Sa maison fut attaquée comme la nôtre; le poignard fut levé sur sa tête, et la fuite la plus heureuse parvint seule à lui faire éviter la mort. Son aumônier, capucin fort inoffensif, ne se tira pas à si bon marché du tumulte : on le traînait par la barbe dans les corridors du khan pour l'y tuer, quand le mutzelim y parut et le sauva des assassins. Ceux qui furent le plus remarqués parmi nos assiégeans reçurent, pour l'exemple, une distribution solennelle et sans épargne de coups de bâton sur la plante des pieds.

Leurs parens vinrent alors nous supplier à genoux de demander leur grâce; mais comme ils ne nous en auraient assurément point accordé, nous laissâmes justice avoir son cours; déplorant toutefois qu'un *chien* véritable eût été cause d'une scène aussi grave, et qui pouvait l'être bien davantage encore, sans le secours de notre généreux protecteur.

Le mutzelim, à qui nous devions tant de gratitude, voulut à peine en accepter les témoignages. « Les Français, nous dit-il, ont fait jadis pour moi plus que je n'ai fait aujourd'hui pour vous. Dans le temps où vos troupes victorieuses occupaient l'Egypte, j'étais au nombre des mamelouks de Djezzar, le plus acharné de vos ennemis; chaque jour voyait de sanglantes luttes entre nous et vos soldats : quand ils tombaient entre nos mains nous ne leur faisions point de grâce; leurs têtes nous étaient payées, et le désir d'amasser de l'or imposait facilement silence à la pitié. Une fois, après un nouveau combat très-opiniâtre, grand nombre des nôtres furent pris; dangereusement blessé moi-même et renversé de cheval, je n'attendais plus que le dernier coup de la mort, quand les vainqueurs, au lieu d'user de représailles, me transportèrent à leur ambulance et me prodiguèrent les plus généreux soins. Tant de bonté me toucha profondément; mon âme n'était point ingrate. Je jurai d'imiter à l'avenir une conduite pour laquelle j'éprouvais une reconnaissante admiration, et depuis, j'ai cherché toutes les occasions de m'acquitter envers la nation de mes bienfaiteurs. Les Français auront toujours des droits à mes services; c'est un véritable bonheur pour moi que de leur témoigner l'intérêt qu'ils m'inspirent. »

Les nobles sentimens exprimés par le mutzelim excitaient de notre côté un retour bien sincère d'affection. Nous voulûmes lui faire accepter quelques présens, mais sa délicatesse parut souffrir de nos instances, et tout ce qu'il nous fut possible de l'obliger à garder, au moins comme souvenir, ne consista qu'en une bagatelle (1). Il se nommait Abou-Seïf (père du sabre), et se trouvait être cousin de Roustan, mamelouk de Napoléon. Cette parenté faisait sa honte. « Si jamais, nous dit-il, le misérable qui a pu si lâchement abandonner son bienfaiteur, le plus grand des mortels, osait revenir parmi nous, des milliers de poignards se lèveraient à l'instant sur son cœur infâme; mais, par les liens du sang qui nous unissent et que je maudis, je réclamerais comme un privilége de lui porter les premiers coups. Son ingratitude est pour nous un opprobre dont nous ne serions délivrés que par le supplice du coupable : puisse-t-il périr dans les tortures qu'il a méritées, et que le Dieu qui fait justice l'abandonne à la damnation! » Le visage du mutzelim se couvrait de rougeur en proférant cet anathème; c'était un homme aussi probe que brave. Soliman, prédécesseur d'Abd-Allah, l'aimait beaucoup et lui donnait toute confiance; mais ce dernier, pour qui les honnêtes gens n'étaient que des sujets d'ombrage, adopta comme un motif légitime de rigueur la protection qu'Abou-Seïf nous avait accordée, et pour prix d'un acte généreux, le mutzelim fut destitué et conduit en exil.

Quelques jours après ce triste événement, nous vîmes arriver à Seyde Berber-Pacha, suivi d'une trentaine de ses officiers. Il se rendait à Saint-Jean-d'Acre pour y porter ses hommages au nouveau maître. J'avais connu beaucoup de ces officiers, la plupart Grecs et Maronites, à Tripoli. Ils vinrent me rendre visite, et m'engagèrent à profiter de leur caravane pour satisfaire le désir que je leur avais exprimé d'entreprendre un voyage à Jérusalem : eux-mêmes étaient dans l'intention d'aller voir le Saint-Sépulcre pendant le séjour de leur patron auprès d'Abd-Allah. Certaines considérations retardant mon retour en France, rien ne s'opposait à ce que l'un de mes vœux les

(1) Une longue-vue que M. de Portes avait apportée de Marseille.

plus ardens s'accomplit, et l'occasion était trop favorable pour que je négligeasse de la saisir. Berber continua sa route après une seule nuit de repos à Seyde. Je promis à ceux qui l'accompagnaient de les rejoindre sous peu de temps à Acre, et faisant, mes dispositions de pélerinage, je me trouvai en mesure de partir moi-même le surlendemain.

Ma première couchée fut à Tyr, chez l'archevêque dont je m'étais fait un ami. Ce brave et digne homme, dont je ne saurais assez redire les vertus et la bienveillance, m'accueillit avec l'empressement de la plus touchante bonté. Croyant mes motifs plus dévots et pieux qu'ils ne l'étaient réellement, je dois l'avouer, il m'assura que les bénédictions du ciel me seraient acquises par cette louable entreprise; il me donna la sienne, pria pour moi, me fit quelques paternelles exhortations, et me laissa poursuivre avec l'espérance de me revoir sanctifié.

Le deuxième jour je traversai le cap Blanc de l'autre côté duquel il me survint une petite aventure qui ne sera peut-être pas sans intérêt pour le lecteur.

Frappé d'une odeur cadavéreuse qui semblait émaner d'un épais taillis voisin de la route, et surtout de cris bizarres et perçans dont on n'apercevait pas les auteurs, je poussai ma monture vers le lieu d'où m'étaient venues ces sensations désagréables pour en reconnaître la cause, et vis alors sur les débris putréfiés d'un cheval une dizaine de grands vautours qui ne parurent aucunement s'effrayer de ma présence. Un fusil, ou seulement des pistolets m'en auraient aisément fait abattre plusieurs, mais je n'avais qu'un sabre avec lequel j'essayai toutefois de les atteindre. D'abord ils me regardèrent fixement, puis s'écartèrent un peu en faisant quelques sauts de côté pour éviter mes coups; enfin, voyant que l'attaque devenait opiniâtre et sérieuse, ils s'élevèrent en troupe au-dessus de ma tête, et prirent à leur tour si résolument l'offensive, que sans les rapides moulinets de ma lame j'aurais eu lieu de me repentir d'avoir été l'agresseur. Force me fut de leur céder le champ de bataille et de prendre la fuite. Leur colère s'était si fort animée, qu'ils n'abandonnèrent l'espoir de me punir qu'après avoir bien reconnu le danger de leurs tentatives.

J'arrivai sans autre accident sous les murs d'Acre, au moment où le pacha faisait sa sieste accoutumée. Tant que durait le sommeil de ce soupçonneux tyran, les portes de la ville demeuraient fermées afin qu'aucun étranger ne pût s'y introduire sans un permis de l'autorité supérieure. J'attendis environ deux heures, au bout desquelles M. Ruffin, notre consul, auquel j'avais fait parvenir un message, obtint mon entrée. Il me reçut avec sa bienveillance ordinaire et me transmit les ordres d'Abd-Allah, qui m'enjoignaient de comparaître à l'instant devant lui. « Vous trouverez, me dit M. Ruffin, le pacha fort irrité de ce qui s'est passé entre vous et ses sujets. Soyez ferme et calme contre ses injures, c'est le plus sûr moyen d'en arrêter le torrent et de vous préserver de ses autres excès. La dignité de votre maintien, l'assurance de votre physionomie, finiront par le contraindre à vous ménager. » Je me souvins de cette recommandation, et me présentai fièrement devant Abd-Allah : ma hardiesse l'étonna. « Tu vis encore, misérable! me dit-il aussitôt qu'il m'aperçut. Est-ce bien toi que j'ai devant les yeux? je ne puis le croire! une erreur m'abuse! Celui dont ta personne m'offre la ressemblance doit être massacré! sa mort a dû payer son crime! il n'est pas possible qu'il en ait obtenu l'impunité, et qu'il soit assez audacieux pour venir braver ma colère! Rends grâces au doute qui te protége dans mon esprit, chien d'infidèle; sans lui, d'affreux supplices te livreraient à l'enfer dans une lente agonie, pour l'effroi de ceux des tiens qui s'imagineraient pouvoir imiter l'attentat commis sur un serviteur du Prophète. Va-t-en, et ne reviens jamais offenser mes regards par des traits qui rappellent mon indignation. » Celui qui me parlait avec ce ton d'arbitre absolu n'était pourtant qu'un jeune homme encore imberbe. Elevé dans l'esclavage, il éprouvait le besoin de rendre à tout ce qu'il dominait alors les humiliations auxquelles il avait été soumis depuis son enfance. Dévoré par l'ambition d'acquérir le pouvoir en se plaçant d'une manière distinguée dans l'estime de Soliman, son visage, hypocrite autant que son âme, avait feint l'humilité, s'était parée de douceur pour abuser un vieillard trop vertueux pour connaître la défiance. Ayant long-temps courbé la tête, il la redressait maintenant avec arrogance, et se montrait à peine satisfait des plus basses prostrations de ses inférieurs. Malgré le danger que je pouvais courir en lui refusant les marques d'un respect dont il était indigne, malgré le courroux qui s'exprimait sur son visage et dans ses paroles au moment de notre entrevue, mon courage, loin de faiblir, se relevait à mesure que la menace cherchait à m'épouvanter. Un bon sabre pendait à ma ceinture; ma main, prête à le saisir, en aurait percé le corps du féroce Abd-Allah s'il avait prononcé l'arrêt d'un châtiment contre moi; et ce n'eût été qu'après sa mort que ses bourreaux eussent obtenu la mienne. Il est des momens où le cœur n'a plus de craintes: en voulant me faire trembler par l'image des tortures, on ne me donnait que plus de résolution à combattre.

Il est à supposer qu'Abd-Allah me croyait celui par qui le fils du cadi avait été frappé; je ne me défendis point de cette action que j'eusse infailliblement commise si M. de Portes ne m'avait prévenu. Elle était trop dans la vivacité du caractère français, trop naturelle dans nos impulsions pour m'inspirer un sentiment désapprobateur. Abd-Allah vit dans ma contenance un homme auquel il n'imposait point. Les terreurs de la lâcheté se signalent presque toujours chez les êtres d'abord les plus insolens, chez ceux qui, dans la confiance de l'impunité, montrent le plus de penchans cruels; celui-ci ne m'épargna que parce qu'il me jugea capable de résistance et que son pouvoir était encore trop mal affermi pour le tranquilliser d'ailleurs sur un assassinat éclatant que la France n'eût peut-être pas excusé.

Quelques heures après cette audience on me remit, suivant la promesse du pacha, l'autorisation que j'avais demandée, et j'attendis le départ d'une caravane, composée, en partie, de Grecs, pour me rendre à Jérusalem. Pendant le peu de jours que la nécessité me força de séjourner à Saint-Jean-d'Acre, je vis, en passant devant la boutique d'un barbier, un personnage dont la figure me parut européenne, et qui attira d'autant plus mon attention qu'en se faisant accommoder à la manière du pays, il fredonnait des airs de vaudeville. Le drogman de notre consul m'accompagnait dans ce moment; je lui fis part de mon observation et le priai de me dire si cette pratique du frater n'était point un de nos compatriotes. « C'en est un, en effet, me répondit-il, quoiqu'on ne le connaisse ici que sous le nom d'Ibrahim-Effendi. Attaché, comme ingénieur, au service d'Abd-Allah, il se communique peu, parce qu'on le surveille; cependant adressez-lui la parole, peut-être vous donnera-t-il de lui-même quelques explications. » La curiosité me fit suivre ce conseil. J'entrai en saluant le seigneur Ibrahim, comme j'aurais abordé quelqu'un de ma connaissance, à Paris. Je le surpris un peu par ce bonjour étrange de la part d'un Arabe, ou du moins d'un homme qui le paraissait. Il ouvrit de grands yeux, m'examina scrupuleusement avant de répondre, et finit par me dire : « J'aurais sans doute beaucoup de plaisir, Monsieur, à converser quelques instans avec vous, car les vêtemens qui vous couvrent m'ont d'abord trompé; mais l'esprit soupçonneux du *maître* qui gouverne ici me prive de toutes relations avec mes compatriotes. Les renégats, et des circonstances impérieuses m'ont forcé de le devenir, sont l'objet d'un espionnage inquisitorial; on les croit toujours des traîtres, et la plus grande circonspection dans leur conduite ne les empêche pas d'être souvent accusés de ne servir les Musulmans qu'avec des intentions perfides. Cependant si vous voulez prendre la peine de venir chez moi ce soir, je vous recevrai mieux qu'ici, et nous causerons un peu de la France qui m'est toujours chère. Venez à la nuit close, les *mouchards* du pacha ne vous reconnaîtront pas sur le chemin : voici mon adresse.» Ayant assez rapidement prononcé ces mots, Ibrahim-Effendi m'indiqua sa demeure et disparut.

Je fus exact au rendez-vous; mais combien mon désappointement ne dut-il pas être pénible, quand des esclaves me refusèrent formellement l'entrée de la maison dont le facile accès m'était promis! Mes insistances, entendues de l'intérieur, attirèrent Ibrahim; il vint à moi, et, me serrant la main avec amitié : « Pardonnez, me dit-il ; quelques-uns des principaux officiers d'Abd-Allah sont en ce moment dans mon salon, il m'est impossible de vous recevoir; un autre jour je serai plus heureux. » Puis, sans me donner le temps de lui répondre, il rentra précipitamment. Je m'en retournai de mon côté, dans l'appréhension qu'il n'arrivât quelque chose de fâcheux à cet homme. Mes pressentimens se confirmèrent, je ne le revis plus : la disgrâce du pacha l'atteignit, et toutes les informations possibles ne purent, dans la suite, m'apprendre quelle avait été sa destinée. Un profond mystère couvrit sa mort ou sa fuite; jamais on ne parvint à découvrir ce qu'il était devenu. S'il vit encore et que le hasard fasse tomber cet écrit sous ses yeux, il comprendra tout le plaisir que j'aurais à le revoir.

CHAPITRE XVI.

Ibrahim-Effendi et le Malem-Haïm. — Mort de ce dernier ordonnée par Abd-Allah. — Consternation des habitans d'Acre et surtout des Juifs. — Départ pour Jérusalem. — Visite au couvent du mont Carmel, ayant jadis servi d'hôpital aux soldats français. — Inscriptions conservées sur les murs de ce couvent. — Plusieurs rencontres. — Jérusalem. — Le saint sépulcre.

Ibrahim-Effendi, pendant tout le temps de son service auprès du pacha d'Acre, avait été l'objet de la jalousie de tous les officiers musulmans. La supériorité d'instruction qu'il montrait sur eux, l'influence qu'elle lui faisait acquérir dans le conseil, la haute fortune à laquelle ses talens pouvaient le conduire, étaient de suffisans motifs pour exciter la haine de ses égaux et les pousser à mettre en œuvre tous les moyens de le perdre. Malgré la profonde dissimulation dont ils couvraient leurs trames, Ibrahim les avait pénétrés, et se conduisait avec une prudence qui ne laissait aucune prise aux accusations. Un seul homme peut-être lui portait sincèrement de l'amitié, et, par une fatalité singulière, la mort affreuse de cet homme résulta d'un projet conçu par Ibrahim.

Ce dernier, en sa qualité d'ingénieur chargé de veiller à l'entretien des fortifications d'Acre, avait mis sous les yeux du pacha le plan d'un arsenal qu'il trouvait nécessaire de construire, et de quelques changemens utiles à la défense de la place. Abd-Allah comprenant tous les avantages de ces dispositions nouvelles, allait en ordonner l'exécution, quand son ministre le Malem-Haïm vint lui représenter combien il était inopportun d'adopter de semblables propositions dans un moment où l'épuisement des finances permettait à peine les moindres dépenses; il exposa la misère du peuple, sur lequel il faudrait lever d'accablans impôts; il fit envisager et craindre la colère du Sultan, à l'autorité duquel on paraîtrait vouloir se soustraire en augmentant les moyens de résistance. Ibrahim, présent à cette discussion, abandonna le premier le dessein combattu par le Malem-Haïm, et bientôt Abd-Allah renonça de même à son accomplissement; il sentit que, loin de porter ombrage au grand-seigneur, il devait s'efforcer, au contraire, de s'attirer ses bonnes grâces en attendant qu'une circonstance plus favorable le mît à l'abri d'une vengeance qu'il n'était point encore en état de braver.

Ibrahim-Effendi et le Malem-Haïm s'étaient retirés satisfaits; la raison avait triomphé; Abd-Allah lui-même s'applaudissait de ne point avoir repoussé les avis de son ministre, et celui-ci semblait plus que jamais en faveur dans l'esprit du pacha, quand un misérable, qui longtemps avait caché la haine qu'il portait au sage israélite, crut trouver en cette occasion les moyens de la satisfaire. Sa charge de kiaya-bey lui donnait entrée et voix délibérative au divan; il n'avait rien objecté aux discours du ministre; mais aussitôt que sa présence ne le gêna plus pour exercer une influence criminelle sur Abd-Allah: « Hé quoi! dit-il à celui-ci, est-ce bien toi qui gouvernes? Quel est le pacha d'Acre, dis-moi, de toi ou de ce pourceau de juif? Quel est celui de vous deux dont la volonté prédomine? Crois-tu donc être le maître quand tu montres une si honteuse condescendance pour ce qui plaît à ce chien d'infidèle? Plus tu cèdes à ce qu'il exige, plus sa hardiesse menace ton pouvoir. Ne sauras-tu jamais t'affranchir de cette humiliante tutelle? Réponds, enfin, qui devons-nous considérer comme le pacha d'Acre? »

Confondu par cette audacieuse remontrance, Abd-Allah baissa les yeux, réfléchit quelques instans en silence, se pressa la poitrine et la tête avec ses mains, puis dit à demi-voix : « Suis-je bien en effet le pacha ? Oui, oui, je suis Abd-Allah ! et quand tout ce qui m'entoure devrait trembler à mes seuls regards, un sujet insolent ose combattre et détruire mes résolutions ! Il faut que la mort du coupable expie le crime ! point de grâce ! cet acte prouvera ma force ; on y verra que nul ici ne peut heurter impunément celui qui sait se montrer le maître au besoin. Djezzar, en mutilant ce traître, n'a pas assez fait pour anéantir son arrogance. Demain il ne sera plus qu'un hideux cadavre. Son arrêt est prononcé, qu'on l'exécute ! »

Le kiaya n'attendait que ce dernier mot. Dans quel supplice voulez-vous qu'expire le Malem-Haïm ? demanda-t-il au pacha. « Qu'on l'étrangle à l'instant, répondit Abd-Allah ; je vous charge de ma justice. Allez, et revenez m'apprendre qu'elle est faite. »

Enchanté de cette mission sanglante qui lui procurait le bonheur de torturer lui-même un malheureux vieillard que les méchans détestaient à cause de ses vertus, le kiaya se fit suivre par quelques bourreaux subalternes et se dirigea en toute hâte vers la demeure du Malem-Haïm. La nuit était obscure, et les habitans de la ville, déjà presque tous livrés au sommeil, ne se doutaient pas que le plus abominable attentat les allait priver pour toujours de leur constant protecteur. Les assassins frappent à la porte du ministre ; ses serviteurs goûtaient le repos, mais lui veillait encore pour le travail, et vint lui-même demander ce qu'on lui veut à cette heure avancée. « Ouvre, lui répond le kiaya ; le pacha m'envoie te chercher ; il faut qu'il te voie sans retard ; une affaire importante réclame ta présence au palais de notre maître ; la moindre lenteur serait funeste ; ouvre vite et suis-moi. » Le pressentiment du sort qui l'attendait semble pénétrer l'âme du Malem-Haïm. « Le pacha, répliqua-t-il, ne peut avoir, dans ce moment, aucun besoin de mes services. Demain seulement j'irai lui parler, à moins qu'on ne me montre un ordre écrit de sa main. — Je suis porteur de cet ordre écrit, poursuit le kiaya ; quelle défiance t'arrête? Ouvre-moi donc! ne me reconnais-tu pas? Ne peux-tu comprendre à quoi t'expose une hésitation qui nous fait perdre un temps précieux? » Trop crédule ou trop généreux pour imaginer une si noire perfidie, le vieillard se décide, il ouvre; au même instant, les assassins le saisissent; leur chef, avec une atroce ironie, lui déclare le vrai motif de sa visite. « Ton règne est fini, chien de juif, infâme pourceau du diable! s'écrie-t-il. Ta vilaine âme va retourner aux lieux d'où elle est sortie; descends aux enfers : tiens, voici les premiers degrés franchis. » En disant cela, l'exécrable kiaya précipite le Malem-Haïm d'une galerie élevée et le brise sur les marches de pierre qui conduisent à la rue, puis, recourant après, lui passe autour du col une corde qu'il fait serrer de toute la force de ses aides. Cette corde casse, le kiaya détache le cordon d'or et de soie qui suspend son sabre, et renouvelle la strangulation jusqu'à ce que le dernier souffle de vie échappe à la victime; puis il la foule aux pieds, lui crache au visage, la roule dans la fange et la poussière, et la fait jeter ensuite à la mer par une barque de pêcheur qui s'éloignait de la côte.

Le lendemain, quand ce meurtre fut connu, la plus douloureuse consternation se peignit sur tous les visages. Abd-Allah parut un monstre que le courroux céleste avait envoyé sur la terre pour la désoler par ses ravages. Chacun trembla pour sa fortune et sa vie; les Juifs surtout se jugèrent perdus, et leurs craintes ne furent que trop fondées; on leur fit de telles avanies, que bientôt les plus riches se trouvèrent réduits aux dernières extrémités de la misère. On vit beaucoup de ceux dont l'existence avait été embellie par tout ce que les richesses peuvent offrir de jouissances, tendre une main suppliante à la charité publique pour en obtenir une misérable aumône, et périr d'inanition aux portes de leurs effrontés spoliateurs.

Les flots rejetèrent au rivage, après quelques jours d'immersion, le cadavre du pauvre Malem-Haïm. Ses coreligionnaires demandèrent en grâce qu'on leur permît de lui donner la sépulture. Abd-Allah demeura sourd à leurs vœux. Il ordonna de mettre ce cadavre dans un sac de cuir à moitié rempli de cailloux et de le transporter au large où la mer le recevrait de nouveau. Ce fut à cette époque d'indignation générale qu'Ibrahim disparut. J'ai déjà dit que toutes les recherches des Francs ne purent leur faire découvrir les traces de sa mort ou de sa fuite.

Abd-Allah, par faiblesse et par férocité, se priva des deux hommes les plus capables de le bien servir et de lui donner d'utiles conseils. Il finit par sentir sa faute, sinon son crime. Le nom du Malem-Haïm était souvent sur ses lèvres, et chaque fois qu'il se rappelait ce vieillard, il exprimait une vive peine d'avoir cédé aux insidieux et funestes avis du kiaya. Son ressentiment contre cet officier devint tel, que ne pouvant plus en supporter la vue, il lui fit, de sa propre main, jaillir la cervelle, un jour où les autres dignitaires de sa maison l'entouraient. Ce n'était assurément pas le remords qui tourmentait l'esprit d'Abd-Allah, c'était le regret égoïste d'avoir sacrifié sans réflexion un administrateur habile qui suffisait presque seul à tous les soins pénibles du gouvernement, tandis qu'après lui, le désordre et la confusion se répandaient de tous côtés. Abd-Allah contraignit un frère du Malem-Haïm de lui succéder au ministère; mais cette substitution ne cicatrisait pas le mal : il était trop difficile de retrouver un homme d'autant de mérite et de sagesse que celui dont une stupide barbarie avait prononcé l'arrêt de mort.

Je quittai Saint-Jean-d'Acre le 27 mars 1820, pour rejoindre, à quelque distance de la ville, la petite caravane grecque avec laquelle je devais faire le pèlerinage de Jérusalem. Elle se composait de vingt-cinq hommes tous bien armés et bien montés, non compris un musulman, que d'autres motifs guidaient vers la cité sainte, et qui désirait se réunir à nous pour le voyage. Cette caravane, quoique composée en partie des officiers de Berber-Pacha, avait préféré établir son camp en plein air que dans une enceinte où personne ne pouvait se croire à l'abri des vexations exercées par les sbires d'Abd-Allah. Nous partîmes et traversâmes d'abord le jardin de Kaïfa, célèbre dans l'Ecriture, puis, en côtoyant la mer, nous parvînmes au pied du mont Carmel, qu'il nous fallut gravir par des sentiers très-rapides et très-difficiles. Arrivés au sommet après des peines inouies, un grand bâtiment en ruines s'offrit à nos regards; c'était un ancien couvent dans lequel résidait un moine solitaire qui vint à notre rencontre monté sur une bonne jument arabe. Nous trouvâmes chez ce brave homme, d'excellent vin de Chypre qui répara nos forces; puis nous allâmes visiter la grotte du prophète Elie, taillée dans le roc, et dans laquelle je lus avec un plaisir extrême beaucoup de noms français illustrés avant ou depuis leur inscription. J'osai graver le mien à côté de ces noms respectables, pour laisser au moins une trace de ma vie sur un monument que les hommes et les siècles ne détruiront pas.

Dans le couvent même je retrouvai bien des sujets de méditation. Les murailles délabrées attestaient le séjour et les malheurs de notre armée en Syrie. Des soldats malades, blessés ou captifs y avaient long-temps gémi en désespérant de jamais revoir leur patrie. Les ossemens de beaucoup d'entre eux y reposaient. Çà et là se voyaient écrites les sensations que l'approche de la mort leur faisait éprouver dans ce lieu d'exil. Les unes étaient tristes, déchirantes, les autres philosophiques et résolues. Au pied d'un squelette dessiné sur une surface unie, et auquel on avait mis une pipe entre les dents, je déchiffrai les vers qui suivent et que j'ai copiés fidèlement :

Mes amis, voici la camarde
Qui vient, à défaut de tabac,

Pour nous mettre tous dans le sac
Et nous fumer dans sa bouffarde.
Il nous faut descendre la garde;
Passons l'arme à gauche gaîment
— Nom de D..., quel ....!
Déjà la mort! — Eh! oui, regarde!
Tu t'en défendrais vainement,
Troupier, car c'est une gaillarde
Qui n'a pas peur d'un régiment
Quand monte à son nez la moutarde!
— Suivons-la donc à la houzarde;
Mais, sacré nom d'un sacrement,
Que le tonnerre la bombarde!

L'auteur de cette boutade ne paraissait pas, comme on le voit, bien effrayé de sa fin prochaine. Beaucoup de semblables caractères se rencontrent chez nos soldats qui, jouissant de la vie tout autant qu'ils le peuvent, se résignent de bonne grâce à la destruction quand elle arrive. Les douloureuses pensées qui me frappèrent dans les inscriptions du couvent étaient nées d'affections profondes pour des objets étrangers, et non de la terreur causée par la mort elle-même. C'était le regret d'expirer sans presser encore la main d'une mère, d'une amie, dont le tendre attachement avait franchi les distances dans une correspondance active. Il est en effet bien cruel pour les âmes ardentes et rêveuses de ne pas être recueillies, lorsqu'elles s'échappent de la terre, par d'autres âmes sympathiques! Les larmes de ceux qui nous aiment, répandues à nos derniers momens, en adoucissent bien l'amertume!

Après avoir fait nos petits présens au moine qui nous avait reçus, nous en prîmes congé et descendîmes la montagne du côté de l'est: j'y cueillis quelques touffes de sauge en souvenir; le sol en était abondamment couvert, ainsi que d'autres plantes odorantes, dont le parfum répandu dans l'air se respirait avec une sorte de délices. Plus loin nous côtoyâmes de nouveau la mer jusqu'aux ruines d'une ville antique que mes compagnons me désignèrent sous le nom d'Atlith; quantité de belles colonnes encore debout attestaient sa splendeur évanouie. Je laisse à de plus doctes le soin de l'indiquer pour ce qu'elle fut autrefois.

Nous marchâmes pendant dix heures de cette première journée; la fatigue nous arrêta près d'un vieux château au pied duquel florissait jadis Tanthoura : un misérable village habité par quelques Arabes est tout ce qui subsiste à la place. Nous y établîmes notre khan. Le Musulman qui nous accompagnait se chargea de pourvoir aux vivres, surtout pour moi, qu'il paraissait prendre en affection. Je lui donnai deux piastres à dépenser; cette somme lui suffit pour se procurer une quantité d'œufs avec lesquels nous aurions pu vivre une semaine. Nous les fîmes durcir afin d'avoir des provisions assurées. J'en offris aux Grecs, mais ils me refusèrent; l'austérité de leur carême ne leur permettait l'usage d'aucun aliment qui n'appartînt pas au règne végétal : ils se contentèrent d'un peu de riz arrosé de mauvaise huile et s'endormirent en état de grâce. Le Turk et moi nous vécumes d'une manière un peu plus substantielle, et notre sommeil n'en fut pas moins tranquille.

Le 28, nous repartîmes avant le jour afin d'arriver de bonne heure à Jaffa. Les chemins étaient encore plus mauvais que la veille. Tantôt nous marchions sur un sable où les chevaux s'enfonçaient jusqu'aux genoux, tantôt il nous fallait tourner des collines mouvantes dans lesquelles on se serait englouti, tant l'espèce de poussière qui les composait en était subtile. Vers le milieu du jour nous traversâmes Césarée de Palestine, ou plutôt les débris de cette ville. J'y remarquai, au centre d'une grande place de forme circulaire, une assez jolie fontaine construite en marbre, où nous fîmes une station pour prendre le café et fumer la pipe. Beaucoup d'autres ruines s'offrirent à mes observations; toutes pouvaient témoigner de ce que dut être autrefois Césarée. Les murailles de ces nombreux palais abandonnés étaient pour la plupart formées de très-beau marbre et décorées de sculptures d'un travail immense; les moindres maisons avaient coûté bien des soins à bâtir : à ce qu'il en restait, l'œil le moins exercé le reconnaissait facilement. Partout le luxe et les arts avaient laissé leurs traces; mais le silence d'un désert succédait aux voix de la multitude que ces lieux ont vue s'éteindre. Pas une âme n'habite Césarée, elle ne parait plus qu'un amas de tombeaux dont la triste paix n'est troublée que par les chacals et les vautours. Les remparts qui l'enferment se sont parfaitement conservés et braveront encore les efforts d'une bien longue succession d'années.

En sortant de cette ville notre route devint plus agréable. A mesure que nous avancions, la fertilité du sol récréait nos regards; des arbres de toute espèce nous offraient leur ombrage; de riantes prairies coupées de nombreux et limpides ruisseaux étalaient une riche verdure émaillée de fleurs aromatiques à des troupeaux de buffles et de moutons qu'on y voyait paître. L'abondance remplaçait la stérilité. On retrouvait des villages animés, les uns peuplés d'Arabes Motualis, les autres de Turkomans, tous cultivateurs.

Vers trois heures de l'après-midi, nous aperçûmes Jaffa au milieu des jardins qui l'entourent. Un jeune homme vêtu à l'européenne, se promenant à cheval dans la campagne, suivi d'un domestique, nous rencontra; il paraissait quitter un khan de Turks établi sous les murs de la ville. Je le saluai en lui adressant quelques paroles en français; il entendait fort bien cette langue et parut assez surpris qu'un Bédouin en fît usage. Mon costume le trompait; je lui dis quelle était ma patrie, et dans quelques minutes nous fûmes les meilleurs amis du monde. Il m'interrogea sur le sujet de mon voyage; apprenant que j'allais à Jérusalem, sa joie devint plus vive, car il devait lui-même partir incessamment pour cette destination, et nous pouvions cheminer de compagnie. Aux portes de Jaffa nous mîmes pied à terre pour entrer en ville et converser plus à notre aise en nous tenant par le bras. Ce jeune homme était le fils de M. de Civeny, consul de Russie au Caire; il accompagnait, en qualité de secrétaire et de drogman, le prince Ouwaloff, gouverneur de la Géorgie, auquel l'empereur de Russie avait permis une absence de quelques mois, et qui parcourait en ce moment la Terre-Sainte. Lié avec le consul anglais résidant à Jaffa, il voulut absolument me présenter d'abord à cet agent britannique, qui passait pour aimer particulièrement les Français et qui ne manquerait pas de m'offrir une agréable hospitalité. J'acceptai cette proposition et me laissai guider par mon nouvel ami. Arrivés devant la maison consulaire, j'aperçus un vieillard dont le grotesque accoutrement me paraissait plutôt celui d'un fou que d'un chargé d'affaires importantes. Il portait, avec une robe longue à la turque, un chapeau à trois lampions sur lequel était plaquée une énorme cocarde noire. De côté, ses cheveux tombaient en oreilles de chien, et derrière, en queue à la prussienne : c'était le consul. Je l'abordai le plus honnêtement qu'il me fut possible, m'efforçant de ne pas rire. Il m'accueillit au mieux, me pressa la main d'une manière tout affectueuse, et me dit qu'il s'estimerait très-heureux que je voulusse bien accepter un logement chez lui. Nous entrâmes; ses gens reçurent l'ordre de préparer de quoi me traiter dignement, et la conversation s'engagea sur des sujets de très-grave souvenir pour mon hôte.

« Quoique consul d'Angleterre, me dit-il, je suis votre compatriote par le sang; l'Europe entière connaît mon nom, il est d'une célébrité qui vous étonnera, bien qu'elle vous soit connue : on m'appelle Damiens. Vous rappelez-vous l'assassin de Louis XV? C'était mon aïeul; Dieu lui fasse paix! Ma famille, obligée de quitter la France, est venue dans les temps s'établir ici; j'y suis né, j'y dois mourir; mais je n'en affectionne pas moins ce qui vient du pays où les destins ne m'ont pas permis de vivre. Soyez le bienvenu dans ma maison, et disposez librement de mes services, si vous en avez besoin. Toutes les fois que j'en puis rendre aux

Français, je n'en laisse point échapper l'occasion, car je suis moi-même français au fond du cœur; et comme les actions sont personnelles, je pense que l'aveu que je vous ai fait sur mon origine ne vous inspirera point de répugnance à les recevoir. »

J'assurai ce brave homme que mes préjugés n'allaient pas jusqu'à l'absurde injustice d'accuser un fils des fautes de ses pères; que je ne voyais en lui qu'un estimable exilé dont je me ferais honneur de mériter l'amitié. Il me serra de nouveau la main et continua: « Il est probable que la proscription de ma famille n'existe plus. Je pourrais visiter la France comme tous les autres voyageurs; mais la dynastie qui vous gouverne est rancunière, elle a de la mémoire quand il s'agit de persécutions. Je ne veux pas m'exposer à ses recherches; d'ailleurs je ne verrais qu'avec une douleur profonde un trône si glorieusement conquis par Napoléon occupé maintenant par ceux qui le redoivent à leurs intrigues chez l'étranger. J'ai eu le bonheur de recevoir plusieurs fois dans cette maison où nous sommes le grand capitaine qui fit l'admiration de l'univers; mon dévoûment à ses intérêts, l'empressement que je mis à le servir pendant son séjour en Syrie, me valurent de sa part des marques de gratitude. Revêtu du pouvoir suprême, il ne m'oublia pas, il me nomma consul de France dans ce pays. J'occupai cet emploi jusqu'en 1814, où la rentrée des Bourbons me destitua. On m'offrit alors le consulat d'Angleterre, je l'acceptai. Ce qui vous rendra sans doute plus flatteur l'asile que je vous offre, ce sera de coucher dans le lit même où reposa le grand homme. Vous vous y rappellerez ses hauts faits, ses victoires, et vous comprendrez combien je dois être fier de l'avoir intimement connu! »

Après cette période, notre hôte nous versa d'excellent bordeaux à plein verre, et, dans l'enthousiasme qui le possédait, but et nous fit boire en l'honneur de Napoléon. Nous portâmes ce toast aussi souvent que le vin sortit des bouteilles pour humecter l'œsophage du consul, dont la soif était fréquente. Il nous raconta les dangers auxquels le départ de notre armée d'Egypte l'exposa quand Djezzar se retrouva le maître. Pour se soustraire à la vengeance inexorable de ce pacha, il avait été contraint d'errer long-temps dans la montagne, subissant les plus cruelles privations et toujours dans les transes de se voir capturer pour mourir dans d'horribles supplices. La mort de Djezzar et la nomination de Soliman vinrent mettre enfin un terme aux souffrances du fugitif. Il put revenir à Jaffa, où tout ce qui lui appartenait lui fut rendu. Depuis cette époque rien ne menaça plus sa fortune; elle était assez ronde, quoiqu'il ne s'épargnât point les jouissances de la vie et qu'il fût toujours prêt à donner assistance aux malheureux.

Notre dîner, après lequel une faim véhémente me faisait soupirer, m'étonna par un luxe dont je n'avais plus l'habitude. Les moindres choses ont souvent beaucoup d'attrait en certaines occasions : je ne saurais expliquer le plaisir que me causa ce repas servi à l'europeénne. Mes yeux étaient pour ainsi dire enchantés en revoyant une nappe, des serviettes, des fourchettes et des couteaux. Ceux qui pendant plusieurs années auront, ainsi que moi, vécu parmi des tribus où, quelle que soit la saleté des convives, il faut souffrir qu'ils plongent leurs mains dans les alimens qu'on partage avec eux, où la vermine qui pullule sur leurs vêtemens tombe sur ce qu'on porte à sa bouche, comprendront le bonheur d'être rendus à tous les soins de la propreté.

Des libations souvent répétées finirent par exciter le sommeil chez notre hôte; il s'endormit à l'anglaise, les coudes appuyés sur la table, et ronflant comme un buffle. J'avais moi-même grand besoin de repos, et malgré les rêveries qui m'étaient prophétisées sur la couche de l'illustre capitaine, je dois avouer, à ma honte peut-être, que la fatigue l'emporta sur l'imagination. Pendant la nuit, le jeune Civeny avait fait ses préparatifs de voyage; dès que le jour parut, il vint me réveiller. Sa monture était une naka, femelle du dromadaire; on la chargea de provisions dues à l'obligeance du consul: elles consistaient en viandes rôties, pain, fruits et vin de Bordeaux. Nous partîmes accompagnés jusqu'à deux lieues de la ville par notre aimable hôte, qui nous recommanda plusieurs fois avec instance de descendre chez lui au retour.

La naka de M. de Civeny marchait l'amble, c'est-à-dire qu'elle avait l'allure des chevaux qui lèvent en même temps les jambes d'un côté, ce qui produit pour le cavalier un balancement assez doux chez ceux-ci, mais très-désagréable et très-fatigant pour les personnes qui n'y sont pas habituées sur le dromadaire ou le chameau. On en éprouve comme une espèce de mal de mer, qui cesse après quelques jours d'exercice, et dont on est ensuite bien dédommagé par la vitesse de l'animal, avec lequel on peut faire ainsi fort aisément trois lieues à l'heure. Pour suivre M. de Civeny, qui ne se pressait pas, tous ceux qui composaient la caravane étaient obligés de mettre leurs chevaux au grand trot et souvent au galop. Nous fîmes une petite halte dans un village nommé Loudd, près duquel se voient les décombres de Diospolis, qui fut d'abord Lydda. Notre route était presque continuellement entravée par des nopals (figuiers d'Inde), dont les feuilles extrêmement longues et larges sont armées de pointes qui en défendent le toucher. Nous marchions à travers une forêt de ces arbres, ce qui redoublait notre lassitude; car, pour en éviter le contact épineux, il fallait se détourner à chaque instant. Enfin, après six heures de peines, nous arrivâmes à Ramlé.

Le prince Ouvaloff, à qui M. de Civeny servait de drogman dans ses courses, logeait dans cette ville, au couvent des moines espagnols. Il était, au moment de notre arrivée, occupé d'une affaire importante: l'emballage de deux momies. En attendant qu'il fût visible, un Anglais nommé M. Aydes, homme charmant si jamais on en vit, nous fit les honneurs du lieu où lui-même avait pris domicile. Il s'empressa de nous offrir tout ce dont il pouvait disposer pour nous être agréable. Son instruction, son langage, la grâce qu'il mettait dans les moindres choses, lui captivaient bientôt l'intérêt le plus vif de la part de tous ceux avec lesquels il était en relation. Au reste, je dois dire en passant que tous nos rapports en Syrie avec les Anglais ne nous ont inspiré que des regrets de les avoir cessés : nous en avons été reçus de manière à n'en jamais perdre le reconnaissant souvenir.

Quand le prince eut fini l'emballage de ses précieuses momies, il nous en fit prévenir : cela voulait dire que nous pouvions nous présenter à Son Excellence. M. de Civeny ne m'avait pas prévenu, sans doute à dessein, de ce qu'était l'original dont l'aspect allait me surprendre. En voyant le prince Ouwaloff, il me sembla tellement me trouver en face de Napoléon que j'en reculai d'émotion et de respect. La ressemblance physique de ces deux hommes était si frappante que, s'ils eussent paru tous deux ensemble à mes regards, je n'aurais su désigner l'empereur. Par une affectation ridicule, et pour rendre l'illusion plus complète, l'*Excellence* portait un chapeau et des habits taillés sur la forme de ceux qu'avait habituellement la *Majesté*. Les poses du corps, les mouvemens étaient pareillement imités; enfin, il fallut les démonstrations les plus positives pour détruire l'erreur qui me trômpait. Le prince en fut singulièrement flatté : il suffisait à son amour-propre de cette analogie d'extérieur. Quant au génie de celui qu'il voulait copier, il avouait la différence des proportions.

La cloche du couvent ayant fait retentir l'heure du dîner, nous nous rendîmes au réfectoire, où l'un des moines psalmodia des prières en italien, qui durèrent pendant tout le temps que nous restâmes à table. La chère n'était pas aussi délicate que chez le consul de Jaffa : on nous servit du poisson, puis du poisson, puis encore du poisson dont la sauce contenait tant de poivre et d'épices que je ne pouvais l'avaler sans faire d'horribles grimaces; fort heureusement le vin était meilleur, et je ne m'en fis pas épargne. Ce repas terminé, nous allâmes, sur l'invitation du prince, prendre le café et fumer la pipe dans son appartement, où nous le laissâmes faire la sieste, après quelques momens de conversation au sujet de la ville, que MM. Aydes et de Civeny m'engagèrent à parcourir avec eux.

Ramlé est, dit-on, la patrie de Samson. Je n'eus pas de peine à le croire en voyant la taille et la force des habitans. S'ils sont dégénérés depuis les Philistins, ce devaient être de terribles hommes, car ils me parurent encore passablement robustes et vigoureux! Beaucoup de ruines de haute antiquité se découvrent dans la ville et hors de ses murs. Nous visitâmes les tombeaux des sept Martyrs; les restes d'une église bâtie par les Templiers, dont les Turks ont fait une mosquée; les souterrains de cette église, où les fidèles persécutés se réunissaient; enfin une tour extrêmement élevée, au sommet de laquelle nous inscrivîmes nos noms parmi ceux qu'une foule de voyageurs y avaient déjà gravés.

Le Jeudi saint, à six heures du matin, le prince Ouwaloff, M. de Civeny, M. Aydes et moi nous partîmes pour nous rendre à Jérusalem, dont une seule journée de marche nous séparait. Notre suite était composée d'un janissaire, donné au prince par le pacha d'Égypte; de quatre domestiques géorgiens, d'un moukre, de deux muletiers et de deux chameliers du pays. Quatre chameaux portaient les bagages. Quelques chevaux de main, dont un blanc magnifique, étaient conduits par les Géorgiens. Le prince et M. Aydes montaient chacun un mulet, M. de Civeny son dromadaire, et moi ma jument arabe. Nous cheminions sur une terre fertile où de tous côtés des ruines de châteaux et d'églises se montraient à nos regards. Déjà quelques heures s'étaient écoulées sans que nous eussions rencontré âme vivante, lorsque trois cavaliers sortirent de derrière un taillis et vinrent à nous de toute vitesse. Le moukre tressaillit en s'écriant : « C'est Abougos ! » Nous avions entendu parler de cet Abougos comme d'un détrousseur de caravanes, et nous apprêtions nos armes en cas d'attaque ; il n'en fut pas besoin, car aucune apparence d'hostilité ne nous inquiéta dans l'approche des survenans. L'un d'eux, s'adressant au moukre, lui demanda où était le Français qui faisait partie de la troupe. Je compris sa question et me nommai. « Bien ! répondit-il ; montre-moi maintenant l'émir moscovite. » Le prince se désigna. Aussitôt Abougos et ses deux compagnons saisirent leurs pistolets et les tirèrent en l'air en signe d'amitié, puis ils nous touchèrent la main et la barbe avec le bout des doigts qu'ils portèrent à leurs lèvres. Nous continuâmes notre route en leur compagnie, et la conversation s'engagea par l'intermédiaire de M. de Civeny. Abougos nous apprit de nouveau qu'il était cheik de tous les Arabes dont le métier est de dépouiller les pélerins ; que les hommes rangés sous son obéissance étaient nombreux et redoutables ; que nous en étions entourés sans nous en apercevoir ; « mais, continua-t-il, vous n'en avez rien à craindre, car je suis maintenant de vos amis. D'autres étrangers de distinction se sont confiés à moi et je n'ai pas trahi leur attente. La reine d'Angleterre, MM. de Châteaubriand et de Forbin-Janson pourraient vous le certifier. Les pistolets que je possède m'ont été donnés par le premier de ces deux derniers voyageurs. »

Tandis qu'Abougos détaillait ainsi ses rapports avec nos devanciers à la ville sainte, nous arrivions au pied d'une colline dont le sol desséché contrastait bien tristement avec les terres fécondes que nous avions parcourues. Une grande église en ruines sur les murs de laquelle se voyaient encore quelques peintures, attira mon attention. Je m'arrêtai pour l'examiner et laissai poursuivre la caravane, que l'agilité de ma jument pouvait bientôt me faire rejoindre. L'église n'avait plus de portes; j'en visitai l'intérieur sans mettre pied à terre et n'y demeurai que peu d'instans; toutefois cette curiosité faillit me devenir dangereuse. Une trentaine de brigands sortis des décombres m'assaillirent à la sortie en levant sur moi leurs poignards; d'une main ils demandaient une aumône et de l'autre ils étaient prêts à frapper en cas de refus. Ma position fut aperçue d'Abougos qui, ne me trouvant plus parmi les pélerins, avait tourné bride pour me chercher. Il descendit la côte à toutes jambes et les brigands tombèrent la face contre terre. Sans lui je ne sais comment j'aurais pu me tirer d'affaire. Il me recommanda poliment de ne le plus quitter et nous continuâmes ensemble jusqu'en vue de Jérusalem. Là, cet honnête voleur de grands chemins nous quitta, car sa tête était mise à prix, et si les autorités de la ville avaient pu l'y saisir, il n'en serait sorti que décapité.

Nous entrâmes dans la cité sainte : le prince et ses gens descendirent dans un couvent de moines grecs et moi dans celui du Saint-Sauveur, où je reçus bon accueil. J'eus l'honneur d'occuper la chambre où l'on avait logé M. de Châteaubriand. Que n'ai-je le talent de cet illustre écrivain pour donner du charme à mes récits! pour exprimer des sensations qu'il a si bien su faire partager aux âmes religieuses! Je ne contemplai point Jérusalem avec l'émotion d'un homme qui croit y retrouver à chaque pas les traces d'un Dieu martyr; une céleste influence ne pénétra point mes esprits; mais je ne fus point non plus insensible et froid devant ce Calvaire où périt, dans les supplices réservés à de vils esclaves, le plus vertueux, le plus sublime des législateurs.

Ma chambre n'avait d'agrément pour moi que par le souvenir que j'y trouvais : un mauvais tapis pour me coucher, une table, un siége et une cruche d'eau, en composaient tout l'ameublement. Après avoir un peu fait ma toilette de bédouin, je me fis présenter au supérieur du couvent, espagnol d'origine, puis au révérend père Antoine, ancien aumônier de la marine à Toulon, missionnaire en Macédoine, et pélerin ainsi que moi. Ce dernier me témoigna beaucoup de joie de recevoir un compatriote; nous nous entretînmes assez long-temps de la France, qui nous était chère à tous deux. J'en pris momentément congé pour aller dîner chez le prince Ouwaloff, où j'étais invité. Le jour se trouvait trop avancé pour commencer nos courses; la fatigue, d'ailleurs, calmait la vivacité de nos désirs. Je rentrai de bonne heure et me couchai, sinon sur le lit, au moins à la place où l'immortel auteur d'un bien plus intéressant voyage avait reposé.

Le lendemain, avant que le jour parût, un personnage à la visite duquel je ne m'attendais guère, vint m'éveiller. J'ouvre les yeux et reconnais Abougos, richement vêtu, et suivi par l'interprète du couvent. « L'estime que j'ai pour les Français, me dit-il, m'amène te voir, malgré les périls auxquels cette démarche m'expose. Passons une heure ensemble; ce sera probablement la dernière qui nous réunira. Je ne te rencontrerai plus; je m'éloigne pour quelque temps de cette contrée; mais j'ai donné l'ordre à mes gens de respecter ton retour; tu peux croire qu'ils obéiront. Quand tu seras dans ta patrie, rappelle-toi mon nom et redis-le à ceux des tiens qui m'ont connu. C'est tout ce que je réclame de ton obligeance. Maintenant, fais venir des pipes et du café. »

Abougos prit place sur mon tapis. Le moine s'empressa d'aller chercher ce que demandait le schik des voleurs. Celui-ci but et fuma silencieusement. Il n'avait plus de recommandations à m'adresser; les paroles devenaient inutiles. Quand le moment de nous séparer fut venu, il se leva, me serra la main, me baisa la barbe et me dit adieu. J'essayai par tous les moyens possibles de lui faire comprendre le chagrin que j'éprouvais à le quitter; je le remerciai de sa bienveillante protection et le laissai partir, non sans être profondément touché des sentimens qu'il m'avait su peindre, et craignant surtout qu'il ne lui arrivât d'être reconnu dans les murs d'une ville où son arrêt de mort était prononcé.

La cloche du couvent appelant les moines à l'office divin, je m'y rendis avec eux. Le recueillement de ces bons pères, leur foi dans la religion qui les soutenait contre les maux de la vie, me firent un moment désirer leur sort. Il est cruel de perdre l'espérance d'un avenir meilleur! Il est bien doux, au contraire, de croire que tout ne s'anéantit pas avec notre matière; qu'une autre existence nous rendra les objets qui nous ont été chers, qui nous ont aimés et que nous avons perdus sur la terre. La souffrance est supportable lorsque, tournant ses regards vers les cieux, on se persuade qu'un être tout-puissant y réside et vous appelle à partager sa gloire et sa béatitude en récompense de votre soumission à ses lois; mais comme tout se décolore et s'attriste à l'examen du positif! à ce tableau du néant où la mort nous précipite! Heureux ceux qu'une funeste raison n'a point éclairés! la destruction d'un corps fragile ne leur cause point d'effroi; ils meurent sans regrets, convaincus que leur âme, dégagée de liens grossiers, s'envole radieuse au séjour d'un bonheur éternel.

J'avais rendez-vous avec le prince; mais les réflexions qui m'occupèrent auprès des moines, mes hôtes, me firent manquer d'exactitude; je ne le trouvai plus chez lui. Il m'avait dit la veille que sa première démarche serait au Sépulcre; je m'y rendis dans l'espoir de l'y rencontrer. Arrivé devant le temple qui renferme cet objet de la vénération des fidèles, j'y trouvai des Turks étendus sur des divans et fumant leurs pipes, en attendant les visiteurs, auxquels ils font payer un droit d'entrée de dix-huit piastres après l'exhibition de leur boyordik (autorisation du pacha). Je leur présentai celui qu'Abd-Allah m'avait délivré; il me qualifiait du titre de hakim-bachi (savant médecin): aussitôt chacun d'eux vint me présenter son bras pour lui tâter le pouls. Je fus obligé de prendre un air mystérieux et doctoral, qui les pénétra de respect. Ils cherchaient dans mes regards la sentence que je devais prononcer sur leur état. Tous se portaient à merveille; mais, pour les satisfaire, il fallut leur persuader qu'ils étaient malades et leur prescrire un régime ou des médicamens. Cette consultation m'évita les dix-huit piastres de passage. Les principaux gardiens m'offrirent le café; ils firent à coups de bâton dissiper la foule des curieux qui m'entouraient, et me conduisirent avec mille politesses jusqu'à l'entrée de l'église.

Cette église, depuis le voyage de M. de Châteaubriand, a été totalement renversée par un violent incendie, à l'exception du monument en pierre dans lequel se trouve le saint sépulcre, placé dans l'intérieur et au centre de l'édifice. Les Grecs l'ont fait rebâtir et sont maintenant en possession de la partie la plus importante qu'occupaient autrefois les Latins. D'autres chapelles, affectées aux Coptes, aux Abyssins, aux Arméniens, aux Jacobites, aux Géorgiens, aux Maronites, subdivisent l'église en autant de portions que la religion chretienne compte de sectes. On entre dans le monument du milieu par une porte ovale, haute seulement de quatre pieds; à droite est le sépulcre lui-même, creusé dans le roc et recouvert d'une table en marbre usée par les baisers des pélerins; à gauche on remarque une base de colonne sur laquelle l'ange gardien du tombeau s'établit et fit sentinelle pendant les trois jours et les trois nuits que Jésus-Christ demeura sans vie. Autour de ce lieu sacré brûlent sans cesse quantité de lampes ayant pour ornemens principaux des œufs d'autruche, et dont un religieux, qui depuis environ quarante ans n'est pas sorti de l'église, prend soin. Ce pauvre homme dort à peine trois heures sur vingt-quatre. L'entretien de ses lampes lui donne tant de travail qu'il est obligé de dire ses prières en courant. Du reste, la réunion des fidèles m'offrit un spectacle assez nouveau pour moi depuis que j'habitais ces contrées, c'était un grand nombre de femmes à visage découvert, dont quelques-unes me parurent d'une beauté parfaite. Leur piété, leur ferveur, les obligeaient de coucher dans le temple pendant la durée de la semaine sainte; les hommes y couchaient également, mais, comme on le suppose bien, dans un lieu séparé.

Tout étant rétabli sur les mêmes fondemens et d'après les dispositions qu'il avait naguère, les lecteurs qui voudraient une description plus complète de l'église du sauveur puiseront à bonne source dans l'itinéraire de M. de Châteaubriand. Je les renvoie à cet ouvrage ainsi qu'à ceux qu'il cite comme autorités. Le temps, la fortune et la science n'ont pas favorisé mes recherches. En visitant Jérusalem, mon but n'était point de la dépeindre à l'intérêt d'autrui; j'allais seulement y chercher des sensations, interroger les témoins d'une grande époque, pour savoir quelle influence ils exerceraient sur mes esprits. Il serait peu vrai de dire que la majesté des lieux saints pénétra mon âme d'une religieuse terreur et changea la nature de ses pensées : en vain je leur demandai l'enthousiasme qui transporte l'imagination loin des choses de la terre. Je ne vis dans leur enceinte que des hommes avec l'ignorance, les passions, les faiblesses qu'ils ont presque partout. Ces dévots si pieux, qu'étaient-ils eux-mêmes? sinon des égoïstes qui se mortifiaient en ce monde par la persuasion d'un avenir de délices mérité par les douleurs qu'ils s'imposent, comme celui qui baigne un champ de ses sueurs afin d'en obtenir une récolte abondante? Vers le même point se dirigent tous les hommes par des voies différentes. Leur inquiétude cherche le bonheur, et la mort les atteint sans que jamais ils l'aient rencontré. Ces idées m'interdirent la prière au tombeau de Jésus-Christ, mais ne m'empêchèrent point de le respecter comme le dernier asile du génie et de la vertu.

CHAPITRE XVII.

Derniers jours de la semaine-sainte à Jérusalem. — Mort du duc de Berry apprise en Syrie; sensation que cause cet événement. — Brevet de pélerin. — Retour à Saint-Jean-d'Acre, puis à Seyde. — Départ pour la France. — Hussein, bey de Coron. — Arrivée à Marseille.

L'enceinte du temple était remplie de pélerins dont les plus dévots passent, comme je l'ai dit, les jours et les nuits de la semaine sainte en prières. Leur nombre était considérable, et leurs costumes variés offraient un coup d'œil assez pittoresque. La Morée, les îles de l'Archipel, Constantinople, l'Anatolie, l'Arménie, l'Égypte, la Syrie, les côtes de Barbarie y figuraient par leurs envoyés. Quant aux catholiques romains, leur affluence n'y gênait aucunement; leur zèle paraît un peu se refroidir depuis quelque temps. Quatre Anglais de la compagnie biblique avaient apporté beaucoup de ces livres écrits en syriaque, en arabe et en turc; mais leur spéculation manqua par la défense du Grand-Seigneur de débiter cette sainte marchandise.

En ma qualité de pélerin, je ne pus me dispenser de montrer quelque ferveur dans la vénérable église et d'assister pieusement aux cérémonies préparées, afin de ne scandaliser personne. Je passai la journée et bonne partie de la nuit dans le jeûne et la contemplation; les moines du couvent où je logeais en furent édifiés et m'en félicitèrent. Je vis, ou plutôt je ne vis pas célébrer les ténèbres; car l'obscurité était si complète quand tous les cierges furent éteints spontanément, que force me fut de garder ma place pour ne pas tout heurter en voulant sortir. Les prêtres frappaient par intervalles à grands coups de marteau sur des planches, et faisaient retentir les voûtes de chants lugubres, en langue espagnole, dont les fidèles semblaient fort émus, si l'on en doit juger par les soupirs et les sanglots qu'à leur tour ils poussaient. Enfin, la lumière brilla de nouveau, et l'on aperçut le révérendissime officiant, assis sur des coussins de velours et revêtu de ses riches habits pontificaux. Il prononça d'une voix grave un sermon en espagnol, qu'un autre moine répéta en arabe; ensuite la statue de Jésus fut promenée tout autour de l'église, en s'arrêtant à différens endroits pour marquer les stations du Sauveur; puis on crucifia cette statue, on la décrucifia, on l'enveloppa d'un linceul, on fit le simulacre de l'embaumer, on la mit au cercueil pour la retirer le lendemain : tout cela parut fort touchant à l'assemblée; des larmes coulaient de tous les yeux; les Turcs, gardiens du temple, attendris par le spectacle et les discours dont leurs sens étaient frappés, pleuraient de même. Je regrettai fort de ne savoir pas assez d'arabe ou d'espagnol pour bien entendre l'éloquence des admirables sermons qui firent tant d'effet sur ces braves gens! J'aurais bien voulu partager leur émotion dont mon ignorance me ravit le charme! La matière était en moi, je l'avoue à ma honte, plus sensible que l'âme. J'éprouvais un appétit si véhément, une soif telle, qu'aussitôt que j'en eus la liberté je courus au couvent qui m'avait reçu, non pour y mortifier ma chair et prier encore, mais avec le désir extrême d'y trouver de quoi faire un dîner copieux et réparateur : Je le fis et m'écriai : *Laudamus Dominum!*

J'assistai ainsi les jours suivans aux cérémonies latines, grecques, arméniennes et coptes, dont je crois devoir passer les détails au lecteur. Les trois derniers rites cités avaient réuni beaucoup plus de monde que le premier, et déployèrent un appareil, un luxe encore plus imposans. Sous le patronage du prince Ouvaloff, j'allai visiter toutes les soumités sacerdotales du lieu, chez lesquelles je reçus un accueil plein d'empressement et d'obligeance. Par une distinction flatteuse, l'archevêque grec m'admit à sa table, tandis que le vulgaire des pèlerins de sa religion qu'il traitait mangeaient par terre à l'arabe. Le jour où j'eus l'honneur de dîner avec ce patriarche, un repas pour dix-huit cents personnes était servi sur la terrasse du couvent qu'il habite. D'un côté des vins délicieux, des mets exquis, des fruits superbes se trouvaient offerts; de l'autre, une montagne de riz cuit à l'huile, du poisson cuit à l'eau et force haricots indigestes, attendaient la voracité des convives, qui n'en laissèrent pas vestige, tant le jeûne les avait rendus peu difficiles! J'admirai cette fois encore l'extrême humilité des ministres du ciel, et j'imitai dévotement leur exemple.

Un objet excitait vivement ma curiosité à Jérusalem, c'était la belle mosquée bâtie sur les ruines du temple de Salomon. Tant de voyageurs assuraient qu'il était impossible à tout chrétien d'y pénétrer, que je voulus tenter de prouver le contraire. Recommandé au mutzelim de la ville, j'allai lui présenter mes respects et le solliciter de m'accorder une faveur à laquelle j'attachais le plus grand prix, celle de visiter ce temple des vrais croyans dont on raconte merveilles et miracles. La réception amicale du mutzelim encourageait mes instances; il souriait à mes vœux, il paraissait dans les dispositions d'y céder, et je me croyais déjà sûr de la réussite, quand un petit accident qu'il me fit craindre vint changer mes projets. « Va, mon fils, me dit-il; la lumière divine t'éclaire; tu désires, je le vois bien, renoncer au culte des Infidèles pour entrer dans les rangs des disciples de Mahomet. Je bénis notre saint prophète d'avoir embrasé ton âme de cette ardeur salutaire, de t'avoir inspiré le besoin de te convertir à la foi qui seule peut mériter la béatitude éternelle; va, mon cher fils, et reviens purifié de tes souillures pour suivre désormais la bonne voie. Je vais te donner une escorte qui se chargera d'instruire nos imans de tes louables intentions et t'aplanira toutes difficultés. » Ce discours, que la malice du mutzelim lui dictait pour m'embarrasser, me désenchanta singulièrement. Je lui répondis que, tout en professant une grande vénération pour Mahomet et beaucoup de respect pour la religion qu'il enseigne, mon dessein n'était pas de renoncer à ma patrie, au titre de français, pour devenir sujet du Grand-Seigneur; que la seule envie d'examiner un beau monument des arts de l'Orient avait déterminé ma démarche auprès de lui, et qu'étant né de père et mère infidèles, à mes risques et périls je voulais mourir infidèle. « Ah! dit le mutzelim, ceci change bien l'affaire! Je m'étais étrangement trompé sur ton compte, seigneur français! N'importe, je t'ai promis une escorte pour t'accompagner à la mosquée, je tiendrai ma parole; on t'en fera voir les dehors et l'intérieur dans tous les détails; seulement je dois t'avertir que si le peuple musulman te reconnaît pour chrétien, ce qui est plus qu'à supposer, le moindre désagrément qui puisse t'arriver sera d'être massacré sur la place. Vois maintenant ce que tu dois faire; une pareille bagatelle n'arrêtera sans doute pas un homme de courage comme toi? — Pas le moins du monde, répondis-je au facétieux mutzelim; mais comme il me reste quelques légers intérêts à régler, je remettrai cette partie de plaisir à un autre jour, si vous voulez bien me conserver la même bienveillance. » Le mutzelim parut charmé de cet échange de plaisanterie; il fit apporter des sorbets et des pipes, et nous nous quittâmes fort bons amis, quoique je m'en retournasse un peu désappointé du non-succès de mes espérances. Sur la foi des traditions et de mon cicérone, je vis la maison de Pilate; le cachot où Jésus fut enfermé avant d'aller au supplice; le jardin des Oliviers, dans lequel il fut saisi par les gendarmes de l'époque; les trois trous où les trois croix furent plantées; les traces du sang de Notre-Seigneur, renouvelées probablement quand il en est besoin; le tombeau d'Absalon; l'empreinte du pied de

Jésus quand il s'élança vers les cieux; le champ et l'olivier où se pendit Judas; l'église bâtie par sainte Hélène, où M. l'abbé Desmazures reçut des coups de bâton par les Turcs pour avoir voulu y faire le géomètre et l'arpenteur; la fontaine où la vierge Marie lavait son linge sale. Partout je rencontrais de nombreux pélerins en exercice de dévotion près de ces monumens sacrés. Des femmes couvertes de longs voiles blancs qui leur donnaient l'aspect de fantômes, s'y trouvaient également en prières. Quelques fous dans une nudité complète venaient cracher sur les alimens de ceux qui faisaient leur cuisine en plein air ou mangeaient pendant leurs courses, afin qu'on leur abandonnât par dégoût ce que la charité ne leur aurait point offert. J'achetai des chapelets, des reliquaires, dont il se fait un commerce prodigieux; enfin, je vis et fis toutes choses pour me bien placer dans l'estime des moines mes hôtes, qui louaient fort ma piété et me croyaient une conviction et des vertus beaucoup plus méritoires, hélas! que ne l'était la réalité!

Le lundi de Pâques, M. de Civeny et moi sortîmes de la ville pour nous rendre à Bethléem. Quatre grandes lieues nous en séparaient; mais nous les fîmes assez promptement, stimulés par l'impatience de voir un endroit de si grand intérêt historique. Bethléem n'est qu'un misérable village fort malpropre, dont les habitans, tous chrétiens, sont plus voleurs que les Arabes. Nous descendîmes au couvent de Terre-Sainte, que les moines ont entouré de hautes et puissantes murailles, pour y vivre avec moins d'inquiétude de ces véritables brigands qui les entourent. Après nous avoir cordialement offert quelques rafraîchissemens, les bons pères nous conduisirent dans leur église, où nous fîmes d'abord nos prostrations devant l'autel des Mages : l'on y remarque, en mosaïque, une étoile qui, dit-on, correspond exactement à celle qui guida jadis les trois rois; puis nous vîmes la chapelle de la Nativité, celle des Innocens, la grotte de saint Jérôme, enfin tout ce qui rappelle en ces lieux le Sauveur et ceux qui les premiers furent ses adorateurs. Après cette visite, dans laquelle, au moins pour la bienséance, il fallut souvent nous mettre en prières, les moines firent apporter d'excellent vin de Judée dont ils nous régalèrent, puis nous donnèrent, en présent, quantité de roses de Jéricho, pour distribuer aux femmes en douleur d'enfant; car ces roses ont la propriété singulière de faciliter l'accouchement et de le préserver de tout résultat fâcheux. J'en ai rapporté beaucoup en France; mais, par les expériences qu'on en a fait, je n'oserais trop affirmer la vertu qui leur est attribuée.

L'Itinéraire de M. de Châteaubriand me fut d'un grand secours pendant mon séjour à Jérusalem et dans les excursions que je fis autour de cette ville célèbre. Je vérifiai tout ce que cet éloquent écrivain a décrit; rien d'intéressant ne lui a échappé, et son livre est la peinture la plus fidèle des objets et des lieux qu'il a vus. Je ne prétendrai donc pas donner après lui des détails qu'il a bien plus savamment rendus que je ne pourrais le faire. J'ai dit que la science et le temps m'avaient manqué, et ce sont les lumières de plus capables que moi qui m'ont fait reconnaître avec justesse beaucoup de monumens dont l'origine ne se serait point découverte à mes yeux.

Ce fut à Jérusalem que j'appris la mort du duc de Berri, par un jeune Vénitien que j'y rencontrai. Cet événement fit sensation; je crus moi-même qu'il se rattachait à quelque vaste conspiration qui allait de nouveau bouleverser la France en attirant la guerre étrangère sur elle. Cette crainte m'obligea de retourner au plus tôt vers M. de Portes, afin d'aviser avec lui aux moyens de rentrer dans notre patrie avant que tout accès ne nous en fût fermé par la gravité des circonstances. J'allai faire mes adieux au prince Ouwaloff, à M. de Civeny, au mutzelim, aux patriarches, aux évêques chez lesquels j'avais été reçu; ensuite je pris congé des bons moines mes hôtes, qui s'en rapportèrent à ma générosité du soin de régler les frais que mon établissement chez eux avait pu leur coûter. Ils parurent satisfaits de ce que je leur offris, et me gratifièrent de deux *fac simile*, l'un du pied de Jésus-Christ, copié sur l'empreinte de la montagne des Oliviers, l'autre de celui de la Sainte-Vierge, pris sur la montagne de Sion. L'économe du couvent, avec qui j'avais été le plus en relation, me donna même un billet écrit de sa main, dans lequel se trouve l'expression de ses vœux pour moi. Ce billet accompagnait mon brevet de pélerin. Voici la copie littérale de cette dernière pièce :

In Dei nomine. Amen.

Omnibus has nostras inspecturis ac perlecturis Litteras Nos infrascripti fidem facimus, atque testamur dominum Ludovicum-Alessium-Paschale Damoiseau, medicum emeritum Majestatis Christianissimæ Ludovici XVIII, Jerosolymis fuisse, et omnia sacra Loca præsentiâ et sanctissimâ conversatione Domini N. J.-C. decorata, ejusque pretiosissimo sanguine consecrata, debitâ cum reverentiâ et devotione visitasse, missam audivisse, aliaque pietatis opera exercuisse.

In quorum fidem, etc.

Datum in conventu Sanctissimi Salvatoris Jerusalem, die 4 *aprilis anni* 1820.

Fr. Salvat^r^. Ant^s^. a Melita,
Custos et Comissarius Apostolicus Terræ-Sanctæ.

Fr. Odoricus a Latera,
Secretarius Terræ-Sanctæ.

Je me remis donc en chemin pour Seyde, accompagné du Vénitien dont j'avais fait rencontre, et qui se rendait à Acre. Nous rencontrâmes d'abord les Bédouins d'Abougos; mais je m'aperçus bien que, suivant sa promesse, leur chef leur avait donné l'ordre formel de respecter mon passage. Ils nous saluèrent avec humilité et nous souhaitèrent bon voyage. Nous couchâmes la première nuit au monastère de Ramlé, où les moines nous accueillirent de leur mieux.

Le second jour, après avoir traversé la formidable forêt de nopals dont j'ai parlé dans le chapitre précédent, nous arrivâmes en vue d'une nombreuse caravane turque campée sous des tentes. L'heure n'était pas avancée et nous pouvions marcher long-temps encore; mais un moukre, que mon compagnon avait loué comme guide, s'obstina à ne pas vouloir que nous allassions plus loin, dans la crainte que des Arabes ne vinssent à nous attaquer. « Au reste, nous dit-il, allez consulter ces Turks; s'ils se sont arrêtés là, c'est que la prudence le leur a conseillé. » Je me dirigeai vers le camp de ces derniers, et j'en reconnus aussitôt un d'eux avec qui j'avais eu quelques rapports à Alep. Il parut content de me revoir et m'offrit l'hospitalité sous sa tente. Ce que nous avait dit le moukre était en effet d'une sage prévision. Nous fumes obligés de nous tenir une grande partie de la nuit sur nos gardes et de tirer à chaque instant des coups de pistolet pour faire comprendre aux Arabes qui rôdaient aux environs que nous avions de quoi les bien recevoir s'ils osaient nous chercher querelle.

Dès le point du jour nous repartîmes. Après deux heures de marche, environ, nous rencontrâmes une caravane qui venait d'être dépouillée, destin que nous aurions éprouvé sans doute, si le moukre ne nous eût pas avertis du danger. Nous nous détournâmes alors de la route que j'avais suivie pour aller, et prîmes un chemin rocailleux qui nous conduisit dans la belle et vaste plaine d'Edron; puis, nous gravîmes le mont Thabor, non moins célèbre par la victoire des Français sur les Turks que dans la sainte Ecriture. On voit sur cette montagne une grande quantité d'édifices et de tombeaux en ruines, sur lesquels une bien longue succession de siècles a dû passer.

Nous arrivâmes dans l'après-midi au village de Nazareth, que peuplent environ deux cents Turks et trois cents Grecs. Des Pères de Terre-Sainte y habitent un couvent très-vaste, dans lequel un millier d'hommes pourraient loger. Nous y descendîmes; un moine vint nous recevoir, fit prendre soin de nos montures, nous offrit des rafraîchissemens et commanda notre dîner avec un empressement des plus aimables. Ce moine, sachant que nous ne voulions repartir que le lendemain, nous proposa la visite des choses vénérables que renfermait le monastère : c'était prévenir nos vœux. Il nous mena d'abord dans l'église où se trouve une chapelle nommée de la Visitation, construite à la place même où la vierge Marie vit apparaître l'ange; un tableau d'une exécution très-remarquable y représente cette scène. Beaucoup de très-riches ornemens, donnés jadis par les rois protecteurs de la Terre-Sainte, s'y trouvent encore. Un petit escalier sombre nous conduisit ensuite dans une grotte éclairée par une énorme lampe brûlant sans cesse en l'honneur de sainte Anne, dont cette grotte était l'habitation, et qui fut également celle de Marie pendant vingt-deux années de sa vie.

Nous sortîmes de l'église et trouvâmes à quelque distance du couvent une autre chapelle dédiée à saint Joseph, parce que la boutique de ce grand saint en occupait autrefois l'emplacement. L'autel est formé d'un établi de menuisier, qu'on assure avoir été celui sur lequel travaillait le père de Jésus. Un tableau de mérite les représente tous deux à la besogne. Le Sauveur, encore enfant, ralonge une planche avec beaucoup d'adresse; ce qui doit, selon le peintre, indiquer déjà l'immensité de génie qu'il déploya dans un âge plus avancé.

A l'autre extrémité du village, vers le sud, une espèce de grange nous offrit le lieu où Jésus fit la cène avec ses apôtres et dans lequel il reparut à leurs yeux après sa résurrection. Au milieu de cette pièce on remarque une grande table de pierre, longue de vingt pieds sur quatre de largeur. Elle est entièrement couverte de noms gravés en toutes langues, avec des dates qui remontent presque au temps qui l'a consacrée. Nous aurions en vain cherché un petit coin pour y mettre une preuve de notre venue, il ne restait absolument rien de libre, tant les visiteurs avaient été nombreux!

Nous quittâmes le lendemain de bonne heure ce monastère, dont les moines nous parurent les meilleures gens du monde. Il n'est sorte de prévenances et de soins qu'ils ne s'empressèrent de nous prodiguer. Si partout les hommes qui se consacrent au service des autels imitaient la piété, et surtout pratiquaient les vertus utiles dont ceux-ci fournissent l'exemple, au lieu de ne montrer qu'arrogance, tyrannie et cupidité, ils feraient sans doute beaucoup plus de prosélytes et ne dégoûteraient pas du culte d'un Dieu que doivent souvent indigner leur conduite et leur ministère.

Parvenus le lendemain devant Acre, nous attendîmes fort long-temps qu'il plût au pacha de nous laisser pénétrer dans la ville. Je me rendis au consulat, où l'on me remit une lettre de M. de Portes m'annonçant l'arrivée d'un brick marchand nolisé à Marseille pour transporter en France une partie de nos chevaux. L'espoir de revoir bientôt ma patrie me remplit d'une joie que je ne saurais décrire. Il faut avoir vécu plusieurs années parmi des peuples aussi barbares, sous un gouvernement de formes aussi despotiques, pour se faire une idée du charme qu'on éprouve à rentrer dans un pays tel que le nôtre. Je fis affectueusement mes adieux à M. Ruffin, ainsi qu'à son drogman, M. Duchenoux, et partis le lendemain pour Seyde, où j'arrivai trop tard pour qu'on m'en permît l'entrée. Un petit restaurateur turk, qui demeurait extrà-muros, voulut bien souffrir que je couchasse devant sa boutique sur une espèce de banc qu'il y avait construit. J'étais habitué à passer les nuits en plein air, et le lieu ne

18.

me fut incommode que par les hurlemens continuels des chakals qui, rôdant parmi les tombeaux du cimetière voisin en y cherchant quelque pâture, ne me laissèrent pas un moment de repos. Les portes de la ville s'étant ouvertes au premier cri des veilleurs placés au haut des minarets pour inviter les Croyans à la prière, je me levai et m'acheminai de suite vers notre khan, d'où je découvris le navire qui devait me ramener dans ma chère patrie, et dont le capitaine se trouvait en ce moment à terre.

M. de Portes avait déjà tout fait préparer pour mon départ. Nous allâmes, lui, le capitaine et moi, à bord du bâtiment, où je trouvai les meilleures dispositions prises pour que nos chevaux ne souffrissent pas trop de la traversée. De bonnes provisions étaient faites en fourrages et même en eau potable venue de France, de laquelle je bus avec au moins autant de plaisir qu'en éprouva M. de Châteaubriand en se désaltérant dans les ondes du Jourdain. Nous procédâmes sans retard à l'embarquement : ce n'était pas une petite affaire; car les naturels du pays ne voyaient pas sans chagrin s'éloigner leurs plus beaux chevaux. Nous pouvions craindre de leur part une opposition fort embarrassante; ils montraient une mauvaise humeur que put à peine contenir le mutzelim notre ami. Toutefois les choses se passèrent mieux que selon notre attente; car les Turks, comprenant enfin l'inutilité de leurs efforts pour nous ravir les objets que nous avions légitimement acquis sous le bon plaisir des autorités locales, accompagnèrent, jusqu'à bord, de leurs fanfares, le précieux étalon *Schouëman*, qu'ils regrettaient le plus, et nous souhaitèrent de le conserver long-temps. Un malheur pensa nous arriver dans l'embarquement d'*Abou-Phar*. Ce cheval, effrayé de se voir enlever de la chaloupe sur le navire, fit de tels efforts qu'il retomba d'assez haut dans la mer, et ce ne fut qu'avec des peines infinies que nous parvînmes à l'en retirer sain et sauf.

Cette opération heureusement terminée, je revins à

terre chercher mon propre bagage, faire mes adieux à lady Stanhope et prendre ses ordres pour la France. Elle voulut bien me marquer quelque intérêt et m'honorer de ses vœux. Le 23 avril, tout l'équipage était réuni à bord, prêt à mettre à la voile au premier moment de vent favorable. Trois Arabes que depuis long-temps nous employions parmi nos saïs, s'étaient engagés, moyennant une somme convenue, à m'accompagner en France. Nos matelots leur offrirent du vin, qu'ils refusèrent d'abord dans la crainte d'offenser le Prophète; mais ils ne tardèrent pas à se laisser séduire et prirent goût à la liqueur défendue. Quand on les vît en gaîté, on voulut rappeler leurs scrupules : « Bah! répondit l'un d'eux, nous sommes sur le domaine chrétien, Mahomet n'y porte pas ses regards: qu'on nous verse à boire, puisque le sort en est jeté! » Les gaillards étaient si bien disposés, qu'il eût été facile de les enivrer complètement; mais nous ne jugeâmes pas convenable de pousser plus loin l'expérience, ce qu'ils trouvèrent fort mauvais, tant leur soif avait pris d'ardeur depuis qu'un si doux breuvage leur était connu!

Nous levâmes l'ancre le 24 avril et fîmes voile pour l'île de Chypre, que nous aperçûmes le 26 au matin. La mer était houleuse, et malgré toutes les sages précautions prises pour que nos chevaux fussent le moins mal possible, ils souffraient beaucoup du roulis, et quelques-uns d'entre eux poussaient même des cris en se sentant heurter contre leurs voisins, qu'ils mordaient de fureur. *Daher*, plus violent, plus tourmenté que les autres, fut pris d'une fièvre violente et de vomissemens qui durèrent huit jours. J'ai donné les détails de ce phénomène dans le Journal de Vétérinaire pratique, et je renvoie les gens de l'art à cet article pour plus amples renseignemens. *Abou-Phar* fut également attaqué d'une inflammation de poitrine que j'attribuai à son immersion. Je combattis cette maladie par la saignée, les adoucissans, les boissons d'eau de riz et de gomme arabique. Quand il donna signe d'appétit, je le nourris uniquement de riz bouilli, qu'il mangeait avec plaisir. Je soumis à ce régime tous nos autres chevaux, qui s'en trouvèrent fort bien.

Deux de ces animaux s'animaient d'une colère extraordinaire pendant les mauvais temps : c'étaient *Ourfali* et le célèbre *Schouëman*. Ils se prirent en haine, cherchant à se jeter l'un sur l'autre, et donnant de si terribles coups de pieds à tribord qu'ils auraient infailliblement défoncé cette muraille du navire si on ne les eût veillés sans cesse pour tâcher de les contenir. Le capitaine voulait absolument qu'on se débarrassât de l'un de ces furieux en le précipitant à la mer : c'était un moyen trop déplorable pour que je consentisse à l'adopter promptement. Je fis jeter entre et derrière ces chevaux tant de bottes de foin qu'ils y demeurèrent comme emballés, et ne les débarrassai que lorsque les vents et eux-mêmes devinrent plus calmes. J'aurais bien vivement regretté la perte de *Schouëman*, qui déjà nous avait fait tant craindre lors de son embarquement, et que je tenais par-dessus tout à ramener en France.

L'eau dont nous étions pourvus commençait à se gâter vers le 8 mai, le gros temps ne nous ayant pas permis d'en faire de nouvelle en passant devant l'île de Scarpento, le cap Salomon, l'île de Candie et l'île de Cérigo, près de laquelle nous rencontrâmes, venant de Smyrne, un brick français qui nous salua et reçut notre échange de politesse. Enfin, nous entrâmes dans le golfe de Coron, où l'ancre fut jetée. Le rivage était couvert d'une grande quantité de Turks et de Grecs fort surpris de voir dans leur rade un bâtiment français, dont ils avaient si rarement le spectacle. Nous nous apprêtions à mettre un canot à la mer, quand l'apparition d'un navire barbaresque qui venait à notre rencontre nous obligea d'apprêter au plus vite nos armes en cas d'attaque. Cette précaution fut heureusement inutile. Ce navire, lorsqu'il fut à portée de la voix, nous apprit qu'il portait des bœufs de Tunis à Malte, et nous demanda à quelle hauteur nous étions, ce qu'il ignorait complètement. Dès qu'il l'eut appris, il vira de bord et tourna le cap vers Malte, qui se trouvait derrière lui.

Tranquillisé de ce côté, notre capitaine fit descendre la chaloupe, dans laquelle lui, M. Polani, dont j'ai parlé ailleurs, moi, et quatre matelots entrâmes pour aller faire à Coron les provisions dont nous avions grand besoin. L'Ithome et le Taygète couronnés de neige se découvraient majestueux à notre vue. La ville, bâtie dans la plaine, se développait également à mesure que nous avancions, et un homme habillé à l'européenne, mêlé parmi les curieux de la plage, nous faisait espérer bon accueil, lorsqu'un Turk, richement vêtu, et qui se distinguait entre tous les autres, nous cria de ne pas aller plus avant, et joignit à cette injonction un signe impératif. C'était le bey lui-même. Notre capitaine lui dit quelques paroles en italien, auxquelles répondit en provençal le personnage en costume franc. On nous faisait défense de toucher terre avant que l'état sanitaire de notre bâtiment fût constaté; et quand nous eûmes déclaré que ce bâtiment venait des côtes de Syrie, les scrupules augmentèrent encore par la crainte que nous apportassions la peste de ce pays. Je pris alors la parole en français, et m'adressant à celui qui paraissait être notre compatriote, je lui fis mille sortes de protestations pour l'assurer que nos chevaux et nous étions dans la plus parfaite santé possible; qu'à Seyde, dont nous étions partis, nul symptôme de typhus ne s'était manifesté depuis long-temps, et que nous n'avions eu communication avec personne pendant notre navigation, n'ayant relâché dans aucun endroit ni ne nous étant mis en contact avec aucun navire. Mes auditeurs du rivage, et surtout l'Européen, ne furent pas médiocrement surpris qu'un bédouin s'exprimât de telle manière en français. On rendit compte au bey de mes assertions; il consentit à voir notre patente, qu'il trouva vierge, et voulut bien nous permettre de débarquer.

Hussein-Bey (c'est le nom de ce chef) vint au-devant de nous et me prit par la main pour me conduire au kiosque qu'il habite pendant le jour sur le bord de la mer. Il m'offrit ensuite sa pipe et du café, des confitures, des sorbets. Sachant que nous avions des chevaux à bord, il me fit voir les siens comme pouvant m'intéresser. Je ne leur trouvai rien de merveilleux; l'un d'eux boitait d'un éparvin; je lui mis le feu pour me mettre tout-à-fait dans les bonnes grâces du maître, qui reconnut ce service en nous facilitant les moyens d'acquérir les choses qui nous manquaient. Il envoya même des exprès à Tripolitza nous chercher des oranges et des citrons; enfin, ses prévenances et ses bontés allèrent beaucoup plus loin que je n'avais osé l'espérer. Le Français qui nous avait servi d'interprète et de médiateur auprès de Hussein-Bey était un vieillard nommé M. Sauver, ancien négociant, établi depuis quarante-cinq ans à Coron, et y remplissant les fonctions d'agent consulaire de plusieurs puissances sans recevoir d'honoraires. Des pertes considérables avaient détruit sa fortune; toutefois, le plaisir de retrouver des compatriotes ne le fit pas balancer à nous offrir tout ce qui pouvait nous être agréable. Il nous donna d'abord un fort bon dîner, et s'empressa, avec le secours du bey, de nous fournir les vivres nécessaires à la continuation de notre voyage. Son empressement et sa bonne grâce méritèrent toute notre gratitude.

Hussein-Bey voulut bien accepter une invitation pour déjeûner à notre bord. Ses officiers, M. Sauver, et un ancien officier florentin demeurant à Coron, l'accompagnaient. Il visita d'abord notre écurie, et nous fit ses complimens sur le bon choix de nos chevaux; puis il remarqua deux agneaux mâle et femelle, à large queue, et parut vivement les désirer. Quoique je tinsse beaucoup à ces animaux, je crus ne pas devoir les refuser au bey, qui ne tarda guère à nous rendre, en retour, un service bien plus important. Le repas fut aussi gai que possible entre gens de mœurs et de langage différens. Hussein emmena ses moutons, et m'en renvoya deux autres du pays et de race commune, que nous mangeâmes plus tard.

Avec la permission du bey, M. Sauver me fit voir la citadelle, qui est très-élevée du côté de la mer, et dans laquelle on monte par des escaliers fort difficiles et fort étroits. Elle se compose, au sommet, d'une grande rue malpropre, flanquée de colonnes renversées, de ruines et de mazures. Les habitans de cette ville aérienne sont tous déguenillés et dégoûtans; ils vendent principalement du tabac et comestibles, dont les étrangers ont peine à faire l'acquisit tant la saleté des marchands et l'entourage de la marcl dise les révoltent. Quelques canons de fonte à moitié terrés gisent çà et là dans ce désordre. Trois ou q pièces montées que ne garde personne forment tou défense. Du haut d'un endroit si misérable, on déc pourtant de quoi se rappeler de nobles souvenirs! Le gète et Sparte sont là! C'est le Péloponèse et les hér vestiges des arts dont il fut le berceau! Mais rien d'élevé ne parle au cœur des esclaves qui souillent maintenant la patrie de Léonidas : ils sont morts à la gloire depuis que le despotisme y commande. Un Turk indolent et stupide cherche de lâches voluptés et fait châtier ceux qu'il domine sur les tombes outragées des citoyens qui vécurent et périrent autrefois dans le saint amour des vertus et de la liberté! Mais je me trompe, des inspirations généreuses ont changé cet indigne état de la Grèce! Je l'ai vue bien avilie, bien dégradée, mais elle a su rompre ses chaînes et reconquérir une partie de ses droits.

Dans la nuit du 18 au 19 mai nous entendîmes de notre bord un grand tumulte dans la ville; au point du jour je montai sur le pont et vis les habitans, hors de leurs maisons, courir en tous sens. Beaucoup de Turks surtout étaient rassemblés près du kiosque du bey. Curieux de connaître la cause de ce mouvement extraordinaire, je fis mettre la chaloupe à la mer, et priai le second du capitaine de venir avec moi sur la plage prendre des informations. Hussein nous aperçut et courut à notre rencontre. L'émotion peinte sur son visage me fit craindre pour lui quelque malheur. En m'abordant il me saisit fortement le bras, et me dit en italien : « Ali-Pacha de Janina vient d'arriver ici. Il fait le tour de la Morée pour réunir sous ses drapeaux tout ce qu'il trouve en moyens de guerre contre la Porte. Sachant que tu possèdes des chevaux, il ne respectera nullement tes droits d'étranger ; et Dieu sait comment tu retourneras en France, s'il met le pied sur ton navire! Retourne donc vite à bord, lève l'ancre, et repars au plus tôt: c'est le conseil que te donne un ami. » Je remerciai dans les termes les plus reconnaissans le brave Hussein de son précieux avertissement. Nous nous baisâmes la barbe en signe de bonne et constante amitié, et je retournai de suite au navire pour instruire le capitaine de ce qui se passait, en l'engageant à ne pas différer de nous remettre en voyage; ce qu'il ne se fit pas répéter.

Notre peu de séjour devant Coron nous avait permis de faire quelques changemens favorables dans les logemens de nos chevaux, et nous n'eûmes plus à craindre pour eux. Toutefois, les temps divers qu'ils supportèrent les fatiguèrent beaucoup. Si le calme les tranquillisait, c'était pour les effrayer davantage lorsque le vent devenait fort. Après avoir été bien tourmentés, nous mouillâmes dans la rade de Saint-Pierre en Sardaigne, le 8 juin, à 4 heures du soir, et le lendemain, quand notre état sanitaire fut justifié, le gouverneur nous permit de prendre terre pour faire une nouvelle provision d'eau et de vivres frais. Saint-Pierre est une île consacrée en partie au dépôt des forçats; ce furent quelques-uns d'entre eux qui transportèrent à bord nos acquisitions, et je remarquai dans leur nombre un grand gaillard à figure patibulaire, qui se disait Français d'origine. Questionné sur les causes qui l'avaient conduit au bagne: «Oh! me répondit-il, le détail en serait trop long! Sachez seulement que j'ai fait tous les métiers qui mènent à la potence. Je ne sais combien de fois il m'est arrivé de renier le Dieu des chrétiens pour celui de Mahomet. J'ai professé le judaïsme pour escroquer les Juifs; plus tard je me suis fait musulman dans les mêmes honnêtes desseins; puis je me suis converti à l'église romaine pour attirer sur moi les présens des dévotes. Que vous dirai-je! la bassesse, le vice, le crime ont souillé ma vie; mais de profondes et sérieuses réflexions me conseillent de changer de mœurs : je veux devenir véritablement honnête homme, et vous pourriez, vous, Monsieur, m'aider dans ce louable projet. Emmenez-moi en France; on ne m'y connaît plus, je n'y serai pas mis à l'index, et je m'efforcerai d'y mériter l'estime.» Comme je n'étais pas bien convaincu de l'heureuse réforme opérée dans les sentimens de ce camarade, je lui déclarai que sa délivrance n'était pas en mon pouvoir, et qu'il ferait bien d'offrir au Dieu qu'il avait si souvent trahi, ses peines en expiation de ses fautes. Il insista quelques instans; mais voyant que je demeurais inexorable à ses prières, il changea de ton et m'envoya à tous les diables.

Nos chevaux s'étant suffisamment reposés, nous levâmes l'ancre et parvînmes enfin en vue des côtes de la Provence. Je ne décrirai point les émotions de plaisir qui se succédèrent alors dans mon âme; le lecteur bien organisé les comprendra. Les pensées de mes Bédouins étaient bien différentes! Pendant la route ils avaient conçu l'étrange crainte d'être mangés en France, et quand je les fis venir sur le pont pour leur montrer le terme de notre course, ils me répondirent d'un air abattu : « Dieu est miséricordieux; la mort qu'on va nous faire subir ici nous méritera grâce devant sa bonté. — Que parlez-vous de mort? répliquai-je; vous croyez donc qu'on va vous tuer? — Hélas! la chose n'est que trop certaine, continuèrent-ils du même ton piteux. Au départ de Seyde nous avions oublié ce qu'on raconte de votre pays dans le nôtre; mais la mémoire nous en est revenue pendant la navigation. Il était écrit que nous serions mangés par les Chrétiens : que les Chrétiens nous mangent! La volonté de Dieu soit faite! — Il était écrit, repris-je vivement, que vous seriez assez sots pour croire à toutes les absurdités possibles narrées par les faiseurs d'histoires de vos contrées; mais rassurez-vous. En France, vous serez traités en français; vos droits d'homme y seront les mêmes que les nôtres. La justice n'y fera nulle distinction entre vous et nous, et vos têtes s'y trouveront même infiniment mieux assurées sur vos épaules que dans l'heureux climat et sous le doux pouvoir que vous regrettez. » Ces pauvres Bédouins eurent beaucoup de peine à se persuader que je leur disais la vérité; tout l'équipage fut obligé, pour dissiper leurs terreurs, de venir confirmer mes assertions. Quelques verres de bon vin leur rendirent enfin un peu de courage, et nous touchâmes à l'île Pomègues, où les bâtimens font ordinairement quarantaine, sans qu'ils éprouvassent trop d'effroi.

Pendant deux jours de station à l'île Pomègues, nous débarquâmes nos chevaux. Ces malheureux animaux, qui n'avaient point marché depuis deux mois et s'étaient constamment tenus debout, à l'exception de *Schouëman*, qui se couchait toutes les nuits depuis qu'on l'avait séparé d'*Ourfaly*, furent tout étourdis de se retrouver sur terre et paraissaient ivres. Les personnes qui ont fait quelques voyages sur mer connaissent l'effet du roulis, même quand le roulis n'existe plus; on se croit toujours ballotté, et souvent quarante-huit heures ne suffisent pas pour détruire cette illusion. Nos chevaux l'éprouvaient; et comme les lumières de la raison ne venaient pas à leur secours, ils n'osaient plus faire usage d'aucune de leurs facultés, et nous fûmes, en quelque sorte, obligés de les porter sous les abris qui leur étaient destinés.

Mon premier soin, le lendemain de notre arrivée au lazaret de Marseille, fut de les déferrer et de leur roguer les pieds dont la corne, considérablement alongée, faussait leur aplomb et les empêchait de marcher librement. Je leur remis ensuite les fers arabes et les fit promener au pas autour de l'enclos des pestiférés que nous avions pour logement. Ils étaient tous dans un état de santé satisfaisant; mais, pendant huit jours, ils ne cessèrent de se croire ébranlés par la vague, et chancelaient comme des ivrognes sortant du cabaret. Enfin, ils se remirent, et nous pûmes les monter pour les disposer à faire le voyage de Marseille à Paris.

Nous entrâmes dans Marseille le 25 juillet, après un mois de quarantaine. Nos Arabes furent étrangement scandalisés d'y voir les femmes à visage découvert. Ils mirent d'abord la main sur leurs yeux pour ne pas les offenser par un spectacle aussi révoltant; mais les nymphes de la ville surent bientôt les apprivoiser. Ils prirent même un tel goût à leurs charmes, que l'un d'eux, nommé Daoud, mourut à l'hôpital des suites cruelles de ces voluptés. Nos chevaux, conduits dans les écuries de la préfecture, y séjournèrent jusqu'au moment où M. le ministre de l'intérieur m'envoya l'ordre de continuer ma route, qui n'eut plus rien d'intéressant, et d'ont j'épargnerai le récit au lecteur.

FIN.

Nota. L'auteur avait dessein, comme il le dit au début du premier chapitre, de faire « une seconde partie spéciale exclusivement consacrée à l'histoire des principales races de chevaux. » La mort qui l'a enlevé à ce travail presqu'achevé ne lui a pas permis de le publier. Mais toute la partie pittoresque et *materielle* de ce voyage, depuis son départ de Paris jusqu'à son retour à Marseille, est complète dans ce volume.

TABLE DES MATIÈRES.

FIN DE LA TABLE.